As Trapalhadas da Educação Brasileira

/// **Claudio de Moura Castro** é economista, Mestre pela Yale University e Doutor pela Vanderbilt University. Foi professor de várias universidades, entre elas a Pontifícia Universidade Católica do Rio de Janeiro, a Fundação Getúlio Vargas, a Universidade de Brasília, a University of Chicago e a Université de Genève. Foi secretário executivo do Conselho Nacional de Recursos Humanos do Instituto de Pesquisa Econômica Aplicada (CNRH/IPEA), chefe da Unidade de Políticas de Formação Profissional na Organização Internacional do Trabalho (OIT), em Genebra, trabalhou no Banco Mundial, em Washington, e foi assessor-chefe para a Educação do Banco Interamericano de Desenvolvimento (BID). Pesquisador em educação, publica mensalmente uma coluna na revista *Veja* desde 1996.

C355t Castro, Claudio de Moura.
        As trapalhadas da educação brasileira / Claudio de Moura Castro. – Porto Alegre : Penso, 2020.
        320 p. ; 23 cm.

        ISBN 978-85-8429-193-9

        1. Educação. I. Título.
                                                            CDU 37

Catalogação na publicação: Karin Lorien Menoncin – CRB 10/2147

CLAUDIO DE MOURA CASTRO

AS TRAPALHADAS DA EDUCAÇÃO BRASILEIRA

PORTO ALEGRE
2020

© Grupo A Educação S.A., 2020

Gerente editorial: *Letícia Bispo de Lima*

/// **Colaboraram nesta edição** ///
Editora: *Paola Araújo de Oliveira*
Capa: *Paola Manica / Brand&Book*
Preparação de original: *Maria Lúcia Badejo*
Leitura final: *Franciane de Freitas*
Projeto gráfico e editoração eletrônica: *Tatiana Sperhacke – TAT studio*

Reservados todos os direitos de publicação ao GRUPO A EDUCAÇÃO S.A.
(Penso é um selo editorial do GRUPO A EDUCAÇÃO S.A.)
Av. Jerônimo de Ornelas, 670 – Santana
90040-340 – Porto Alegre – RS
Fone: (51) 3027-7000 – Fax: (51) 3027-7070

SÃO PAULO
Rua Doutor Cesário Mota Jr., 63 – Vila Buarque
01221-020 – São Paulo – SP
Fone: (11) 3221-9033

SAC 0800 703-3444 – www.grupoa.com.br

É proibida a duplicação ou reprodução deste volume, no todo ou em parte, sob quaisquer formas ou por quaisquer meios (eletrônico, mecânico, gravação, fotocópia, distribuição na Web e outros), sem permissão expressa da Editora.

IMPRESSO NO BRASIL
PRINTED IN BRAZIL

/// Apresentação

Era um grande seminário dedicado à educação. Muitas e longas falas sobre os desafios educacionais brasileiros e como resolvê-los. Um dos principais e mais esperados *speakers* entra no palco, mostra uma lâmina de *slide* e diz: "Pessoal, o que tenho para dizer a vocês sobre como resolver esses grandes desafios cabe aqui neste *slide*. Depois de projetado, vocês podem usar o resto da hora reservada à minha fala para passear no *shopping*, fazer compras, ir à lanchonete ou qualquer coisa que desejarem".

Projetou o *slide* e nele tinha a seguinte frase: "O dia em que o Brasil torcer e vigiar a educação da mesma forma como torce e vigia a Seleção [brasileira de futebol] nós teremos uma educação de qualidade".

Esse é Claudio de Moura Castro. Irreverente e absolutamente preciso. Leve e absolutamente profundo. Divertido e absolutamente sério. Dono de uma inteligência privilegiada que tudo perscruta e expõe de maneira cristalina, simples e competente. Claudio tem um bom humor insuperável e a irreverência típicos dessas mentes brilhantes.

Não posso deixar, portanto, de saudar com entusiasmo mais uma competente contribuição desse economista apaixonado pela educação e recomendar a cada um de vocês a leitura deste livro.

— *Viviane Senna // Presidente do Instituto Ayrton Senna*

/// Prefácio

Remexendo em meus arquivos, deparo-me com alguns ensaios que escrevi para a revista *Veja* ao longo dos anos e que parecem conter ideias menos voláteis no tempo. Fraqueja a modéstia e julgo serem úteis para entender a educação brasileira. Daí a ideia de juntar um punhado deles e transformar o conjunto em um livro (o leitor perdoará ou não a minha vaidade, decidindo se prossegue na leitura).

Pago caro pela pretensão. De fato, enfileirar escritos soltos é receita infalível para um péssimo livro, sem continuidade ou espinha dorsal. Por isso a necessidade de construir uma narrativa coerente. Isso envolve modificar os ensaios originais, usar outros escritos e, sobretudo, redigir textos que preencham os inevitáveis buracos na continuidade. Em momentos de impaciência, até pensei que seria mais fácil começar do zero.

O resultado aí está. Cabe ao leitor julgar seus méritos.

— *Claudio de Moura Castro*

Sumário

Apresentação: *Viviane Senna* /// 5

Prefácio /// 7

#1 **A mágica da educação** /// 11

#2 **Os dois analfabetismos** /// 19

#3 **Desafios e desencontros no ensino básico** /// 29

#4 **Educação superior: pública, filantrópica ou com lucro?** /// 81

#5 **O que e como ensinar** /// 159

#6 E os professores? /// 173

#7 Como se aprende uma profissão? /// 187

#8 No reino do socioemocional /// 231

#9 Os duelos da modernidade /// 243

#10 A ciência, as invenções e as inovações /// 285

#11 Quando uma educação capenga chega ao setor produtivo /// 299

#12 A teoria econômica e a segunda lei da termodinâmica /// 309

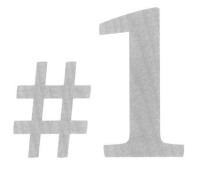

A mágica da educação

Neste capítulo, tentamos responder a uma pergunta que pode parecer simples, mas não é. Há exaustiva evidência de que as pessoas com mais escolaridade ganham mais, mas por que será? Que mágica recôndita faz isso acontecer?

O mercado paga pelo que aprendemos na escola, pois isso nos torna mais produtivos. Mas se, com o passar do tempo, vamos esquecendo o que foi aprendido nos bancos escolares, por que será que nosso salário continua aumentando com o tempo de serviço, em vez de diminuir?

No fundo, aprendemos ao trabalhar. A experiência
de conviver com os desafios da vida profissional revela-se
educativa, ou seja, permite-nos aprender ao longo da vida.
Ao usar o que foi aprendido, tornamo-nos mais produtivos.

Contudo, quanto conseguimos aprender com a experiência
vivida depende crucialmente da nossa preparação escolar
prévia. Quanto mais tempo passamos aprendendo na escola,
mais a experiência de vida subsequente nos ensina.
Em suma, a vida profissional é também uma escola,
mas quanto aprendemos com ela depende da bagagem que
trouxemos por haver frequentado uma instituição de ensino.

A vida profissional é uma escola

Bem ou mal, quase todos entendem que a educação aumenta os rendimentos individuais. Vejamos alguns exemplos notáveis.

Quando eu era menino, cheguei a ver um garoto, descalço, acompanhando seu pai que tocava uma tropa de burros carregada de carvão. Décadas depois, quando precisei de um bom médico, o doutor João Galizzi me foi recomendado. Era aquele filho de tropeiro, encardido de carvão, que havia visto. Sua trajetória foi fruto das escolas que frequentou.

João Paulo dos Reis Velloso, de família modesta do interior do Piauí, revelou-se um aluno esforçado e talentoso. Graças a isso, foi guindado a chefe da assessoria econômica do Banco do Brasil recebendo um salário que seria impensável na sua juventude. Mais adiante, virou ministro do Planejamento.

Cândido Rondon era filho de índia com um mascate português. Mercê de uma grande dedicação aos estudos, graduou-se como oficial do exército, percebendo um soldo, na época, muito respeitável. Por sua trajetória subsequente, é considerado um dos brasileiros mais destacados do século XX.

Seguiu por essas mesmas linhas Juscelino Kubitschek de Oliveira, de origem modestíssima. Tornou-se um médico bem-sucedido antes de entrar na política.

São casos exaltados de sucesso, possibilitados pela educação que seus protagonistas adquiriram. Rondon e Juscelino são atípicos, mas ilustram igualmente o fato singular de que, ao chegar mais longe na educação, alcançaram patamares de renda impensáveis sem ela. O que veio depois é história.

Mas como se dá essa mágica da educação?

Grande parte dos estudos que tratam do impacto da educação sobre a produtividade são feitos por economistas, vivendo confortavelmente em um mundo de olhar o que entra e o que sai de uma "caixa" imaginária. Entraram "anos de escolaridade", saíram "produtividade aumentada" e "sucesso econômico". Se isso é tudo, por que tentar penetrar nessa caixa? Para que perder tempo decifrando o que acontece lá dentro?

Mas por que contentar-se com tão pouco entendimento? Vale a pena mergulhar na minudência do processo pelo qual gente com mais escolaridade passa a agir diferentemente no trabalho. O que a escola terá enfiado na cabeça do aluno, já que mudou a sua forma de trabalhar – ou de comportar-se como cidadão?

É isso que tentaremos fazer neste capítulo.

Imaginemos grupos de pessoas com diferentes níveis de educação. Uns, sem nada, são os analfabetos. Outros têm o ensino fundamental. Um número menor tem o ensino médio. E há aqueles com diplomas de cursos superiores ou pós-graduação.

Números, de verdade, mostram que, quanto mais anos de escolaridade, maior é o nível de renda auferida. O que mais seria necessário para demonstrar o grande poder da educação?

Disso não se duvida. Aliás, é o mesmo que diz a metáfora da caixa: entra escolaridade, sai salário mais elevado.

/// Perfil experiência/renda

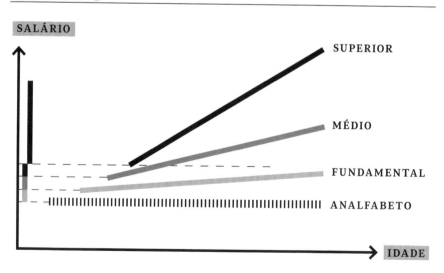

Passemos então a examinar os níveis de rendimento ao longo da vida profissional de cada um dos grupos mencionados, e não apenas os salários iniciais ou a média de rendimentos ao longo da vida. Ou seja, quanto ganham os analfabetos no início de sua carreira profissional? Quanto ganham após 10 ou 20 anos de experiência? E ao chegarem próximo da aposentadoria? Se fizermos um gráfico com seus níveis de rendimento por idade, veremos com clareza como progridem ao longo do tempo. Na verdade, não avançam, aposentam-se praticamente com o mesmo salário com o qual começaram a trabalhar. Conclusão: zero educação, zero avanço na renda.

Passando aos que têm nível fundamental, façamos o mesmo exercício: consideremos o salário inicial e sua evolução ao longo dos anos até a aposentadoria. Em comparação com os analfabetos, notam-se duas diferenças críticas. A primeira é que os que têm nível fundamental já começam ganhando um pouco mais. Faz sentido: aprenderam habilidades que o mercado valoriza e está disposto a pagar. Podem ler, escrever, receber instruções por escrito e muito mais. A segunda diferença é que, ao contrário do que ocorre com os analfabetos, seus salários vão subindo à medida que passa o tempo.

Com os detentores de um diploma de ensino médio, observa-se igualmente uma vantagem inicial, se comparados com os que apenas têm o fundamental. Ao longo do tempo, eles também vão progredindo até de forma mais acelerada do que o primeiro grupo.

Os graduados de faculdades conseguem um salto inicial considerável e, ao longo da vida profissional, aumentam seus rendimentos de forma ainda mais rápida. Ou seja, distanciam-se mais do seu salário inicial. A pós-graduação repete o mesmo padrão: vantagem inicial e aumento mais acelerado dos rendimentos ao longo da vida.

Esse conjunto de observações parece inútil, mas não é, pois contém a pista para entender a mágica da educação. Vejamos.

Mais escolaridade, maior salário inicial. Isso é fácil de entender, pois aprende-se na escola coisas que podem ser usadas no primeiro dia de trabalho. Como decifrar um orçamento, como seguir um manual de instruções, como calcular o número de sacos de café a serem comprados durante o ano? Quem sabe fazer isso ganha mais, pois é mais produtivo para a empresa. E, como os economistas demonstram de forma persuasiva, se alguém recebe um salário maior é porque produz mais.

Até aqui, clareza meridiana. Mas e os aumentos de salário ao longo da vida profissional? Sabemos que, com o passar do tempo, vamos esquecendo o que aprendemos na escola. Alguns conhecimentos mal duram até o dia da prova.

Outros, para nosso desapontamento, nem isso. Há conhecimentos de maior durabilidade, mas não ignoramos o enorme volume de coisas que esquecemos ao longo dos anos.

Assim, usamos no primeiro ano o que aprendemos na escola. No segundo, já teremos esquecido muito do que nos ensinaram. Quem se lembra como extrair uma raiz quadrada a lápis? No terceiro ano, mais ainda é esquecido. Portanto, diria a lógica, se ganhamos mais pelo que aprendemos na escola, ao ir esquecendo isso tudo, nosso salário deveria diminuir. Faz sentido, pois não?

Mas é exatamente o oposto, pois, em vez de cair, o salário sobe. E não é só isso; quanto mais escolaridade conseguimos acumular, mais rápido ele sobe. Recordemos: o que aprendemos na escola já foi remunerado pelo mercado no primeiro dia de trabalho. Como não voltamos à escola, não nos foi mais ensinado algo que pudesse ser remunerado. Ainda assim, sobem os salários. Por que será?

Há uma explicação e ela faz muito sentido. Diante de uma situação de trabalho, o analfabeto não consegue encontrar uma maneira melhor de lidar com ela. Portanto, continua fazendo sempre a mesma coisa. E é algo que tende a ser muito simples. Aposenta-se fazendo mais ou menos o mesmo que no primeiro dia de trabalho.

Já quem passou pela escola adquire formas de pensar e agir que permitem decifrar a situação de trabalho e lidar criativamente com os desafios que aparecem. Toma decisões melhores, aprende formas mais eficazes de trabalhar e tem boas chances de passar para posições mais vantajosas. Enfim, o equipamento intelectual adquirido na escola permite transformar a sua experiência de trabalho em aprendizado. Com efeito, a escola ensinou a aprender.

E quanto mais aprendemos na escola, mais somos capazes dessa conversão de experiência em maior produtividade. Daí a constatação de que os mais escolarizados veem seus rendimentos aumentarem em um ritmo mais acelerado do que os menos escolarizados. Seu equipamento para lidar criativamente com o mundo do trabalho é expandido. Com um diploma de curso superior, ao chegar à maturidade, um indivíduo ganhará três vezes mais do que seu salário inicial.

Dizendo de outra forma, a capacidade de aprender a aprender daqueles que têm mais escolaridade é mais preciosa do que os conhecimentos úteis que usou nos primeiros tempos de trabalho. Educação tem a ver com aprender a fazer muitas coisas tanto quanto a decifrar a realidade, aprendendo, assim, a fazer coisas que não foram ensinadas na faculdade.

No fundo, os conhecimentos incluídos nos currículos nos servem de duas maneiras diferentes. Em boa medida, permitem entender o mundo em que vivemos, com sua natureza e suas sociedades. Afinal, precisamos saber quem somos, onde vivemos e como funciona a sociedade que nos cerca.

Os conhecimentos valem tanto pela sua utilidade intrínseca quanto pela oportunidade de exercitar o nosso raciocínio ao lidar com eles. Aprender a pensar é tudo.

Vendo o assunto de outra forma, a empresa é como uma escola, e o trabalho é um livro que nos permite continuar aprendendo. Porém, há uma condição para que isso aconteça: precisamos do que aprendemos na escola, para que o trabalho seja também uma escola. Assim como não podemos entender equações do segundo grau sem dominar as do primeiro, para que a empresa nos ensine, precisamos ter cursado os ciclos escolares anteriores. Aí está a mágica da educação decifrada.

#2
Os dois analfabetismos

Temos uma proporção residual de analfabetos cada vez mais velhos, já que a cobertura universal da escola praticamente não os deixa pelo caminho. A inexorável força do ciclo de vida, lentamente, vai eliminar o problema. Contudo, há quem ache haver soluções viáveis para alfabetizar essas pessoas. Como se argumenta a seguir, os resultados da maioria dos movimentos de alfabetização, no Brasil e alhures, não foram nada encorajadores. Em bom português, fracassaram. Daí a ideia de que mais vale investir nos jovens, para que não se tornem analfabetos funcionais. Enfatiza-se a ideia simples de que é na escola, com seus jovens alunos, que se pode resolver os problemas da educação brasileira.

O primeiro ensaio tenta mostrar que é muito difícil alfabetizar adultos, pouco motivados e já ajustados aos seus estilos de vida. As múltiplas tentativas mostram poucos resultados, muitas frustrações e dinheiro desperdiçado. Mais vale dedicar-se com afinco a fazer com os jovens não deixarem a escola antes de conseguir um aceitável nível de alfabetização funcional.

O segundo ensaio trata de um assunto menos falado. São as pessoas que decifram corretamente as palavras do texto, contudo, ao ler, entendem algo completamente diferente do que o autor escreveu, pois introduzem na leitura suas emoções e seus preconceitos.

Analfabetismo e hipocrisia

 *Este capítulo examina os resultados de programas de alfabetização de adultos, mostrando o seu fracasso generalizado. Conclui, portanto, que mais vale melhorar a qualidade da educação inicial.*

O novo Censo Demográfico está na rua. É o de sempre: a cada nova edição, as mesmas lamentações. A imprensa se indigna com a "chaga do analfabetismo", cujas taxas recuam, mas a um ritmo glacial. Os arautos do governo previam uma queda bem maior, porém basearam-se em anseios, e não em estudos.

No início dos anos 1970, foi criado o Movimento Brasileiro de Alfabetização (Mobral), com muito dinheiro, boa gestão e materiais didáticos de primeira classe. Pouco depois, preparei um relatório para o Instituto de Pesquisa Econômica Aplicada (Ipea), prevendo que, a despeito do foguetório, os números não melhorariam. E isso por várias razões. Já então, como poucos jovens deixavam de entrar na escola, os analfabetos eram cada vez mais velhos. Portanto, mais desinteressados em tais programas. Diante da dificuldade para encontrar alunos, o Mobral passou a matricular muitos já contados como alfabetizados pelo Censo.

Naquela época, a experiência internacional com programas de alfabetização de adultos já permitia várias conclusões. Para a vasta maioria dos analfabetos, programas curtos e de poucos meses não resolvem. Como contraexemplo era citado Israel, cujo programa de um ano tinha aulas durante o dia inteiro. Era o único mostrando bons resultados. Também se verificava que a maioria abandonava o curso ou se formava sem aprender a ler e a escrever. Além disso, entre os realmente alfabetizados, por não ter como usar o aprendido, muitos regrediam ao analfabetismo.

Ademais, boa parte dos analfabetos já havia se ajustado à situação e temia repetir sua malsucedida aventura escolar anterior, quando jovens. Por isso, não se interessavam por tais programas.

Eu já havia previsto que o novo Censo não viesse a registrar a proclamada queda no analfabetismo. O relatório que preparei, com essa conclusão, enfureceu o então presidente do Mobral. Mas raivas não mudam números.

Dito e feito! O Censo seguinte negava os avanços que o Mobral trombeteava. E, como investimento em capital humano, o ganho seria inexpressivo. Isso porque são necessários pelo menos quatro anos de escolaridade para alterar as práticas de trabalho.

Tudo que precisamos saber hoje poderíamos haver aprendido com o Mobral e com as pesquisas que o precederam, mas ignoramos as duas lições da história. No início da gestão do presidente Lula, voltamos à carga, com programas de concepção velha. Na verdade, com programas mais toscos do que o Mobral. Alfabetizar requer mais do que boa vontade e uma grande compaixão. É um conjunto de técnicas a serem aprendidas pelos professores, sempre com materiais bem escolhidos. Vale repetir: como já se sabia, o sucesso requer programas caros e longos. Quase não é preciso dizer que o programa de pouco adiantou, embora não tenha sido barato.

O que não conhecíamos então eram as razões profundas de ser tão árduo aprender a ler com mais idade. Nos últimos anos, o avanço na área das neurociências foi extraordinário, e muitas das respostas que buscávamos tornam-se claras com o uso de aparelhos de ressonância magnética. Ao mapear visualmente o funcionamento do cérebro, temos uma compreensão muito melhor dos processos mentais.

Para melhor entender, vale mostrar o contraste entre aprender a falar e aprender a ler. Nascemos com uma predisposição para falar. Simplificando, é como se viéssemos "de fábrica" com uma gramática embutida na cabeça. A aprendizagem da fala consiste em ativar o que estava latente. A criança descobre a fala que estava esperando para ser mobilizada.

Contudo, a escrita é uma invenção dos últimos quatro mil anos. Da Grécia vem o alfabeto, cujas variantes se disseminam pela Europa. Note-se que, desde então, o homem é rigorosamente o mesmo, não pôde contar com a evolução, ao longo de centenas de milênios, que nos adaptou para a fala. Ou seja, nosso cérebro já estava pronto quando a mera ideia de leitura era inexistente.

Portanto, ler e escrever são operações que encontram um cérebro despreparado. De fato, trata-se de processos bastante complexos. Mobilizam simultaneamente a visão e a audição, mediadas pelos processos mentais que as conectam. Para reconhecer garranchos – as letras –, o cérebro precisa pedir emprestado um território que estava dedicado à visão. Nos mapas gerados pelos aparelhos de ressonância magnética, o cérebro de um analfabeto mostra-se diferente do de alguém que lê, pois neste a leitura capturou um pedaço que seria usado para processar a visão.

A audição precisa ser treinada para reconhecer os sons que se associam às letras, um processo chamado de consciência fonológica. Eis outra operação complicada. E isso acontece com mais facilidade nos primeiros anos de vida, tornando-se mais difícil depois de certa idade.

Mais cedo, o cérebro não está preparado para o casamento dos sons com os garranchos e com a ideia que está contida nas palavras geradas. E, no fundo, a leitura é isso. Muitos anos depois, o cérebro vai perdendo a sua plasticidade original, tornando mais difícil a aprendizagem. Não é impossível, mas quase, para a maioria daqueles que perderam a hora de aprender a ler.

Por essas razões, descobriu-se que a aprendizagem da escrita deve ocorrer a partir dos 5 ou 6 anos. Esse processo é facilitado por atividades apropriadas que precedem esse momento, desde os mais tenros anos. Pais que mostram livros e leem para seus filhos preparam-lhes melhor para esta conexão da letra com o som e com o significado da palavra. Perdendo esse cronograma biológico, tudo se torna mais difícil. Por isso a alfabetização de adultos é um processo bem mais árduo.

Felizmente, hoje quase todos os jovens brasileiros frequentam a escola. Portanto, há poucos analfabetos jovens. Assim, mais do que no passado, quem reduz o analfabetismo é a demografia, com os analfabetos ficando cada vez mais velhos e desaparecendo. Dos que sobram, poucos têm o perfil para se beneficiar dos cursos oferecidos. De fato, o analfabetismo de hoje se concentra fortemente nos mais velhos, refratários a tais programas. Pelo desinteresse e pelas dificuldades dos potenciais candidatos, aqui ou acolá, os programas voltados para adultos tendem a fracassar. Chegou-se mesmo a ter mais alfabetizadores do que matrículas nos programas.

Naturalmente, faz sentido oferecer cursos pontuais e muito focalizados para aqueles que têm o perfil para vencer as barreiras emocionais e cognitivas do processo. Mas é insensato e perdulário repetir os programas de massa que sistematicamente falharam.

Assim, é hipocrisia ou ingenuidade insistir na mesma tecla e, pior, oferecer programas improvisados e curtos. Gasta-se uma fortuna, criam-se frustrações em todos os azimutes e não aparecem os benefícios tangíveis – como não apareceram antes.

Uma das razões levando à repetição do erro é que "passou de moda" avaliar os resultados de programas de alfabetização. A pesquisa que temos é antiga e já foi esquecida. Foi realizada na esteira dos grandes programas de alfabetização, que se seguiram aos movimentos de independência, após a Segunda Guerra Mundial. E, como mencionado, os resultados foram fracos em quase todos os programas. O único caso destacado como de sucesso foi o de Israel, para onde migraram muitos judeus analfabetos, oriundos do mundo árabe. No entanto, vale repetir, era um programa de um ano, em tempo integral.

Diante do esquecimento do assunto como tema de pesquisa, o que temos hoje são os apóstolos de programas de alfabetização, movidos apenas pelo entusiasmo ou pela ideologia. Não estão respaldados pelos estudos que seriam necessários para selecionar programas e sugerir como operá-los ou, no mínimo, para sugerir que têm poucas chances de sucesso.

Trata-se de uma hipocrisia sistemática. Muitos constroem suas carreiras pregando mensagens que agradam às grandes plateias, mas que não passam de sonhos que eles próprios sabem ou deviam saber não serem viáveis.

Ao mesmo tempo, as nossas escolas regulares continuam produzindo uma taxa inaceitável de jovens que soletram meia dúzia de palavras, leem qualquer coisinha e rabiscam sua assinatura. Pelos testes do Ministério da Educação (MEC), são analfabetos funcionais. Acabar com o analfabetismo desses jovens, que passam muitos anos na escola, deveria ser a grande prioridade nacional. Essa meta é viável e se materializaria dentro das escolas que já existem. Ademais, envolve jovens em idades em que é mais fácil conseguir avanços. A solução é simples: basta melhorar o ensino dos jovens.

Analfabetismo emocional: ler o que não está escrito

Alguns não conseguem ler um texto. Outros dominaram a mecânica da leitura, mas enleiam suas emoções com o que está escrito, tirando conclusões incompatíveis com o que o autor escreveu.

Cartas de leitores à revista *Veja* ilustram o distanciamento entre o significado rigoroso das palavras usadas e a fúria provocada pelo que foi entendido, mas que não estava escrito. Um texto pode provocar emoções e estas podem ser mais do que justificadas. Contudo, a indignação não pode permitir ignorar o que está escrito e alimentar uma interpretação fantasiosa.

Há os que não conseguem decifrar a língua escrita; são os analfabetos. Outros entendem apenas textos simples; são os analfabetos funcionais. Falarei aqui do que chamo de analfabeto emocional. É aquele que sabe ler, mas é presa das emoções ao decifrar o texto, em vez de usar a razão para registrar os sentidos das palavras. Faz uma leitura "criativa", embalada pelo sentimento e pela paixão. Decifra o texto por meio de uma reação pura e espontânea, ignorando o significado imposto pelo sentido rigoroso das palavras escritas. Em suma, lê uma coisa e acha que leu uma outra, que não está escrita.

A fim de ilustrar essa ideia, utilizarei as cartas dos leitores acerca do meu ensaio *Os legisladores e o verbo divino*, publicado pela revista *Veja*, por duas razões. Primeiro, por brotarem nelas uma boa amostra de leitura emocional. Segundo, porque muitas cartas são de professores. Isso é preocupante, pois há uma corrente pedagógica pregando o subjetivismo e a liberdade do leitor para entender o texto como quiser. Será que alguns estariam ensinando tal estilo de leitura a seus alunos?

Como várias interpretações oferecidas se descolaram do que está escrito, vale preceder a discussão apresentando um resumo das principais ideias do ensaio:

1. Pesquisas se somam, mostrando que o número de alunos em sala de aula não tem correlação com o nível de aprendizagem.

2. Assim, não há base científica para uma lei nacional inventando e prescrevendo um número máximo de alunos em cada sala.

3. Como sabemos, vários fatores determinam a qualidade da educação, mas, segundo as pesquisas, o tamanho das turmas não é decisivo.

4. Há algumas poucas situações em que turmas pequenas se justificam – inclusive por exigência do método empregado, mas isso tem que ser demonstrado caso a caso, pois são tão infrequentes que não afetam os resultados.

O ensaio causou "indignação" em vários leitores. Entendamos, as emoções fazem parte da vida e são essenciais para uma existência saudável e significativa. Sem elas, não passamos de vegetais passivos, mas as emoções podem emergir em lugares tanto certos como errados. Insisto: ao ler um texto, antes da fúria, é preciso usar a razão para entender o que está sendo dito. Faltou a muitos leitores (mas não a todos) a disciplina de seguir o raciocínio, entendendo a lógica do argumento. Discordaram, em explosões de indignação, mas discordaram do que não está escrito.

Diante de uma pesquisa, devemos sempre aplicar a dúvida sistemática de Descartes. Encontramos algum erro lógico no argumento? Encontramos falhas metodológicas na comprovação empírica? Usou-se o modelo errado ou dados errados? Há ambiguidade nas formulações? Pelas regras imperativas do método científico, se não conseguimos identificar falhas, acabou a nossa munição para impugnar os resultados da pesquisa. Gostando ou não, somos obrigados a engolir as suas conclusões. O debate científico não consiste em opor a minha opinião à sua, a minha teoria à sua, mas sim a minha evidência à sua, a minha lógica à sua. Vale o que revela o mundo real em estudos metodologicamente inatacáveis. Fúria não dá peso à crítica.

"Reputo como inválidos seus argumentos." A frase ilustra a confusão entre pesquisa científica e opinião. Para muitos, vale "o que eu acho", "o que eu vivi", "o que eu sei". A observação pessoal é vista como sendo mais definitiva do que pesquisas com amostras suficientemente grandes e submetidas ao duro crivo da ciência.

Aliás, se "o que eu sinto" tivesse a mesma validade que pesquisas sérias, por que gastar tempo e cabeça com estudos demorados e caros? Afinal, a pesquisa é para eliminar o elemento subjetivo, as ambiguidades e o particularismo dos casos.

Temos que nos distanciar das conclusões baseadas no que disse a filha da vizinha. Na pesquisa séria, busca-se decifrar as grandes forças em jogo, não os detalhes de cada situação. Justifica-se justamente para fugir do "eu acho".

Várias cartas julgaram irrealistas os exemplos oferecidos no ensaio. É uma variante do mesmo engano. Se o convencimento fosse pelos exemplos, para que a pesquisa? O papel dos exemplos é facilitar a compreensão, é dar concretude. Não demonstram rigorosamente nada. Assim, criticar os exemplos constitui-se em uma crítica legítima à capacidade do autor de tornar seu trabalho mais fácil de ser entendido, mas não invalida a tese ou a proposição defendida, pois esta não pode depender da persuasão dos exemplos. A confiança na veracidade da proposição vem do rigor com que foi aplicado o método científico.

Houve atribuições de culpa à falta de disciplina dos alunos, ao calor, à desmotivação de alunos e professores, à promoção automática e outras moléstias do cotidiano de uma escola. Porém, ao apontar esses fatores, implicitamente, fica reforçada, e não negada, a tese do ensaio sobre a falta de centralidade do tamanho das turmas. Ou seja, são argumentos que favorecem, e não enfraquecem, o argumento do ensaio.

Para terminar, fui bombardeado com o clássico *argumentum ad hominem*, encontradiço nesses debates: em vez de apontar erros, denuncia-se o autor. Aplica-se a velha metáfora de matar o mensageiro das notícias ruins. Vejamos algumas farpas: economistas sucumbem à "retórica mercantilista ou aos exercícios de adivinhação levianos". "Dos seus escritórios com ar-condicionado [...] fica mais fácil ter uma visão turva da realidade." "Com certeza, o senhor nunca viu de perto uma escola pública" (não é verdade, mas no caso é irrelevante). Ora, uma característica essencial de um estudo científico é que sua validade não depende de quem o realizou, mas de ser metodologicamente inexpugnável. O calor ou o ar-condicionado não alteraram o que dizem os números.

Em suma, muito mais vezes do que seria apropriado, as emoções entram no caminho da razão ao se interpretarem argumentos cuja verificação por métodos rigorosos resistiu às críticas de pesquisadores tecnicamente competentes. Incapazes de jogar o jogo da ciência, que requer questionar o método ou as premissas, algumas pessoas escudam-se em argumentos movidos pela paixão. Escoam pelo ralo da lógica dois mil anos de avanço nos métodos de averiguar como é e como não é o mundo.

Sem paixão não se transforma o mundo, mas não é sobre isso que estamos falando. Antes de se desencadearem as emoções, um crivo rigoroso e puramente cognitivo tem que haver estado em ação, para interpretar o que está sendo dito. Sem isso, quem nos garante que não estamos embarcando em uma cruzada equivocada?

#3
Desafios e desencontros no ensino básico

Este capítulo trata de vários temas atinentes ao ensino básico. Resmas e resmas se escrevem sobre o ensino básico e os magros resultados observados. De fato, todos os testes confirmam o mau desempenho das nossas escolas, mas não podemos ignorar os extraordinários avanços obtidos nas últimas décadas. Em outras palavras, nossa educação é fraca porque começamos muito tarde e ainda não deu tempo para chegar a resultados melhores.

Muitos prescrevem a tecnologia como poção mágica. Aqui defende-se a ideia de que precisamos não mais do que um feijão com arroz bem-feito para conseguir uma escola eficaz. Os grandes obstáculos são fruto de uma sociedade que não dá à educação a atenção que merece. Daí que a política ande para o lado errado.

A repetência é um escolho dramático na carreira de muitos alunos. Em grande medida, é uma consequência da fragilidade do ensino oferecido. A promoção automática tira os estímulos para os alunos de classe média estudarem mais, mas é mais fácil lidar com os sintomas, em vez de enfrentar o problema. Eliminar a repetência requer uma boa avaliação e políticas enérgicas para que a aprendizagem não caia abaixo de um nível aceitável de desempenho.

Com a Coreia do Sul aprendemos que o comprometimento da família é crucial para que a escola responda a contento. Os resultados superlativos lá obtidos têm a ver com a obsessão nacional com a qualidade do ensino.

Finalmente, examinamos o ensino médio, cuja arquitetura é supremamente disfuncional, talvez a pior do mundo. A nova legislação para esse nível contém boas promessas. Contudo, restam muitos problemas a serem equacionados e resolvidos, antes que possamos ter cursos minimamente adequados.

Uma educação muito fraquinha?

 *Neste curto ensaio, registramos o que dizem os testes educacionais sobre a qualidade do nosso ensino. Em boa medida, acusam o País de uma lastimável deficiência na sua educação, mas é preciso colocar em perspectiva tais resultados. Considerando nosso atraso histórico, poderíamos esperar algo melhor?*

Duas décadas transcorreram desde o momento em que praticamente todos entraram na escola. E, em grande medida, as crianças se matricularam na idade correta. Mas ainda, em média, permanecem tantos anos quantos seriam necessários para completar o ensino médio. Foram três proezas, tardias, mas impressionantes, pela velocidade com que evoluíram os números.

Esse é o lado bom, mas há o ruim: com o passar do tempo, continuam se acumulando as reprovações. Com isso, os anos de permanência na escola não se transformam em séries concluídas. A reprovação e a consequente repetência permanecem em níveis inaceitavelmente altos. Em grande medida, isso tudo acontece pelo fato singular de que os alunos aprendem menos do que seria esperado.

Assim, quase todos os problemas do ensino básico convergem para a falta de aproveitamento dos alunos. Ou seja, falta qualidade no nosso ensino. Tudo mais é consequente ou subalterno.

Já se tornaram bem conhecidos os resultados dos testes aplicados em escolares (o último ensaio deste capítulo descreve os nossos sistemas de avaliação). Aqui não faremos senão apresentar um apanhado das tendências mais bem delineadas.

1. Os brasileiros aprendem muito menos do que seria minimamente desejável. Seja no Sistema Nacional de Avaliação da Educação Básica (Saeb), na Prova Brasil, no Índice de Desenvolvimento da Educação Básica (Ideb) ou no Programa Internacional de Avaliação de Estudantes (Pisa), os resultados são decepcionantes. Nesse último teste, entre 70 países, estamos entre os 10 piores. Segundo os critérios da Prova Brasil, os alunos aprendem entre 5% e 20% do esperado.

2. No todo, a qualidade evoluiu pouco. No último decênio, os testes se tornaram comparáveis de ano a ano e mostram uma evolução bastante limitada. O lado altamente positivo é que, apesar de uma expansão nas matrículas muito considerável, não se observou a queda de desempenho, muitas vezes registrada em outros países cuja educação cresceu.

3. O caso mais positivo são os anos iniciais, cujas estatísticas mostram uma evolução considerável e persistente. De fato, dessa perspectiva, nos saímos bem no Pisa, pois estamos entre os poucos países mostrando substancial crescimento.

4. No ensino fundamental II não se observam avanços, e no ensino médio há até um ligeiro retrocesso.

5. Os resultados de matemática são substancialmente piores do que os de português.

Naturalmente, uma análise pormenorizada dos números revela muitos outros achados relevantes, mas esses dados bastam para entender o quadro geral de mediocridade. Diante de tais resultados, surgem duas perguntas inevitáveis: por que o ensino é tão fraco? Será que isso é o melhor que poderíamos haver feito?

Correndo o risco de parecer excessivamente determinista, a hipótese é que a educação que temos é o que se poderia esperar da nossa trajetória histórica. Não cabe aqui senão uma breve recapitulação do caminho do país, apresentado no Capítulo 9 com mais detalhes.

Tínhamos taxas de analfabetismo altíssimas, mesmo para os padrões da América Latina. Diante da Argentina e do Uruguai, nos atrasamos cerca de um século na tentativa de escolarizar o País. Ou seja, começamos muito tarde.

Mas será que, ao despertarmos, em meados do século XX, avançamos em boa velocidade? Tomando o resto do mundo latino-americano como referência, até que não nos saímos mal. Avançamos mais rápido do que praticamente todos.

Tanto na evolução da matrícula quanto na qualidade, medida pelo Pisa, estamos praticamente empatados com a Argentina, a estrela fulgurante de um século atrás. Em outras palavras, tiramos boa parte do atraso, se comparados com os nossos vizinhos.

Uma façanha pouco festejada é o fato de que, em período de rápida expansão de matrículas, a qualidade medida não caiu – um achado pouco intuitivo diante das severas queixas de deterioração em períodos de crescimento, ouvidas aqui e acolá.

Se buscamos apontar o dedo para culpados, estes serão defuntos, falecidos muitas gerações atrás. Ou seja, herdamos uma educação mirrada e de pouca qualidade. No passado recente, nossa folha corrida é bastante respeitável. Avançamos muito. Talvez muito da brigalhada entre diferentes campos seja fruto da nossa pressa e impaciência, inevitáveis fontes de desencontros e conflitos. No entanto, obviamente, isso não significa que estamos bem, sobretudo considerando que comparar-se com a América Latina é escolher padrões igualmente deficientes.

Uma boa educação? Basta o feijão com arroz bem-feito

 *O presente ensaio, bastante longo, passa em revista os grandes temas do ensino fundamental, mostrando tanto as dificuldades quanto as soluções adequadas. Em seguida, aponta para a maior barreira de todas, quando tentamos aplicar os remédios: a sociedade está contente com a escola que tem. Assim, como mobilizar as forças políticas necessárias para empreender mudanças que pisam em muitos calos?*

Melhorar a educação não passa por piruetas teóricas, tecnologias caras ou caminhos misteriosos. É, antes de tudo, cuidar bem de um conjunto enorme de pequenas operações, sobretudo, dentro da escola.

Meu avô contava o caso de dois fazendeiros de Paracatu, Minas Gerais, que se encontram no mercado, chamando logo atenção a diferença de suas montarias. A tal ponto que o dono do cavalo magro e surrado pergunta ao amigo o que deveria fazer para que o seu ficasse também belo e saudável. "Fácil", responde o outro, todos os dias, exatamente às sete da manhã, "você deve ir à cocheira e 'fazer pipi' no dianteiro direito do seu cavalo".

Um ano depois, voltam a se encontrar os amigos. O cavalo feio havia se transformado, estava lindo. Qual a mágica? É simples, às sete da manhã é a hora em que o cavalariço aparece para tratar o cavalo. Com o dono presente, os cuidados se multiplicam. É o que Norberto Odebrecht denominava pedagogia da presença.

Com a educação não é muito diferente. Há incontáveis cuidados e providências que precisam ser tomados. Educação de qualidade é aquela em que essa coleção de pequenos tratos é executada com desvelo. E tal como no cavalo de Paracatu, alguém tem que tomar conta, pois o processo não pode ser deixado ao sabor dos humores e dos interesses pessoais.

Antes de prosseguir, é preciso sempre lembrar: a educação acontece – ou não acontece – na sala de aula. O que quer que se faça, se não melhora a sala de aula, não tem muita razão de ser. Discurso de ministro e polpudos documentos de planejamento de nada adiantam se suas consequências não chegarem à aula. E, na maioria das vezes, isso não acontece – como parece ser o caso do Plano Nacional da Educação (PNE) de 2014.

Este ensaio começa em Paracatu, pois toma uma posição muito clara, ao defender uma política educativa que podemos chamar do "feijão com arroz". É a ideia de que não é com mágica ou com um golpe de espada que se resolve o problema, mas com uma infinidade de gestos e ações, cada um relativamente modesto. Ademais, sem cobranças, pouco vai acontecer. No fundo, o ensaio desdenha as revoluções educativas, os gestos heroicos, as teorias mirabolantes, as conspirações, as ideologias sinistras e, ainda menos, a salvação por alguma tecnologia milagrosa.

A tecnologia pode ajudar, e não devemos prescindir dela, se há boas chances de ser usada corretamente. Tampouco seria o caso de desencorajar quem quer usá-la ou desenvolvê-la, mas é preciso que fique claro que ela nem é o motor de mudanças importantes na educação nem tem um trânsito fácil dentro da academia. De fato, pelo mundo afora, seu uso tem sido um grande desapontamento, em que pese o enorme potencial que apresenta.

Quando olhamos os países de desempenho superlativo na educação, vemos neles a aplicação de soluções ao mesmo tempo robustas e singelas. São robustas porque resistem aos maus-tratos do cotidiano, mas, para serem robustas, precisam ser simples. Nesses países, o ensino é bom porque cuidou-se bem dos detalhes mais importantes, não porque foram adotadas teorias ou equipamentos revolucionários.

Como no cavalo de Paracatu, os detalhes são importantes e são muitos. Inicialmente, há a administração do ensino, ajudando ou atrapalhando a gestão da escola. Há a presença crítica de um bom diretor. As práticas de sala de aula fazem enorme diferença, e, obviamente, o professor é o epicentro do processo de aprendizagem. Façamos um *tour* pela teoria do feijão com arroz.

/// As secretarias de Educação

As secretarias de Educação – municipais ou estaduais – são a cabeça de cada sistema. Se falharem, não apenas deixam de ser um esteio para o ensino, mas tornam difícil a vida de diretores e professores dedicados e que queiram oferecer a melhor educação possível.

Fazer certo começa com clareza de objetivos. É preciso definir poucas prioridades e fazer com que todos as conheçam. E, naturalmente, isso significa que todos sabem em que direção remar. Mas não nos esqueçamos: se há prioridades demais, é como se não houvesse prioridades, o que faz os esforços de todos se perderem, se entrecruzarem.

Se não fica evidente a todos quais são as prioridades e suas medidas, não há como identificar sucesso e fracasso. No limite, imaginemos que, para alguns, a prioridade seria ter o melhor time de judô. Se isso acontecer, para essas pessoas, a escola foi um sucesso, ainda que os alunos saiam analfabetos. Além da confusão criada pela ambiguidade de objetivos, não há como premiar ou punir os melhores, pois não é claro quem são.

Não basta que as prioridades sejam poucas, é preciso que não flutuem ao sabor dos modismos e das personalidades dos chefes de plantão. Ampla pesquisa mostra que, nos bons sistemas educativos, ano após ano, houve clareza acerca do que se queria fazer e insistência em fazer melhor a mesma coisa. Em contraste, se um dia é educação para o trânsito, outro é meio ambiente, depois vem educação sexual, não há foco e nem tempo para ser bom em nada.

Algumas filantropias empresariais brasileiras, como a Fundação Pitágoras, desenvolveram programas que ajudam as escolas a definir suas prioridades e canalizar as energias para obter uma melhor gestão. Os resultados observados – elevação do Ideb – são muito expressivos.

Como é verdade para qualquer organização, se a gestão no topo vacila, o resto cambaleia. Se a seriedade não vem de cima, de onde virá? Se prevalece o nepotismo ou o uso político da máquina educativa, é difícil imaginar que os gestores vão produzir bons resultados e, ainda menos, dar bons exemplos para os alunos. Infelizmente, muitos secretários municipais costumam ser figuras mortiças e subservientes aos desígnios políticos dos prefeitos ou chefetes políticos. Isso é fatal! Em casos frequentes, um secretário de Educação que não entende de contabilidade pública acaba tendo seus fundos desviados para a Secretaria de Obras, cujos dividendos políticos para o prefeito são muito mais tangíveis.

A meritocracia e os mecanismos para premiar o bom comportamento e coibir o malfeito são fundamentais para obter bons resultados. Embora estejamos lidando com problemas persistentes, nada há de revolucionário na ideia de que sem gestão competente é difícil obter bons resultados. Ou seja, gestão é parte do feijão com arroz de qualquer organização.

Observam-se pelo menos dois problemas recorrentes na interface da secretaria com as escolas. O primeiro e mais grave é a percepção de distância e alienação por parte dos diretores, diante de uma autoridade central longínqua, impessoal e percebida como hostil. Se for assim, os diretores não lideram, pois se sentem comandados por uma máquina alienada e impessoal. Nem importa a realidade, mas sim a percepção de estranhamento por parte dos liderados. Não têm firmeza por não se sentirem valorizados e fazendo parte de um time.

O segundo problema é a carga burocrática a que secretarias – e o Ministério da Educação (MEC) – submetem as equipes das escolas. Há um exagero de pedidos de dados, informações e relatórios, todos vorazes de tempo para sua preparação. Pesquisas mostram que os diretores alocam pouquíssimo tempo para a educação de fato e muitíssimas horas semanais lidando com tarefas burocráticas ou administrativas. Se têm que se ocupar da infiltração no banheiro ou do relatório para o MEC, não sobra tempo para cuidar do ensino.

Finalmente, se a secretaria está a cargo de comandar o sistema, ela precisa saber o que está acontecendo. Portanto, a avaliação é parte essencial de sua missão. Obviamente, no entanto, a avaliação é só a primeira metade da tarefa. É preciso agir com firmeza, usando o *feedback* da avaliação.

/// Os diretores de escolas

Os diretores fazem a ponte entre a administração do ensino e o exército de professores, a quem cabe a tarefa de ensinar. De certa maneira, suas lealdades estão divididas. São parte do time da escola, pois, de origem, são professores, como os outros, mas passaram para o outro lado, pois prestam contas à secretaria, sendo parte da máquina administrativa.

Inevitavelmente, o diretor é a figura-chave no funcionamento da escola. Seu desempenho afeta a todos, professores e alunos. Costuma-se dizer que "a escola tem a cara do diretor". Essa afirmativa tende a ser aceita por muitos professores e diretores entrevistados por mim. Em uma ocasião, após uma palestra, a questão foi lançada aos professores presentes. A discussão pegou fogo. Após longo debate, veio o veredito: é verdade, a escola tem a cara do diretor.

Analisando a mesma ideia de uma perspectiva mais científica, uma pesquisa mostrou resultados equivalentes em escolas do Rio de Janeiro. Naquelas em que as lideranças são bem avaliadas, as notas de matemática são mais elevadas.

Uma inglesa, calejada inspetora de escolas em sua terra, percorreu a periferia de São Paulo. Não foi surpresa o descalabro que encontrou na maioria das instituições visitadas. Contudo, algumas poucas eram ótimas, ainda que pertencendo à mesma rede e operando com as mesmas regras. Não só tinham bibliotecas e computadores, mas mostravam bom desempenho. Por que seria? Para quem é do ramo, é um segredo de polichinelo: tinham um diretor carismático e inspirado. Para o bem ou para o mal, o futuro de centenas de alunos está nas mãos de uma só pessoa.

Não é assim só na *Terra Brasilis*, pois ouvi de um vice-ministro dinamarquês que um bom diretor, em dois anos, conserta uma escola atrapalhada. O diferente é que, entre nós, o diretor tem que ser um portento, não basta ser bom. Os desafios são formidáveis, pela falta de poder concedido ao cargo: ele não contrata, não demite, não premia, não pune e não administra recursos substanciais. Em suma, quase não manda. Faltam bons sistemas de gestão e preparação correta para o cargo. Pior, o diretor escolar comanda um exército de "imexíveis" (aliás, só em Cuba há a prática de se ver livre de maus professores). Na mais reles quitanda, o gerente tem armas de gestão bem mais poderosas.

Diante de uma dieta tão magra de poder, como fazem os excelentes diretores para se destacar dos demais? É o carisma, é a capacidade de sedução. Se não dá para mandar, é preciso conquistar pelo charme, pelo magnetismo pessoal. Ora, onde quer que seja, poucos têm tais atributos de personalidade e mais os conhecimentos administrativos para gerir uma escola. Os poucos diretores com tais perfis conseguem excelentes resultados. Ainda assim, para alguns membros da equipe, irremediavelmente desmotivados ou sem o perfil adequado, a sedução é impotente.

E não é só isso, pois, além de conseguir legitimidade dentro da equipe da escola, o diretor tem que ter aliados fora dela, diante da presença de interferências políticas, sobretudo em municípios cuja política é mais tosca.

Como mostra o estudo de F. Abrucio, grande parte do tempo do diretor vai para cuidar de merenda, disciplina, consertos e conflitos. Ou seja, tarefas menores, diante do desafio de melhorar o nível de aprendizagem dos alunos. Apesar de trabalharem nos fins de semana, quase nada de tempo e energia sobra para dedicar à educação.

Não fossem esses óbices o bastante, o processo de seleção em nada favorece a busca daqueles com esse perfil quase impossível. Para a quase metade dos diretores brasileiros, ainda escolhidos no troca-troca da política local, apenas falta redigir o epitáfio da educação nas escolas em que isso ocorre. Concursos são uma opção honesta, mas pouco inspirada, pois é difícil capturar capacidade de liderança e sedução em provas escritas.

A eleição poderia ser a grande salvação. Porém, se jamais foi adotada em países de educação séria, dá para desconfiar. Entre nós, não parece ser melhor que a escolha política, pois os candidatos têm que fazer acordos e assumir compromissos, perdendo autonomia e isenção durante seus mandatos. Quando a política partidária pisa na escola, sai escorraçada a seriedade da instituição.

Entre a indicação do político de plantão, a politicagem partidária e os compromissos gerados pelas eleições na escola, não há uma vantagem clara para um ou outro sistema. Dizendo de outra forma, são ambos inadequados.

É interessante verificar que as diferenças entre estados são muito amplas. No Distrito Federal, apenas 5% dos diretores são indicações políticas. Em contraste, esta proporção sobe para 85% no Amapá. Em geral, quanto mais atrasado o estado, mais tende a escolher por critérios políticos. Contudo, há exceções. Santa Catarina, com um dos melhores sistemas educativos, tem 72% de escolhas políticas. No outro extremo, o Acre, cujo desempenho é mais do que modesto, tem apenas 11% nessa categoria.

Gerentes de padaria, se fossem escolhidos como diretores de escola, em poucas semanas levariam o negócio à falência. Fórmulas mistas, combinando provas e eleição, têm-se mostrado promissoras. É preciso tentar novos modelos que existem em outros países.

Aliás, como iremos saber por antecipação quem poderia virar um bom diretor? Simplesmente, não sabemos, mas, logo ao entrar na escola, se é um dos bons, percebemos que a atmosfera é diferente. É a plantinha na janela, é o quadro pendurado, é o banheiro limpo, é o tapetinho na entrada da secretaria, é a ausência de pichações e vidraças partidas. E os horários são respeitados.

No topo da agenda dos melhores diretores está o desafio de cultivar o bom astral dos professores. Esse é um ponto fundamental para a saúde do sistema. São infindáveis as reclamações dos professores. Em grande parte, refletem desconforto com o ambiente da escola.

De fato, é interessante registrar que as escolas privadas pagam ligeiramente menos do que as públicas, não oferecem estabilidade no emprego e têm piores aposentadorias. Ainda assim, conseguem atrair os melhores mestres. Mais ainda, algumas pesquisas mostram um considerável grau de satisfação dos docentes do sistema privado. Tudo indica que o ambiente mais agradável aí oferecido seja responsável pela sua maior atratividade. É verdade que as escolas privadas têm uma clientela mais motivada e economicamente confortável, mas isso não é tudo. A evidência mais clara disso foi a observação da inspetora inglesa citada anteriormente. Ou seja, se o diretor é bom, o ambiente das escolas públicas pode também ser agradável e produtivo.

Portanto, zelar pela atmosfera saudável da escola é um papel crítico para os diretores. Cabe a eles, com os poucos meios de que dispõem, construir um ambiente agradável e estimulante nas suas escolas. E, acima de tudo, um ambiente que promova o bom ensino.

/// Os professores

O professor é o epicentro do processo de ensino. Mesmo naquele ensino mediado por muita tecnologia, por trás de tudo estão alguns professores que conceberam e prepararam os materiais que o aluno vai usar.

Em suma, o ensino é tão bom quanto o professor – presente ou ausente. Nada é tão nocivo ou corrosivo na educação quanto um professor inadequado. O uso da palavra "inadequado" é propositalmente vago. Não há uma fórmula mágica dizendo que cursos os mestres têm que frequentar, que teorias devem usar, que pessoas devem ser, pois há uma enorme latitude nesse perfil.

Podemos definir com confiança duas características do bom professor. Em primeiro lugar, ele precisa saber a matéria que vai ser ensinada. Em seminários de doutoramento, onde se opera na fronteira do conhecimento, o professor pode admitir que tem dúvidas aqui ou acolá e gostaria de compartilhar suas incertezas com os alunos.

Contudo, no ensino básico, imperativamente o professor deve dominar o assunto que vai ensinar. De fato, as grandes controvérsias teóricas não são o tema do ensino nesse nível. As dúvidas que Einstein não conseguiu resolver não são tratadas nos primeiros anos de escola. Tão simples quanto isso.

Em segundo lugar, o professor precisa conhecer os princípios e as práticas de como ensinar. Ao longo dos anos, a experiência de lidar com uma sala de aula foi se consolidando e gerando práticas consagradas. Ademais, nas últimas décadas, essas práticas passaram a ser objeto de pesquisas sistemáticas, com grupos de controle e outras imposições do método científico. Assim, dispomos hoje de conhecimentos muito precisos acerca do que funciona e do que não funciona. Obviamente, há muito que não sabemos, pairam dúvidas e há controvérsias sobre métodos, mas, ainda assim, há um bloco muito substancial de práticas comprovadamente superiores.

Essas "boas práticas" têm que ser conhecidas dos professores. Eles têm que dominá-las. Esse deve ser o seu repertório pedagógico. Há livros em português destilando isso tudo. Não se justifica que professores iniciem suas carreiras sem haver dominado o que deveria ser um patrimônio pedagógico de todos.

Propositadamente, este ensaio não entra nas controvérsias acerca de teorias pedagógicas. Pelo contrário, toma a posição de quem está de fora, exigindo resultados. Quando levamos o aparelho de televisão para consertar, queremos apenas que volte funcionando bem. Não precisamos fazer um curso de eletrônica para discutir com o técnico as várias opções disponíveis para resolver o problema. É o mesmo na sala de aula: há práticas consagradas, e esperamos que tenham sido dominadas pelos mestres.

Contudo, não podemos culpar os professores pela sua falta de preparo. De fato, hoje temos um problema horrendo nas faculdades que formam docentes. Se considerarmos que o problema mais sério da educação brasileira é a falta de qualidade do nosso ensino básico, talvez a mais grave culpa esteja nas orientações equivocadas das faculdades de Educação.

Na década de 1930, registraram-se infindáveis controvérsias acerca das faculdades de Filosofia e seu papel. Anísio Teixeira e Newton Sucupira discutiram amplamente o assunto. Seriam centros de preparação de professores ou fulcros do pensamento criativo da sociedade? Curiosamente, esse dissenso sobrevive até hoje. O curso criado para formar professores, na década de 1990, no início da gestão do ministro Fernando Haddad, foi dissolvido com uma penada e os futuros professores foram redirecionados para programas jamais pensados para preparar professores de sala de aula. Por assim dizer, foram para cursos que parecem pensados para produzir sábios da educação.

É surpreendente ouvir algumas lideranças da pedagogia. Por acaso, entrevistei um candidato a coordenador de uma faculdade de Educação que estava sendo criada. Segundo ele, não é uma prioridade ensinar a fundo os conteúdos que os alunos ensinarão mais adiante. Não estava tampouco preocupado em ensinar a dar aula, algo que os antigos institutos de Educação faziam. Para ele, a missão nobre era forjar a identidade profissional dos futuros mestres. Não tenho a mais leve dúvida de que essa crença é forte responsável pela péssima formação dos professores.

Se é assim, a pergunta inevitável é: o que ensinar nessas faculdades? Não haveria aqui espaço para ampliar a discussão, mas, na prática, gasta-se imenso tempo com teorias arcanas, com discussões ideológicas, com um esquerdismo requentado e com assuntos que não aterrissam em sala de aula.

De prática de sala de aula, quase nada. Como aprenderiam a alfabetizar, se a doutora em pedagogia nunca o fez? O que aprendem então? Teorias e mais teorias, sem qualquer tentativa de rever as pesquisas que indicariam sua correspondência ao mundo real.

Como aprende-se a dar aula dando aula, não é possível imaginar tal curso sem centenas de horas praticando em escolas de verdade, sob a supervisão de mestres experientes. Pelo descompasso dos horários, fica mais do que evidente que isso não acontece com os futuros mestres do ensino fundamental. Os cursos de pedagogia são noturnos, porque os alunos trabalham. E as escolas desse nível são diurnas. Como poderiam praticar nelas?

Em função desses desencontros e do ambiente desagradável das escolas públicas, a profissão se tornou pouco atrativa. Os salários não deslumbram – embora a aposentadoria precoce e com salário integral esteja arruinando os cofres públicos. De fato, nos estados de educação mais consolidada, os inativos já consomem um naco maior do orçamento do que os que estão em sala de aula.

Os números falam com eloquência sobre a falta de atratividade dos cursos de pedagogia. Dos selecionados pelo Exame Nacional do Ensino Médio (Enem), contam-se entre os candidatos mais fracos. Exige-se a pontuação no Enem de 450 pontos para um diploma de nível médio oferecido a alunos adultos. Não é um desempenho tão extraordinário, pois corresponde a um acerto de apenas 6 a 8 das 45 questões do teste. Pois bem, 19% dos ingressantes nos cursos de pedagogia das universidades públicas não atingem essa pontuação. Em contraste, na média de todos os alunos, apenas 10% não atingem esses 450 pontos. E, na medicina, 1,6% estão abaixo dessa pontuação.

E como os cursos das universidades públicas são gratuitos, conseguem atrair os melhores candidatos. Podemos inferir que nos cursos privados o nível seja ainda mais baixo.

Uma clara implicação desses números é a necessidade de aprimorar o ambiente das escolas, seja para os alunos aprenderem mais, seja para atrair professores de melhor nível. E tampouco faz sentido oferecer uma aposentadoria generosa e prematura, se o que atrai o candidato é o salário inicial.

Que mais dizer sobre os professores? Não é pedir muito que sejam escolhidos pelos seus méritos e mantidos por esse mesmo critério. Nisso, o País evoluiu muito. Contratos estáveis só são dados a professores concursados, mas ainda há a periferia cinzenta dos temporários. O que sabem e como ensinam varia do execrável ao superlativo, mas têm em comum o fato crucial de que podem perder o emprego, uma santa vacina contra a complacência.

Para os concursados, como os métodos de escolha são imperfeitos, ao longo de suas carreiras alguns mostram desempenho péssimo. O que fazer com eles? Se deixamos de frequentar barbeiros que cortaram mal nosso cabelo, se botamos no olho da rua a empregada que não atendeu às expectativas, em nome de que toda uma geração de jovens terá que ser sacrificada por estar nas mãos de um professor inadequado?

Se é politicamente difícil fazer o mesmo com professores incompetentes, talvez valha a pena a solução de Nova York de retirá-los da sala de aula e pagar para que não façam nada. Pode parecer inverossímil, mas há um edifício cheio de mesas e cadeiras abrigando centenas de professores que não têm absolutamente nada a fazer. Estão lá para que seus estudantes não sejam prejudicados.

Além desses pontos, mais ou menos óbvios, não parece apropriado ser mais prescritivo. Basta dizer que queremos professores cujos alunos aprendam. Isso porque sabemos que os estilos pessoais podem variar muito. Entre os excelentes, alguns podem ser autoritários ou secos, outros podem ser doces ou amáveis. Se o aluno aprende, para ele, o estilo serviu.

Penso nos dois melhores professores que tive. Amartya Sen – mais adiante, prêmio Nobel de Economia – era afável, educado, uma presença agradável. O outro era Georgescu-Roegen, severo, tirânico com os bons alunos, intimidante. Alguns ótimos alunos mudaram de universidade, por medo dele. Um professor da mesma universidade havia sido seu aluno. Comentava que, após formado, tinha pesadelos nos quais Georgeuscu vinha tomar o seu PhD. No meu caso, suas exigências foram o que precisava na época. Obrigaram-me a uma disciplina e dedicação, varrendo o que me havia sobrado de arrogância. Portanto, foi o melhor para mim.

Finalmente, é preciso ponderar que os professores não nascem prontos. Claro, alguns têm mais facilidade, mas todos precisam aprender e continuar a aprender o seu ofício ao longo de toda a vida profissional. Portanto, tanto quanto a formação inicial, o aperfeiçoamento ao longo da carreira faz parte da trajetória do professor.

Não falta consciência das deficiências dos professores. Daí o enorme esforço logístico e financeiro de promover cursos de reciclagem. Infelizmente, as pesquisas brasileiras mostram que tais cursos se revelam inúteis. Em sua maioria, são teorias rarefeitas de autores defuntos, ou, então, perorações ideológicas requentadas. Na prática, pouco ou nada promovem a aprendizagem.

O que adianta é ensinar a dar aula. É aprender as dezenas de regrinhas de como preparar uma aula, de como conduzir as classes e insistir na aplicação do que foi ensinado. Ou, pelo menos, aprender algumas poucas regras importantes. Tudo muito simples e muito concreto. Não é preciso decorar frases de Piaget ou Vygotsky para ser um bom professor em sala de aula. Nem é preciso saber que existiram tais deuses do Olimpo.

/// A sala de aula

Diante de um paciente com um apêndice inflamado, o manual de cirurgia descreve os vários procedimentos indicados para a apendicectomia. São os famosos protocolos da clínica médica. Conhecer os métodos consagrados do ofício é o alicerce mais elementar do profissionalismo. Nas salas de aula também deveria ser assim. De fato, há um conjunto de práticas pedagógicas que se revelaram bem-sucedidas e deveriam ser dominadas e aplicadas pelos professores. São os "protocolos" da sala de aula.

Como exemplo, tem-se as escolas do Serviço Nacional de Aprendizagem Industrial (Senai), onde os alunos concluem seus cursos sabendo que, para cada operação requerida, há uma prática prescrita, explicada nos manuais e meticulosamente aprendida nas oficinas para se tornarem torneiros. A eficácia dessas práticas é um assunto de pesquisa experimental, e não de fé em gurus ou modismos. Já estão todas em livros escritos em português e em linguagem simples. Infelizmente, não é isso que acontece.

Ao longo dos anos, o uso de livros didáticos se revelou uma estratégia imbatível. Todos os países de educação séria escolhem com cuidado os livros e seu uso na sala de aula é universal. Entre nós, os gurus pregam uma doutrina diferente.

Insiste-se na noção de que os materiais didáticos devem ser preparados pelos próprios professores. Não há por que negar que isso pode ser viável, mas apenas para um ou outro mestre excepcional ou em escolas experimentais. Poucas práticas se mostraram tão nocivas para o ensino quanto essa crença espúria de que tudo tem que ser feito pelo próprio professor.

Antigamente, os médicos formulavam um remédio, e o farmacêutico aviava a receita. Hoje um laboratório enterra bilhões de dólares para desenvolver uma droga, outro produz, o farmacêutico vende e o médico receita. Essa especialização de funções ocorre em todas as áreas. Por que seria diferente na educação? Como é possível o professor produzir um material equivalente ao de uma equipe técnica de uma boa editora?

O Senai sempre primou pela excelência dos seus manuais voltados para a formação profissional. Em algum momento, foram até exportados para quase todos os países da América Latina. Porém, lá pela década de 1990, o Senai contratou graduados em pedagogia imbuídos dessa doutrina de que livros-texto são malditos e que cabe aos professores preparar os seus materiais.

Como eu havia sido contratado para fazer um diagnóstico dessa instituição, acabei visitando algumas salas de aula. Nelas vi que os materiais eram péssimos, improvisados e, inevitavelmente, atrapalhavam o ensino. Porém, visitei também uma outra escola, cujos manuais eram excelentes. Como fui informado, estes vieram junto com as máquinas, importadas de Israel. Vale mencionar que essa moda nefanda já foi superada no Senai, mas ainda agoniza no ensino público.

Essa interdição de livros didáticos origina-se de pessoas que se identificam como construtivistas, mas, curiosamente, ignoram que os autores clássicos dessa epistemologia da aprendizagem nada dizem sobre o assunto. De fato, há uma linha norte-americana de construtivistas pregando o oposto, ou seja, que a preparação cuidadosa e o passo a passo dos materiais didáticos são imprescindíveis para materializar os métodos propostos. Como conclusão de algo simplista – de quem não quer se meter em controvérsias doutrinárias –, digamos que o construtivismo é "agnóstico" quanto ao detalhamento dos seus materiais de ensino.

Na prática, para quase todos os professores, o planejamento e as sequências embutidas no livro didático se revelam valiosos para um bom ensino. Tiram do professor um esforço prévio, não é realista esperar que possa se materializar em materiais minimamente aceitáveis. De fato, seja em Cuba, seja na Suíça, o livro didático é uma ferramenta do cotidiano.

Mudando um pouco de assunto, enfatizemos aqui um dos princípios mais robustos da sala de aula: quanto mais se estuda, mais se aprende. Sem muito esforço e dedicação, nada de bom vai acontecer. Todos os sólidos sistemas de ensino garantem um número elevado de horas efetivas de aprendizagem. Mas de que adianta a carga horária estar na lei se quase a metade do tempo é perdida em atividades que não educam?

Foi isso que mostraram várias pesquisas recentes, conduzidas no Brasil, visando a estimar o tempo perdido nas salas de aula. Os resultados são escandalosos. Facilmente a metade do tempo da escola vai para atividades que não educam, no sentido estrito do termo. Ou seja, o Estado paga por educação, e a maior parte desse gasto vira outra coisa ou nada. Nas escolas dos países bem-sucedidos, o Pisa mostrou que mais de três quartos do tempo de aula é ensino de verdade.

É preciso que essas horas de aula não sejam apenas um desiderato, uma quimera, algo escrito em um documento oficial. Greves, feriados, festas e acidentes de percurso podem reduzir dramaticamente o tempo de aula. Da mesma forma, atividades culturais, desportivas ou recreativas podem tragar tempo de aprendizagem do currículo, por importantes que possam ser como contraponto à rotina da escola. Nas grandes capitais, próximas das sedes de organizações filantrópicas, as escolas são invadidas por programas distantes do miolo do currículo. Não se trata de desprezar tais atividades, mas de lhes dar o peso que merecem, evitando que polarizem a vida da escola.

Claro, o assunto da aula deve ser interessante e intelectualmente rico. Acima de tudo, bons usos para o conhecimento devem ser percebidos pelos alunos, mas é sempre preciso vencer a inércia na aquisição de conhecimentos novos. Como regra geral, nosso primeiro contato com uma ideia nova é desconfortável. O lugarzinho dela na nossa cabeça ainda não foi conquistado. Lutamos para lidar com a ameaça do desconhecido, lutamos para fazer sentido do novo quebra-cabeças. Porém, adquirida essa massa crítica, até sentimos certo orgulho de dominar o novo tema. Daí para a frente, o seu estudo pode ser uma fonte de prazer. Estamos sempre preparados para desfrutar a hora do recreio, mas para desfrutar o estudo é preciso um esforço inicial, e este pode ser grande.

Portanto, estudo sério requer intensidade de dedicação. Devemos entender essa proposição em todos os seus desdobramentos. Em primeiro lugar, a carga horária da escola precisa ser considerável. Um prédio usado em três turnos diurnos não pode permitir uma educação séria. Em segundo lugar, é preciso que o momento da aula se materialize em ensino de verdade, e não em usos improdutivos do tempo. Quanto se perde fazendo chamada? Cuidando de disciplina? Copiando do quadro, uma atividade mecânica que só se poderia justificar quando os alunos não tinham livros? Por quanto tempo o professor se dirige a um aluno individualmente, deixando os demais sem fazer nada?

Um enguiço recente foi a decisão intempestiva de inclusão na sala de aula, pura e simples, de alunos com necessidades especiais. Até certo ponto, é uma política bem-vinda. Contudo, se essas crianças são excessivamente diferentes das outras, cria-se uma grande confusão, resultando em que elas não aprendem o que deveriam e as outras sofrem com a dispersão e os desencontros criados. É o caso de crianças cegas ou surdas. As políticas de inclusão foram um avanço salutar, mas não funcionam em todos os casos e sem um forte investimento complementar, o que raramente acontece.

Qualquer que seja o mérito dessa inclusão, para que funcione, os custos são horrendamente elevados. Nos Estados Unidos, a decisão de custeá-los dobrou os gastos por aluno, sem que qualquer das novas despesas tivesse o mais remoto benefício para a maioria sem problemas sérios.

Em um país muito mais pobre, como o nosso, e com um ensino ainda precário, políticas de inclusão não podem apenas ser uma manifestação de novos direitos adquiridos. É preciso considerar seriamente os gastos incorridos. Nessa direção, agrupar nas mesmas escolas alunos com problemas semelhantes faz muito mais sentido.

Em terceiro lugar, queiramos ou não, há uma hierarquia de conhecimentos no currículo. Aprender a ler, a entender rigorosamente o que está escrito, a escrever corretamente, a usar números são os temas mais centrais dos currículos. Se não ganharem um tempo comensurável com sua maior importância, a escola está sonegando ao aluno uma educação de qualidade. Infelizmente, o congestionamento dos currículos parece induzir a um uso difuso do tempo. Sobra pouco para aprender os elementos mais críticos de uma boa educação.

Já está superada a controvérsia entre aprender a pensar e a memorizar fatos, datas e fórmulas. Antes era só decorar. Agora é aprender a pensar. Contudo, no bom ensino, entram os dois, misturados. O erro é deixar que se escoe todo o tempo em assuntos de memória, não sobrando nada para pensar e aplicar.

Em quarto lugar, uma forma eficiente de prolongar a jornada escolar é o "para casa". É eficaz para o bom funcionamento da escola. Sobretudo, diante do pouco tempo de aula, o professor deve passar deveres inteligentes, cobrar a sua execução, corrigir esses deveres e dar *feedback* individualizado acerca do que cada aluno fez. No entanto, é preciso lembrar: o "para casa" não é para os pais, mas para os alunos, que devem receber tarefas criativas e ao seu alcance. De mais a mais, se para cumprir o dever é preciso mobilizar o conhecimento dos pais, o que acontecerá com aquela maioria de brasileiros cujos pais têm pouca escolaridade?

Nada disso é novidade. Nada disso é *high tech*. Nada disso é intrinsecamente difícil. Lembrando o cavalo de Paracatu, compõem a miríade de detalhes que vão fazer a diferença na aprendizagem.

/// A indisciplina endêmica

É preciso que, na sala de aula, a aprendizagem de cada aluno não seja estorvada pela bagunça ou pelo ruído dos outros. É interessante registrar que pesquisas feitas com os próprios alunos mostram que uma de suas reclamações mais frequentes é contra os colegas que atrapalham a aula. Ou seja, os temores de alguns professores de serem autoritários são contraditos pelo que dizem os seus alunos: com bagunça não se aprende!

Em outras palavras, são os alunos que pedem uma aula com mais disciplina. Vendo de outro ângulo, nas escolas bem-sucedidas, a disciplina é rígida, é caretona. Uma pesquisa com alunos das dez melhores escolas na pontuação do Enem mostrou, justamente, que nelas há uma grande ênfase na velha disciplina tradicional – durante os períodos de aula, bem entendido.

Sem traumas, uma disciplina mais rígida é praticada nos colégios militares. Jamais ouvi um ex-aluno reclamando dela. É instrutivo observar que os colégios das polícias militares recebem alunos de classe bem modesta, operam muitas vezes com os mesmos professores da rede pública, e os resultados acadêmicos são amplamente superiores.

Equivalente disciplina é mantida nos colégios católicos tradicionais, tampouco gerando reações negativas de qualquer lado. É instrutivo ver o sucesso dos colégios católicos da região de Boston, nos Estados Unidos, que atendem a populações muito pobres – em geral, filhos de imigrantes. Seu segredo é apenas a disciplina tradicional, imposta com firmeza e sem exageros.

Não é sem consequências o azedume que traz a indisciplina à vida dos professores. Mesmo quando esta não chega a ofensas ou agressões, é desmoralizante não ser capaz de conduzir uma aula de maneira a que os alunos aprendam. De fato, esse é um dos fatores que erodem o ambiente da escola, tornando a profissão de professor da rede pública pouco atraente.

Embora problemas equivalentes sejam observados mesmo em países avançados, o problema existe entre nós e requer uma ação bem mais robusta do que se observa. O professor precisa sentir que, ao impor a disciplina, tem por trás de si toda a administração da escola e da Secretaria de Educação. Não pode temer conselhos tutelares, se baliza seu comportamento por regras compartilhadas. O bagunceiro e o intempestivo têm que sentir firmeza em todos os níveis e compreender que a impunidade não será tolerada.

É mais fácil entender o problema se buscarmos suas origens. Parece haver três, pelo menos. Curiosamente, uma delas são as revoltas estudantis de Paris, em maio de 1968. Na linha do movimento, ficaram famosos os cartazes proclamando: "É proibido proibir". Na França, isso acabou por enfraquecer a autoridade do professor, pois passou a ser confundida com autoritarismo. E como o que acontece em Paris costuma chegar ao Brasil, o mesmo desconforto dos professores acabou atravessando o oceano.

Se o problema foi importado da França, podemos também aprender com a solução de lá. Pouco a pouco, os mestres franceses estão recuperando a sua autoridade. Paradoxalmente, alguns dos que passeavam com os cartazes viraram professores e tiveram que provar o fel que ajudaram a engendrar.

Vale mencionar uma segunda causa. Se a escola não consegue manter a disciplina, uma possibilidade é que os alunos estejam entediados com conhecimentos que não conseguem entender ou considerar úteis. Se a escola é chata, desinteressante e não consegue tornar o ensino atraente, isso deve contribuir para minar a disciplina. Se o aluno não sabe para que serve o que está aprendendo, sua motivação para se dedicar aos estudos fica comprometida. A escola não é um parque de diversões, mas tampouco pode ser uma fonte de conhecimentos sem vida, sem centelha, sem perspectivas de ser uma aventura intelectual. E como já diziam os antigos, "cabeça vazia é oficina do diabo".

Até certo ponto, alguma bagunça pode ter o seu charme e tornar a escola mais alegre e divertida. Digo isso advogando em causa própria, pois os "conhecimentos inertes" oferecidos pela escola criavam o caldo de cultura para um comportamento muito ebuliente da minha parte, com quase expulsões se repetindo. No entanto, há um limite à bagunça e este costuma ser sistematicamente ultrapassado em uma boa proporção de nossas escolas.

A terceira fonte de indisciplina é a disseminação de uma versão bastarda da psicanálise. Segundo ela, não devemos frustrar os alunos em suas manifestações espontâneas e naturais da adolescência. Contudo, não nos esqueçamos, grandes artistas, filósofos, escritores, cientistas, empresários e políticos frequentaram escolas rígidas e vivenciaram suas regras de comportamento. Algumas até desnecessariamente restritivas.

Repetindo, sabemos que, a partir de um certo nível de indisciplina, a aprendizagem fica prejudicada. Basta isso para justificar uma política mais enérgica para lidar com o problema.

/// Os currículos

É preciso repetir, a escola deve ser feita para o aluno real, qualquer que seja a sua bagagem ao chegar na aula, mas não é assim. Lamentavelmente, há pouco que a escola ou o professor individualmente possam fazer para mudar um currículo sem foco, exagerado em suas ambições ou difícil demais para o aluno médio.

Se o aluno chega sabendo pouco, não adianta fingir que sabe muito e prosseguir ensinando o que o professor, a escola ou o currículo gostariam que soubesse. É uma hipocrisia criminosa, pois o aluno acabará aprendendo menos do que se recebesse conteúdos mais simples e em menor quantidade. Infelizmente, os currículos brasileiros são feitos para gênios. Como a maioria não está nessa categoria, o currículo deixa de ser uma fonte de orientação para o professor e passa a ser a origem da desorientação de todos.

Em países com bons sistemas de ensino, o currículo é claro, explícito e não está escrito em javanês, à espera de ser traduzido em palavras inteligíveis para alunos e professores. Na prática, os currículos tendem a ser a materialização das vaidades literárias dos seus autores. O Brasil precisa domar os currículos oficiais para que passem a ser uma orientação para a sala de aula. O currículo precisa estabelecer com clareza o que o aluno deve sair minimamente sabendo.

Diante da indigestão curricular vigente, ninguém fica sabendo o que foi ensinado e o que foi aprendido. Frente a essas indefinições crônicas, cabe a diretores e professores sérios definir metas realistas de aprendizagem, meio que passando por cima das miragens curriculares.

Os novos parâmetros curriculares promovidos pelo MEC são um passo à frente. Contudo, não se livraram totalmente dos cacoetes enciclopedistas e pedantes do passado. A sua discussão ratifica a dificuldade que temos em ser parcimoniosos nesse aspecto. Se tudo é importante, tudo deve ser incluído. Por conseguinte, quase nada se aprende de verdade.

/// O que se espera do aluno

Entre o secretário, o diretor, os professores e os pais, criam-se certas expectativas quanto ao desempenho dos alunos. Obviamente, isso não é novidade. O que quer que façamos na vida, temos expectativas quanto aos resultados. E outros as têm para nós. Contudo, nos últimos anos, começamos a nos dar conta de que as expectativas influenciam os resultados. De fato, isso foi confirmado por pesquisas nos Estados Unidos – em um ensaio adiante, voltaremos ao assunto.

Se o aluno percebe que pouco se espera dele, há uma grande chance de o seu desempenho ser medíocre. Em contraste, uma pequena rede de escolas privadas norte-americanas demonstrou que o oposto também é verdadeiro. A partir de certo momento, formulou expectativas muito ambiciosas para os seus alunos, todos oriundos de famílias pobres ou problemáticas. A resposta foi surpreendente: a proporção de estudantes se encaminhando para o ensino superior tornou-se muito mais elevada do que antes e do que a de escolas com clientelas comparáveis. A implicação é muito clara: é imprescindível que a escola seja ambiciosa no que espera de seus alunos. As chances de que rendam mais são consideráveis.

Resta mencionar as diferenças de expectativas entre pais. Aqueles que esperam muito e cobram muito, de maneira geral, não são decepcionados. Em qualquer cultura, aparecem pais mais ambiciosos quanto ao futuro dos seus filhos. E o desempenho deles tende a ser amplamente melhor. Frequentemente ouvimos narrativas de pessoas de meios sociais muito desfavorecidos, mas que tiveram grande sucesso na escola. Invariavelmente, eram filhas de pais que acreditavam na educação e as pressionavam fortemente para que se dedicassem aos estudos.

Vindo de uma família bem-educada, lembro-me de um caso contado por meu avô. Diante das notas esplendorosas de seu filho – meu tio –, ele foi ao diretor reclamar. Declarou que, com tais notas, a escola estava prejudicando o seu filho, pois este não tinha desafios.

Contudo, ainda mais marcantes são as expectativas associadas a diferentes culturas. Em particular, pais oriundos do Extremo Oriente esperam muitíssimo dos seus filhos e cobram deles impiedosamente. E são já conhecidas e proverbiais as cobranças das mães judias. Em ambos os casos, os resultados chamam atenção.

No entanto, como é apontado na próxima seção, os pais brasileiros esperam pouco e cobram pouco. Essa é uma das fortes razões para o baixo desempenho das nossas escolas.

/// Se está ruim, a culpa é de quem?

As propostas de políticas educativas descritas até aqui têm quatro características:

1. Se adotadas, daríamos um gigantesco salto na nossa educação.

2. Com pequenas discrepâncias, refletem o consenso de um grupo considerável de pesquisadores maduros, bem informados e equilibrados.

3. Não contêm praticamente nada de novo. São ideias que vêm sendo propostas e testadas faz um bom tempo.

4. Por razões poderosas, não foram implementadas.

O fazendeiro de Paracatu tinha um belo cavalo justamente porque passou a frequentar a cocheira nos momentos mais críticos. Lá marcava a sua presença. Em educação, a lógica do processo não é muito diferente. Se há cobranças sérias, temos bons resultados. A questão é quem vai cobrar o desempenho da escola. A resposta óbvia é que os interessados deveriam cobrar. Por que não, se têm tudo a perder diante de uma educação ruim? Pais e alunos são prejudicados por um ensino em que não se aprende. Igualmente, se os empregadores recebem mão de obra despreparada, é porque a escola é ruim. Portanto, em um sistema educacional maduro, dentro de uma lógica de *checks and balances*, são essenciais as cobranças por parte dos interessados, diretos e indiretos. Assim é nos países de melhor educação: todos cobram, impiedosamente – como ilustrado no ensaio sobre a Coreia do Sul, apresentado adiante. Infelizmente, não é assim no Brasil. As origens desse descaso se perdem na história de um país sem tradições nessa área, fechando o círculo vicioso. Esse é o tema do Capítulo 9.

Pesquisas mostraram que 70% dos pais brasileiros acham boa a educação dos seus filhos. Respondem assim, justamente, os pais cuja educação foi fraca e que, por isso, não têm bons padrões de comparação. Diante do ensino de seus filhos, até que podem ter razão, pois estudaram em escolas ainda piores. Os 30% de descontentes são aqueles que têm um nível maior de escolaridade, por isso sabem que a educação é ruim. Contudo, a metade deles tem seus filhos em escolas privadas, bem melhores, portanto, apenas a outra metade tem uma motivação direta para protestar.

Segundo depoimentos dos professores e diretores, quando os pais vão à escola para reclamar, é porque seus filhos foram punidos, porque o professor exigiu demais ou coisas do gênero. Jamais vão para exigir que a escola seja mais rígida, que se coíba a cola ou que passe mais deveres de casa.

Se os governantes não ouvirem protestos firmes e zangados, por que irão se desgastar politicamente para melhorar o ensino? Afinal, que benefícios políticos aufeririam melhorando o que seus eleitores já acham bom? De fato, melhorar o ensino requer impor sacrifícios maiores a todos os interessados, incluindo pais, alunos e professores. Se os pais não vão à escola reclamar do ensino, por que o diretor infernizaria a vida dos seus professores com cobranças que exigem mais trabalho, mais dedicação, mais aperfeiçoamento pessoal? Em contraste, pais coreanos são impiedosos nas suas cobranças por qualidade e desempenho nos testes.

A intelectualidade brasileira, por décadas, se perdeu em diatribes ideológicas, discussões de sistemas políticos ou econômicos ou teorias intergalácticas. Quando reclamam, não costuma ser do cotidiano da escola, mas de conspirações, de forças subterrâneas e nefandas, de teorias de reprodução de sistemas sociais ou coisas do gênero. É óbvio, tais discussões não levam a nada.

Faltou mencionar os empresários, para cujas empresas vão as vítimas do nosso sistema educativo, mas o caso é bizarro e pouco auspicioso. Quando as esposas desses executivos descobrem que compraram feijão bichado, voltam ao mercado como jararacas e exigem a devolução do dinheiro. Elas estão certas, não aceitam comprar gato por lebre. Por que, então, o empresariado brasileiro recebe educação bichada e nada faz?

A classe empresária teria a faca e o queijo para atuar e fazer a diferença. Por que não reclama do ministro ou dos secretários? Por que não visita as escolas para saber o que está acontecendo? Por que não condiciona seu apoio político ou financeiro àqueles que façam mais pelo ensino?

Felizmente, alguma coisa está acontecendo. Movimentos como o Todos pela Educação e outros são passos exemplares na direção certa. De fato, alguns empresários estão agindo, mas a maioria continua passiva. As associações de classe costumam incluir algumas palavras de ordem, reivindicando melhor educação. Vez por outra patrocinam um evento ou coisa do gênero. Porém, olhando mais de perto, são iniciativas pouco prestigiadas nas suas próprias agendas. Já presenciei um evento educacional sendo preterido na agenda de uma federação patronal importante. Segundo um empresário presente, seus colegas estavam mais interessados nas alíquotas dos impostos e não apreciariam que se gastasse tempo com escolas.

Não tenhamos dúvidas: um bom ensino está mais do que ao alcance da sociedade brasileira. Onde houve empenho, as coisas aconteceram. Exemplo flagrante é nossa pós-graduação, capaz de garantir para o Brasil mais de 2% da pesquisa mundial. Essa proporção é superior à nossa participação no comércio internacional.

Para oferecer à nossa juventude um bom ensino, basta cuidar com desvelo do feijão com arroz descrito aqui. Nada complicado demais. Nada que não sejamos capazes de fazer. E se não fazemos, é porque a sociedade não exige que seja feito. É imperativo quebrar esse círculo vicioso de pouco desempenho e pouca cobrança.

Em última análise, nosso desafio é encontrar as maneiras de mobilizar a nossa sociedade, seja dentro das escolas, das empresas ou do associativismo moderno.

Aprenderemos com os coreanos?

 *Se a dedicação coreana à educação explica seu sucesso, o nosso descaso explicará nosso fracasso?*

No ensaio anterior, tentamos mostrar que basta um feijão com arroz bem-feito para ter uma educação séria. Se isso não acontece, é porque a sociedade não se deu conta da necessidade imperiosa de uma ação política eficaz e persistente, forçando o sistema educativo a responder à altura. Diante dessa falha da nossa sociedade, vale a pena mencionar o contraexemplo da Coreia do Sul.

Qual é o segredo do sucesso coreano na educação? Certamente não se deve a pedagogias mágicas ou a teorias incompreensíveis. Para entendê-lo, basta observar como transcorre uma data muito especial no país: o dia do Suneung, o vestibular unificado, feito por 600 mil candidatos.

As provas incluem coreano, matemática, inglês, uma segunda língua estrangeira e uma disciplina à escolha. Começam às 8h30min e acabam as 17h40min. Nesse dia, a nação para, visando a facilitar a vida dos estudantes. O expediente nas empresas começa uma hora mais tarde. No horário da prova de línguas, não há aviões no ar, para o barulho não atrapalhar a compreensão de textos falados.

A lisura do processo é assegurada por 14 mil policiais, incluindo escoltas às provas. As escolas distribuem lanches para os candidatos. À porta, algumas repetem palavras de estímulo, acompanhadas por um tambor. As mães e avós entopem os templos, levando flores e entoando preces. Algumas voltam cem vezes, tentando persuadir os deuses.

A preparação para o Suneung inclui frequentar cursinhos, cujo ano letivo pode custar até 250 mil dólares. A eles, os pais pagam o mesmo que o governo gasta com o ensino público. É tão caro que muitas famílias só têm um filho, pois não poderiam pagar por dois. A jornada usual de estudos é de 15 horas diárias. Menos do que isso é inaceitável para as famílias.

Ao decifrar esse dia, entendemos por que a Coreia do Sul tem níveis superlativos de qualidade no seu ensino, destacando-se no Pisa. A pressão avassaladora da família faz com que as escolas não possam deixar de responder à altura das expectativas. E os filhos são igualmente cobrados com exigências inegociáveis de dedicação e esforço.

Ir para uma boa universidade é uma obsessão nacional. E o esforço da família se justifica, pois o sucesso na educação repercute fortemente no sucesso econômico. Quem vai mais longe na escola e quem aprende mais tem melhores chances em sua carreira. Isso também é verdade no Brasil, mas insistimos em ignorar.

Essa devoção à educação tem raízes históricas e culturais. Desde sempre, a sociedade coreana valoriza a educação. É difícil separar o que resulta do budismo e o que é obsessão nacional, mas o resultado é um só: a crença no poder da educação. Faz mil anos que a Coreia do Sul adotou o sistema chinês de escolher seus governantes por concurso. Seria o equivalente a escolher nossos dirigentes por exames, como se faz para o Itamaraty.

Haverá lições para o Brasil trazidas de um país tão diferente? Praticamente todos os países premiam regiamente quem a tem mais ou melhor. Para ver isso não precisamos da Coreia do Sul. O que a distingue é a valorização social da educação. Para o nosso gosto, os coreanos vão longe demais. Que país para o comércio e os aviões por causa de uma prova? Os mil sinais de descaso aqui observados sugerem que tomamos o caminho oposto. Se lá a sociedade pressiona as escolas e consegue boa educação, não seria esperado que entre nós a falta de pressão dê no que dá? Assim, fazemos por merecer a nossa péssima educação.

A maldita cultura da repetência

Vale a pena revisitar um falso problema que polariza muitas atenções. Um dos clássicos tropeços do nosso ensino é tomar a reprovação como problema, e não como sintoma de que alguma coisa vai mal na sala de aula. Polarizar as discussões na reprovação e no que fazer diante dela é perder de vista as suas reais causas. De fato, se o aluno não aprendeu, cumpre descobrir por que isso aconteceu e remediar a situação. Aprovar ou reprovar é ficar na superfície do problema.

No passado, foi glorificada a "cultura da repetência". Era o mito de que, no ensino sério, o certo era reprovar muitos alunos, para estimular os bons e punir os fracos ou preguiçosos. Nos últimos anos, houve uma tentativa honesta de erradicar essa prática, seja convencendo os professores de que é uma política equivocada, seja pela criação de ciclos de dois ou três anos, dentro dos quais não há reprovação. Eis a aprovação automática.

Nos países avançados, a reprovação não está na lista dos problemas sérios. Em alguns, é proibido reprovar, em outros, é permitido, mas em ambos os casos isso acontece com um número ínfimo de alunos. Tal quadro sugere que as políticas educativas desses países cuidam do baixo rendimento escolar de outras formas, sendo a reprovação ou sua iminência um caso limite. Nada a ver com os níveis elevadíssimos de reprovação que se observa no Brasil, sinalizando mais um vício de país atrasado.

Sabemos bastante acerca das consequências de repetir. Muitas pesquisas foram feitas, sobretudo em outros países. Os resultados não deixam dúvidas: a reprovação frustra, derrota o aluno e não aumenta o seu rendimento no ano seguinte – se é que ele tem coragem de prosseguir. De fato, comparando um aluno repetente com outro que foi aprovado sem saber o conteúdo, o primeiro aprende menos. Ou seja, o aluno que aprendeu pouco, em vez de repetir, lucrará mais se for adiante, junto com seus colegas. Parece um resultado equivocado, mas não é, pois foi comprovado por diferentes pesquisas.

Isso tudo nos permite afirmar que reprovar uma grande proporção de alunos é um sério erro, mas simplesmente parar de reprovar e ficar tudo na mesma tampouco é a solução. Se eliminamos a reprovação, o que entra no seu lugar para equilibrar o sistema e manter os incentivos sadios?

Ao abandonar a repetência, criando a aprovação automática, duas coisas ruins acontecem.

Em primeiro lugar, para a classe média, operava um mecanismo altamente eficiente: "a cultura do medo da repetência" (essencialmente diferente da "cultura da repetência"). Entre as famílias de classe média, era o medo da repetência que fazia o aluno estudar. O filho do rico estudava e passava, com medo das ameaças de castigos. Na prática, o pavor da repetência impede que ela aconteça. Ao se implementar a promoção automática, vai-se esse incentivo para estudar mais.

Em segundo lugar, na prática, quem repete é o pobre. Sua família tende a achar que repetir é uma boa ideia, para consolidar as ideias ou coisa que o valha. Ele próprio não teme a repetência, considera-a como uma fatalidade contra a qual nada se pode fazer, mas, no fundo, só tem a perder com ela, pois, como dito, aprenderá menos no ano seguinte se comparado com alguém que for aprovado sabendo tão pouco quanto ele.

Diante disso tudo, há uma conclusão inevitável: ao eliminar a reprovação, a escola tem que substituí-la por outros mecanismos que compensem a sua ausência. Têm que ser criados outros prêmios e outras punições, pois apenas o gosto pelos estudos é munição insuficiente para trocar o futebol ou o celular pelos livros. Mas isso é pouco. Na verdade, a repetência é um sintoma: sinaliza o fracasso do processo de ensino para uma ampla categoria de alunos. Se é assim, é preciso tratar da doença que está no funcionamento da sala de aula. É imperativo cuidar imediatamente dos alunos que vão ficando para trás.

Todos os países ricos já aprenderam a criar mecanismos que substituam a reprovação ou o medo dela. No fundo, fazem essa decisão se tornar uma agenda menor.

O Brasil está reduzindo a reprovação, mas ainda são muito tímidas as providências para colocar alguma coisa em seu lugar. De fato, tirando a reprovação, caem as pressões para estudar, até que apareçam outros mecanismos adequados para substituí-la. Nos últimos anos, vivemos uma entressafra de cenouras e açoites. Nem um nem outro.

Os professores reclamam que perderam suas armas para fazer o aluno estudar. É verdade, mas eram armas com benefícios muito seletivos, pois estimulavam os poucos ricos e puniam os muitos pobres. Alguns estados buscam alternativas, como aulas de recuperação e de reforço, mas leva tempo para aprender a usá-las. Em muitos casos, são medidas que carimbam como fracassados os que nelas se enquadram. A direção é certa, mas ainda falta muito.

Algumas coisas sabemos sobre os rumos a tomar.

Primeiro, eliminar a reprovação não se confunde com eliminar a avaliação. Pelo contrário, esta tem que ser melhor, mais frequente e acoplada a outros prêmios e a outras punições. É por meio dela que ficamos sabendo quem não está acompanhando o ritmo da sala de aula. A avaliação é o mecanismo de *feedback* que desencadeia ações voltadas para os alunos que ficam para trás.

Segundo, não podemos seguir cultivando essa arqueologia pedagógica que é a repetência. Costumava ser a marca de um professor sério reprovar muitos alunos. De fato, quando comparamos os melhores e piores estados ou municípios, verificamos que a reprovação não é muito diferente. Ou seja, pode ser tanto determinada por tradições docentes quanto pelo nível absoluto de aprendizagem.

Terceiro, como acontece com um dependente químico que sofre inicialmente ao lhe ser cortado o fornecimento de drogas, eliminar a reprovação traz problemas de transição. Como quase todos os estados e municípios já descobriram, não é fácil preencher o vácuo deixado pela eliminação da repetência.

Costuma-se comparar as novas regras com um momento anterior em que muitos repetiam, e o diagnóstico tende a ser cáustico para esta segunda alternativa da promoção automática. "Antes era melhor!", afirma-se com convicção. "Agora os alunos não querem mais estudar!"

Em grande medida, esse julgamento reflete um viés de classe média, tanto dos professores quanto dos pais dos alunos. Ambos têm razão em lamentar os problemas trazidos pela aprovação automática. De fato, esses alunos e os seus professores saíram perdendo. Os primeiros perderam o medo da reprovação, um santo remédio para pressioná-los a se esforçar mais. Já os professores deixaram de ter uma arma muito poderosa e fácil de usar.

Contudo, quem perdeu menos com a aprovação automática foram os mais pobres, que não temem a repetência e são muitos. De fato, eles até ganharam.

Não obstante, trata-se de um falso dilema. O mundo não se divide em "com reprovação" e "com promoção automática". A comparação certa seria com reprovação ou com o conjunto de políticas educativas que permitem tornar a reprovação um problema menor. E não restam dúvidas acerca de qual é a melhor política.

Ainda estamos aguardando um conjunto de ações eficazes para eliminar o baixo rendimento, sinalizado pela dura opção entre reprovar ou aprovar quem não aprendeu.

Pigmaleão na escola

Este ensaio lida com a influência das expectativas dos professores acerca do potencial dos alunos. Aqueles julgados mais promissores são tratados com mais empenho e atenção. Algumas pesquisas demonstraram que essa diferença de atitude dos mestres resulta em maiores ganhos para aqueles considerados mais aptos. Inevitavelmente, isso prejudica muitos alunos.

Na conhecida peça teatral *Pigmaleão*, de George Bernard Shaw, o professor Higgins acredita que pode transformar Eliza – de uma humilde vendedora de flores em uma *lady* britânica. Diante do desafio, ele empreende a sua reeducação, para que, de fato, ela perca suas marcas de origem, sobretudo transformando seu sotaque *cockney* no inglês da aristocracia.

No final da década de 1960, eu atravessava os Estados Unidos de carro com um conhecido. Mas automóveis de estudantes costumam mostrar as suas fraquezas bem no meio do deserto. E assim foi. Ficamos parados em uma cidadezinha do Novo México, esperando a chegada da peça que faria o carro andar novamente. Na falta do que fazer, fui para a biblioteca e comecei a fuçar os livros e as revistas.

Deparei-me então com o artigo do pesquisador R. Rosenthal, que construíra um experimento curioso. Na escola selecionada para a pesquisa, os professores foram informados dos resultados dos testes de inteligência dos alunos, destacando-se os 20% melhores. Ao fim do semestre, confrontando as notas obtidas no curso, verificou-se que havia uma forte correlação entre as notas e os quocientes de inteligência (QIs). Os alunos de QI mais alto obtinham as melhores notas. Não é isso que se esperava?

Mas havia uma pegadinha: os alunos e seus respectivos QIs haviam sido embaralhados. Ou seja, as notas altas se associavam a alguns alunos falsamente incluídos na lista, e não aos verdadeiramente mais inteligentes! Só havia uma explicação possível: as expectativas dos professores, conhecedores dos (falsos) QIs, haviam influenciado a maneira pela qual tratavam quem eles pensavam ser os melhores alunos, gerando os resultados obtidos. Quem eles imaginavam como mais inteligentes eram tratados como tal. Aos mais "burrinhos", davam pouca atenção. Em outras palavras, as notas eram influenciadas pela percepção e pelo tratamento dos professores, mais do que pela real inteligência dos alunos.

Em anos recentes, deparei-me com publicações sugerindo que o assunto não havia morrido. De fato, o artigo original consagrou o termo "efeito Pigmaleão". Rosenthal foi precursor desses estudos, demonstrando a força das atitudes, dos valores e das expectativas (hoje chamadas de socioemocionais) no desempenho dos estudantes.

Como confirmam pesquisas similares, os professores tendem a tratar os alunos de acordo com sua percepção do potencial que têm. E de quem eles esperam muito, maior é o rendimento escolar resultante, e vice-versa. Apesar de algumas críticas, tudo indica que o efeito seja real.

Foram criados cursos para combater as profecias autorrealizáveis, que buscam alertar os professores e vaciná-los contra um tratamento diferenciado, resultante de suas percepções do potencial de cada aluno.

Batendo na mesma tecla, algumas escolas bem-sucedidas têm como mandamento rígido esperar muito de *todos* os alunos. As expectativas têm que ser altas para cada um deles, sem exceções. Cada aluno precisa acreditar que pode chegar lá. Não se aceitam resultados fracos ou mornos, todos têm que se dar bem.

As escolas do Extremo Oriente tratam o assunto com uma estratégia muito drástica. Postulam que o resultado de cada um depende do seu esforço e da sua dedicação, descartando-se a crença em um potencial intrínseco como razão para melhores resultados. É o afinco que conta. O resultado desses países no Pisa confirma a sua vitória sobre o efeito Pigmaleão.

Entre as muitas falhas na formação dos nossos professores, a ausência de uma percepção clara acerca da importância das expectativas é mais uma delas. Assim, milhões de alunos são condenados porque os mestres não acreditam no seu potencial.

Não há como negar a abundância de desvantagens exibidas pelos alunos de classe social mais baixa já ao chegar à escola. Mas submetê-los adicionalmente ao efeito Pigmaleão é uma penalização evitável.

Gramsci e o PCC

Este ensaio sugere que a organização dos nossos ensinos médio e técnico tenha sido influenciada pelo pensamento de Antonio Gramsci, formulado na década de 1920. Gramsci pregava a ideia de que todos, ricos e pobres, devem receber a mesma educação e estudar tudo – filosofia, história e marcenaria. E, além disso, devem trabalhar de verdade. Contudo, essa ideia é perniciosa porque, no ensino médio, as diferenças entre alunos de classes sociais diferentes já são muito pronunciadas. Oferecer um ensino único para todos é uma péssima solução, perversa sobretudo para os mais pobres. De fato, entre países pobres e ricos, capitalistas ou comunistas, nenhum pensou seriamente em adotar esse modelo.

A narrativa aqui apresentada pode ser considerada uma introdução para entender algumas das perplexidades dos nossos ensinos médio e técnico, descritas no próximo ensaio.

O que haveria de comum entre a facção criminosa Primeiro Comando da Capital (PCC) e Gramsci, o comunista herético da Itália? É simples: de dentro da cadeia, ambos criam grandes transtornos para os brasileiros que estão fora dela.

Apesar de sua origem modestíssima, Gramsci entrou na universidade e logo virou jornalista. No embalo, virou também comunista. Brilhante e com ideias próprias, acabou expulso do partido, sempre refratário a cabeças independentes. Mas esse era um problema menor, pois, arrostando também o nascente fascismo, Gramsci foi parar na cadeia e de lá não saiu mais. Perpetuou seus escritos do xilindró.

Sua bandeira era eliminar a distância entre a educação do pobre e a do rico. Temos que louvá-lo por escolher um problema que continua aflitivo. As dúvidas são quanto às suas soluções.

Para ele, a educação do proletariado deveria equipá-lo para, de igual para igual, discutir a sociedade. Negava a fórmula tradicional de oferecer uma formação profissional para os pobres e uma educação clássica para as elites. A verdadeira educação deveria ser abrangente e igual para todos. Nada de separar os alunos. Os píncaros da abstração deveriam ser combinados com o contato de primeira mão com o trabalho, onde seria feita a grande síntese. Todos estudariam tudo: Kant, integrais, Guerras Púnicas e instalações hidráulicas. Cunhou-se o termo "politecnia" para essa fórmula, que virou o mantra sagrado de muitos educadores brasileiros.

Os discípulos locais de Gramsci torcem o nariz para o Senai, para os técnicos e tecnólogos e para a diversificação do ensino médio. Para eles, é tudo subterfúgio para perpetuar as desigualdades. A escola do pobre tem que ser igual à do rico.

Em meados dos anos 1990, o ministro Paulo Renato Souza se interessou por um empréstimo do Banco Interamericano de Desenvolvimento (BID) para alavancar o ensino técnico, sempre raquítico. Porém, o banco, onde eu trabalhava, fazia cara feia para as escolas federais, cooptadas pelas elites, que apenas viam nelas um caminho gratuito para a aprovação em um vestibular competitivo. De resto, era uma preocupação minha, já documentada em artigos da década de setenta discutindo a elitização dessas escolas.

A solução veio de uma proposta que havia feito nos anos 1980 a Jorge Bornhausen, então ministro da Educação. Simplesmente, a vertente técnica seria separada da acadêmica. Dessa forma, os alunos de classe mais alta optariam apenas pela segunda, por não lhes interessarem as oficinas, e os alunos interessados em uma profissão teriam espaço aberto na outra vertente. A ideia foi aceita.

Em seguida, fui encarregado de explicar a proposta para um bom número de diretores de escolas técnicas federais e não se registrou um só protesto ou objeção. No entanto, ao se anunciar a novidade, mexeu-se em um vespeiro. Os protestos e as manifestações vieram céleres. Aconteceu até um acampamento à porta da casa do ministro. Era a militância dos herdeiros da politecnia de Gramsci. Separar os pobres dos ricos era pecado mortal.

Manter o *status quo* era condenar os alunos mais pobres a continuar sem acesso à profissionalização, mas que detalhe bobo, diante da pureza do modelo gramsciano! Por fim, a reforma foi implementada, com considerável sucesso, apesar dos ruídos. O caso narrado exemplifica a devoção figadal de muitos educadores às ideias de Gramsci.

Gostemos ou não, no mundo real, os filhos de pobres já chegam à escola com grandes desvantagens. Por exemplo, como mencionado no ensaio anterior, nos Estados Unidos, aos 3 anos de idade, os filhos de pais com mais escolaridade ouviram 30 milhões de palavras a mais do que os de pais com menos escolaridade. Ou seja, já chegam à escola em patamares distintos de domínio da linguagem. O *Coleman Report*, do início dos anos 1960, mostra que as diferenças iniciais não se reduzem ao longo dos anos de escola. Assim, no ensino médio ou superior, é sem sentido que todos estudem a mesma variedade estonteante de assuntos e graus de abstração. Em que pesem as exceções, a capacidade de aproveitamento dos mais pobres já se tornou muito inferior.

Há pontos fora da curva, como foi o próprio Gramsci, e queremos que sejam cada vez mais numerosos. Porém, na maioria dos casos, ao chegar ao ensino médio, não há como fingir que não existem essas imensas diferenças ou acreditar que são superáveis. Diante disso, querer que todos estudem o mesmo provavelmente aumenta as desigualdades, pelos inevitáveis fracassos e meio fracassos. De que adianta tentar ensinar derivadas e integrais a alguém que não sabe regra de três – ou mesmo a tabuada? Terminará sem saber nem as ferramentas fáceis da matemática nem as difíceis.

Há mais de uma maneira de construir um argumento diante de uma posição oposta. Uma delas é perguntar: se a solução é tão boa, por que ninguém a adotou? Não é um argumento logicamente robusto, mas é persuasivo.

De fato, não seguiram Gramsci nem os ricos capitalistas, nem os comunistas, nem as grandes estrelas nascentes, como a Coreia do Sul. Em vez de serem iguais para todos, suas escolas oferecem miríades de opções, de acordo com as escolhas individuais, com as inclinações e com os potenciais de cada aluno. Algumas trajetórias demandam imensa abstração, outras são práticas. A variedade de soluções é o melhor que se conseguiu.

Nenhum país que valha a pena considerar deixa de oferecer uma gama enorme de cursos de formação profissional. Por meio de tais políticas, a desigualdade é mitigada de duas maneiras: os cursos oferecidos são compatíveis com o perfil e o interesse dos alunos, assegurando bons empregos, e, para os que julgam haver entrado no caminho errado, há estímulos e passarelas para mudar de trilha.

É preciso entender que, como a desigualdade se origina no ambiente familiar e persiste na escola, não pode ser consertada muitos anos mais adiante, no ensino médio ou superior, com uma fórmula igual para todos ou com a eliminação das inúmeras modalidades de formação profissional. Arrisco palpitar: a solução de Gramsci inspirou-se na biografia de um jovem inteligentíssimo, ambicioso e incomum: ele próprio. Aplicada a pessoas comuns, só pode aumentar a desigualdade.

Novamente, por que alguns insistem em um modelo jamais tentado pelos países mais comprometidos com equidade e com boa educação? Ingenuidade? Arrogância?

Os males do ensino médio serão curados pelo novo marco regulatório?

Nosso ensino fundamental pode não ser bom, mas temos certa clareza de como deveria ser. O ensino médio tampouco é bom, mas persistem sérias dúvidas quanto aos modelos a serem adotados na sua organização.

Como sugerido no ensaio anterior, talvez por influência de Gramsci, tínhamos um ensino médio único e um currículo único para esse curso. Nenhum outro país que valha a pena mencionar cogitou algo semelhante. Além disso, expulsamos do currículo do médio as disciplinas profissionalizantes do técnico. Ficou então esse curso encompridado de mil horas, justamente uma alternativa voltada para quem quer resultados mais imediatos.

Finalmente, em 2017, uma nova lei foi aprovada. Em grande medida, caminha na direção certa. Contudo, sua implementação está se revelando conflitiva. Contenciosos que nada têm a ver com a essência da lei provocam grande ruído.

Há belos prédios com péssimos detalhes de acabamento. A porta não fecha quando se instala a cama? Em contraste, há edificações horrendas, com detalhes esmerados, como lindos mármores e metais importados. É preciso não confundir coisas diferentes. Mérito da arquitetura é uma coisa, detalhes construtivos são outra.

Essa metáfora serve para entender os ruídos trazidos pela lei que prescreve a diversificação do ensino médio, com suas consequências práticas. Não podemos confundir os méritos de diversificar o ensino médio com a miríade de regrinhas e decisões que se seguirão – e que poderão estar certas ou erradas. Não devemos condenar a nova proposta só porque parece que pisará nos calos de algum sindicato de professores que teme a perda de empregos.

O que vimos, bem divulgado pela imprensa, foi o terremoto causado pelo anúncio da nova legislação. No entanto, peneirando as críticas, quase todas se concentram em detalhes de sua aplicação. São professores e sindicatos temerosos diante de mudanças que poderiam afetar diferentes categorias docentes. Professores de filosofia, sociologia, artes e educação física temeram o desaparecimento dos seus empregos e produziram a barulheira captada pela imprensa. Na verdade, seus empregos tanto podem encolher como crescer. É cedo para dizer.

Deixando de lado o que pode acontecer nesses duelos de implementação, defende-se a solidez das ideias fundamentais da reforma proposta. E, para fazer isso, inicia-se mostrando as falhas estruturais do ensino médio.

/// Por que remexer o ensino médio?

Na educação básica, o ensino médio é a etapa de mais lastimável *performance*. Desde a virada do milênio, a matrícula nesse nível está estagnada, até com uma pequena propensão a encolher, considerando que nem metade dos alunos matriculados termina esse ciclo. Dito de outra forma, deveria ter o dobro dos alunos. Ainda pior, os testes demonstram que a qualidade permanece estacionada em um nível assustadoramente baixo.

Que fatores explicariam tão precários resultados? A lista é longa e não é propósito deste ensaio explorá-la. Não obstante, o excesso de disciplinas, o congestionamento de assuntos dentro de cada uma e a falta de dizer para que serve o que se aprende parecem ser fatores predominantes. E, naturalmente, como há uma correria para cobrir todo o livro, não há tempo para aplicar nada. Portanto, não se atinge um nível minimamente aceitável no domínio de cada assunto.

As mesmas falhas dos professores existentes nos níveis inferiores se repetem no ensino médio. Talvez sejam piores, pois apenas a metade deles estudou o que ensina em suas salas de aula.

Resta mencionar o ensino técnico, que permanece atrofiado em comparação ao que se observa nos países bem-sucedidos. Comparadas com as da década de 1990, as regras do MEC são ainda piores. Portanto, há amplas justificativas para repensar a estrutura do ensino médio.

/// A diversificação do ensino médio

Diversificar a arquitetura do ensino médio é uma necessidade inadiável, mas que se adiou por mais de 20 anos. Aliás, desde meados dos anos 1990 venho escrevendo sobre o assunto. Negando as declarações furibundas, denunciando uma mudança abrupta e intempestiva, o problema não é novo.

Nosso ensino médio tem a pior arquitetura do mundo. Nenhum país que vale a pena mencionar ousou propor um sistema igualmente irracional.

Resumindo uma explicação que poderia ser longa, alguns países, sobretudo na Europa, oferecem escolas diferentes, de acordo com o perfil do aluno. Por exemplo, umas seguem trajetórias mais fortes nas humanidades; outras, nas ciências naturais. Algumas escolas preparam para o ensino superior, outras oferecem uma profissão; umas combinam profissionalização com diplomas de ensino médio; outras, não. Em suma, cada uma se especializa em um perfil de aluno.

Outros países oferecem múltiplas alternativas, todas dentro da mesma escola, como os Estados Unidos. Pode ser matemática de nível universitário, pode ser fotografia ou mesmo serralheria. Em uma escola de grande porte naquele país, até 200 disciplinas são oferecidas como opções para cada aluno.

Em um sistema ou no outro, as opções individuais encontram muitas direções e "sabores" que podem ser escolhidos. Em contraste, o nosso sistema traz à mente a já cansada metáfora da jabuticaba. Se só tem no Brasil, e não é jabuticaba... Oferecemos o mesmo modelo de escola e o mesmo currículo fixo para todos os alunos. Ora, se todos têm que estudar tudo, só gênios aprenderão o colosso de matérias que estão prescritas nos currículos. Em geral, são 13 disciplinas simultâneas.

Novos estudos afirmam que Einstein tinha um cérebro superdimensionado para as matemáticas. Em compensação, parece que esse crescimento comeu espaço dos neurônios encarregados das linguagens. Assim, suas competências seriam mais fraquinhas nesta área. E se ele tivesse feito o Enem e tomado bomba por causa de resultados fracos em línguas? Perderíamos o maior físico do século XX?

No Brasil, ex-futuros poetas tomam bomba em matemática. E ex-futuros físicos teóricos tomam bomba em história. Não estaremos perdendo talentos por exigir que todos sejam bons em tudo?

O filósofo Whitehead afirmou: o que quer que se ensine, que seja em profundidade. Mas pensemos bem: como pode haver profundidade com o *tsunami* curricular de hoje? Que profundidade seria possível, cursando 13 disciplinas?

Ou seja, na reforma do ensino médio, o ponto verdadeiramente importante é permitir que, a partir de certo momento, cada um possa concentrar seus esforços nos assuntos a que melhor se ajusta, de que gosta mais ou que se adaptam aos seus planos de vida.

A miríade de questiúnculas levantadas na mídia por adversários da reforma não nos deve fazer perder de vista o seu grande objetivo, que é assegurar algum grau de opções no ensino médio. Como era, repito, ele oferecia a pior estrutura do mundo.

/// O ensino técnico

Em algum momento, na década de 1990, o Conselho Nacional de Educação (CNE) decidiu que as disciplinas técnicas ou profissionalizantes do ensino técnico eram indignas do currículo acadêmico. Portanto, para ser possível oferecer ensino técnico, a carga horária do ensino médio aumentou mil horas, pois essas disciplinas tinham que ser oferecidas adicionalmente. O resultado é que se somaram à carga acadêmica legalmente prescrita para o ensino médio as mil horas da profissionalização.

Em geral, os alunos do ensino técnico, de origem social modesta, almejam uma formação aplicada e rápida – não fora assim, optariam por quatro anos de curso superior. Muitos têm uma escolaridade precária. Apesar disso, lhes é oferecida a enchente curricular do ensino médio e mais mil horas de profissionalização. É demais. Obrigar um ensino mais alongado a quem tem mais necessidade e pressa de chegar ao mercado de trabalho é uma política educativa difícil de se justificar. De fato, não é assim que fazem os países cuja educação mais admiramos.

No início da gestão Lula, houve um recuo na decisão de 1995 de separar o ensino técnico do médio, mas, apesar da ordem do MEC para voltar a integrá-los, mesmo nas instituições federais, a maioria dos alunos votou com os pés. Ou seja, escolheram cursar a vertente técnica depois de formados no ensino médio, contrariando a orientação do MEC de fazer ambos ao mesmo tempo. Na prática, as mil horas adicionais passaram a ser cursadas em um quarto ano de curso. De fato, o eixo técnico virou um curso pós-secundário ou pós-médio. Foi um ajuste espontâneo por parte dos alunos.

Diante de todos os percalços introduzidos, a formação técnica permanece nanica. Na Europa, absorve entre 30 e 70% da faixa etária correspondente. No Brasil, não atinge 10% dessa população.

A nova lei permite que o curso técnico volte a ser uma vertente dentro do ensino médio. A carga horária total desse ciclo agora pode incluir as disciplinas profissionalizantes. Aleluia! É abrir as portas para o crescimento de uma modalidade que só no Brasil permanece tão mirrada.

Esse marco legal oportuniza diferentes modalidades de implementação. O técnico pode continuar sendo feito depois do médio, pode ser feito ao mesmo tempo, na mesma escola ou em outra, ou ser integrado no mesmo programa, o que permite uma interessante sinergia entre as disciplinas acadêmicas e as profissionalizantes. Contudo, essa fertilização cruzada não acontece sozinha, pois tal aproximação é fruto de muito esforço. Cada tópico e cada aula precisam encontrar sinergia com alguma coisa do outro lado, mas, de longe, essa é a melhor solução.

Igualmente, torna-se possível combinar as duas vertentes em instituições de naturezas jurídicas diferentes. O ciclo acadêmico pode ser cursado em uma escola da rede pública; e o profissionalizante, no Senai ou em uma escola privada – ou qualquer outra combinação.

/// Os detalhes e os contenciosos

As ideias fundadoras da reforma – diversificação e inclusão do ensino técnico – pouco afetam as conveniências e as vantagens pessoais dos professores. Contudo, isso não é verdade para a sua implementação. Entre disciplinas e professores, uns perderão e outros ganharão. É inevitável com qualquer transformação desse tipo. Portanto, é mais do que previsível que os conflitos e as guerrilhas se multipliquem. Em um novo projeto de construção civil, há que discutir os acabamentos, um a um. Mármore ou granito? O mesmo se passa com a reconstrução do ensino médio: há um emaranhado de pequenas regras e decisões que precisarão ser deslindadas. Levará tempo.

A nova base curricular proposta para o ensino médio põe a descoberto os contenciosos. Na área das ciências sociais, foram incluídas geografia, história, sociologia e filosofia. Mas por que não direito, economia e ciência política? Nesse caso, o rastro dos *lobbies* das disciplinas escolhidas parece óbvio, mas, para quem não é professor dessas áreas, será que elas são mais importantes do que as alternativas mencionadas?

E como as bases curriculares não entram nas minudências das divisões de disciplinas e na carga horária de cada uma, virão novos contenciosos quando esses assuntos entrarem em pauta. Tomemos o exemplo da filosofia. O filósofo Luc Ferry achava que ela não deveria ser obrigatória na França – como não é. Mas aqui, com uma escola muito mais heterogênea, virou obrigatória. Com as novas regras, em que nível e para quem será oferecida? Obrigatória para quais itinerários formativos? Em quais escolas será oferecida? Os mesmos embates se repetirão com educação física, sociologia e artes.

Note-se que não há necessariamente perdas para esta ou aquela categoria de professores. Quem optou por vertentes privilegiando as humanidades pode ter mais de uma disciplina de filosofia ou de sociologia. Noves fora, pode não mudar o nível da demanda por professores, com a vantagem de que os alunos serão mais motivados, pois elegeram essa vertente. Os mesmos *lobbies* corporativos que tornaram obrigatórias algumas disciplinas estarão alvoroçados nessas discussões. É sempre bom lembrar que grupos de interesse representam interesses de grupos, mas as suas reivindicações não têm que coincidir com os interesses dos alunos ou da sociedade. O *lobby* dos professores de sociologia representa o interesse dos professores desta disciplina, não o interesse dos alunos.

Repetindo o mote central deste ensaio, não podemos confundir as mil guerrilhas que nos esperam à frente com os méritos indiscutíveis da diversificação, esta última bem menos conflitiva como princípio.

/// O poderoso Enem

Para o bem ou para o mal, o Enem converteu-se no mecanismo para selecionar quem terá acesso às vagas das universidades federais. Portanto, tornou-se o todo-poderoso senhor dos vestibulares.

Tecnicamente, é um exame mais bom do que ruim. É descendente das boas tradições de preparar provas. Na sua versão inicial, era uma prova de questões de raciocínio, não curricular. No seu passado, não tinha por trás uma matriz de competências emanada do currículo. Media bem, mas não se sabia exatamente o que era. Progressivamente foi sendo aperfeiçoado, caminhando em direção a uma matriz curricular e ao uso da teoria de resposta ao item, uma técnica estatística para permitir comparabilidade.

Há alguns anos, houve a decisão de usar o Enem como vestibular das federais, mas, para isso, era preciso introduzir no exame os conteúdos das "matérias" importantes. Como resultado, ele se tornou uma prova inundada dos assuntos tradicionais da escola. No fundo, aproximou-se dos antigos vestibulares das federais. Paradoxalmente, foi adotado justamente para distanciar deles os processos de seleção.

Há controvérsias, ainda que pouca discussão séria, acerca do que virou o Enem. Tal como está, na prática, ele volta a obrigar os alunos a lidar com uma quantidade de conteúdos tão extensa que impede a profundidade necessária. Não há dúvidas de que precisa melhorar, mas suas imperfeições intrínsecas não são fatais. É possível para conviver com elas.

O problema é outro. Estamos nos aproximando da hora de diversificar o ensino médio. Contudo, se, no processo de seleção pelo Enem, todas as áreas tiverem a mesma ponderação, a diversificação não acontecerá. Para passar em um vestibular competitivo, os alunos terão que cobrir a mesma quantidade exagerada de disciplinas e assuntos, tal como é hoje.

Com o Enem atual, a diversificação morrerá na praia. As boas escolas não podem se permitir opções diferenciadas, pois penalizam seus alunos, que farão um Enem único. Portanto, continuarão ensinando tudo. E, como sempre acontece, as escolas não tão boas vão imitar as melhores.

É curioso constatar que, se não houvesse lei de diversificação, mas o Enem ou seu descendente passasse a operar com pesos diferenciados para cada grande área do conhecimento, as escolas iriam diversificar o currículo por conta própria, com faziam antes da década de 1990.

Concluindo, sem que haja uma ideia clara do que virá a ser o Enem, a ideia da diversificação fica pairando no ar. As escolas só irão diversificar se o Enem premiar quem se aprofundou nesse ou naquele assunto. Assim é no mundo inteiro. Do que se ouve do Instituto Nacional de Estudos e Pesquisas Educacionais Anísio Teixeira (Inep) e do MEC, existe a clara percepção de que o Enem precisa se adequar às novas regras do ensino médio. Contudo, as fórmulas concretas de como fazê-lo ainda estão indefinidas.

/// Afinal, onde estamos?

Após um longo período em que o assunto foi ignorado, começaram a se impacientar aqueles que viam um enorme problema em um ensino médio único e sem opções curriculares que respeitassem as preferências e os interesses dos alunos. Comparando-nos com o resto do mundo, não era difícil concluir que tínhamos a pior arquitetura de ensino médio.

Ademais, as disciplinas do ensino técnico haviam sido expulsas na contagem de carga horária do ensino médio. Assim, um diploma técnico requeria cursar mil horas a mais.

Finalmente, vem à luz uma medida provisória que lida razoavelmente bem com essas duas falhas imperdoáveis do nosso ensino. Ótimo. O Enem não fez parte da reforma do ensino médio, mas não pode ser ignorado. Na medida em que continue a usar um critério único para selecionar candidatos, não haverá diversificação, pois quem estudar uma matéria às expensas de outras, será prejudicado em uma prova em que se somam as notas de todas – com a mesma ponderação –, mas tudo indica que será modificado.

Ao ser anunciada, a lei da reforma provocou um furacão de protestos. Havia os espíritos de porco de plantão dizendo que aumentaria a desigualdade. No fundo, é a mesma crítica que monotonamente ouvimos dos seguidores de Gramsci. É a miragem de uma educação igual para todos, jamais tentada em qualquer país sério.

Nesse tema, vale insistir que parece mais apropriado oferecer a cada um, em cada momento, a educação que mais fará desabrochar o seu potencial. Certamente, não será a mesma para todos, e, ao início do ensino médio, as diferenças são muito consideráveis.

No entanto, a maioria do ruído veio daqueles que temiam ser prejudicados no dia a dia da implementação. Essas contendas são inevitáveis, mas o que não se pode é confundir o varejinho das pequenas decisões subsequentes com os grandes objetivos da reforma que foi aprovada. Esses últimos são mais do que legítimos.

Bismarck tinha razão

No ensaio precedente, descrevemos as turbulências provocadas pela aprovação de uma nova estrutura para o ensino médio. Aqui nos detemos em um evento estapafúrdio, parte do mesmo momento: um garçom consegue fazer o que vários educadores celebrados não conseguiram: incluir inglês como língua obrigatória.

Otto von Bismarck, longevo chanceler da Alemanha, unificou o país e o transformou em uma grande potência, mas, nas horas vagas, era um grande frasista. Em uma de suas tiradas, dizia que não se deve perguntar o que entra na feitura das leis e das linguiças.

Lembrei-me da sua sabedoria participando de um evento recente. Faz anos que os destinos do ensino médio estão travados em um emaranhado legal, na pusilanimidade de alguns e no conservadorismo de outros. Escrevo sobre o assunto desde o início dos anos 1990. Todos dizem que é preciso mudar e nada muda. Um crônico impasse.

Um avanço promissor foi a entrada do Conselho Nacional de Secretários de Educação (Consed) na discussão. Sendo um fórum de secretários estaduais de Educação, sua agenda inevitável é o ensino médio, pois é sobretudo desse nível que os estados cuidam. Portanto, têm uma visão prática e de primeira mão dos problemas. E, também, amplas razões para encontrar saídas.

Havia um projeto de lei no Congresso Nacional visando a reordenar esse nível de ensino. Não tomara rumos equivocados, mas ainda tinha arestas e estava empacado. Diante disso, com o apoio técnico de organizações não governamentais, alguns secretários estaduais trabalharam para aperfeiçoar a proposta. De posse de uma nova versão, reuniram-se em Manaus os secretários e seus auxiliares para examinar o que havia sido preparado. No primeiro dia, estavam os técnicos; no segundo, se juntaram os secretários.

A revisão da proposta foi essencialmente aceita pelas equipes das secretarias. De fato, as modificações passaram batido, sem discordâncias substanciais. No entanto, um assunto travou: na nova proposta, inglês era uma língua estrangeira obrigatória. Aliás, não tenho notícia de qualquer país onde essa língua não esteja solidamente atarraxada nos currículos oficiais.

Praticamente todos aceitaram a inevitabilidade do inglês. Claro, o estado que assim desejar adiciona uma terceira língua. Na Islândia, são três línguas estrangeiras obrigatórias e mais uma a ser escolhida pelo aluno.

Contudo, um ou dois participantes embirrou. Para eles, inglês deveria ser opcional. Diante da dissonância, inúmeras pessoas ponderaram que não se tratava de gostar ou não da língua ou de seus países de origem, mas apenas de dar-se conta de que virou a língua franca de hoje. Debalde, esses poucos não arredaram pé de suas convicções. Para alguns, alfinetar o "imperialismo" sempre foi uma fonte de inconfesso prazer.

Quando os defensores do inglês já estavam perdendo o fôlego, passou um garçom com sua bandeja. Para surpresa de todos, pediu a palavra. E nem esperou que fosse concedida. "Quero que meu filho viaje, que estude fora. Infelizmente, não tenho como financiar seus estudos de inglês em curso particular. Também não posso ir com ele para servir de tradutor. Para mim, é claro: a escola tem que ensinar inglês para todos." Não satisfeito, continuou sua preleção: "Aqui no hotel, o argentino fala inglês comigo. O alemão também. O francês pede suas bebidas em inglês. O japonês também se comunica em inglês. Todos falam inglês. Como é possível que meu filho não aprenda inglês na escola?". Não foi surpresa o garçom ser fartamente aplaudido.

No dia seguinte, na presença dos secretários, o presidente do Consed, já sabendo do ocorrido, perguntou onde estava o tal garçom. Por acaso, lá vinha ele com a sua bandeja. Não vacilou, quando indagado acerca do que dissera. Com um discurso claro e espontâneo, recontou a história da véspera. Novo aplauso.

Na nova rodada de discussões, inglês passou a ser obrigatório. Com a lei aprovada e o novo currículo em processo de implantação, poucos saberão que o responsável pela inclusão foi um garçom – que falou sem ser perguntado.

Por caminhos curiosos, Bismarck tinha razão. Talvez fosse melhor esconder a produção dessa linguiça, mas não resisto à tentação de relatar um evento em que o senso comum de um garçom venceu o obscurantismo ideológico de funcionários públicos.

Da arte de decifrar testes em educação

Temos bons testes, em todos os níveis. Mostram muito do que precisamos saber para melhorar nossa educação. Contudo, além de não serem plenamente utilizados, observa-se ainda uma rejeição a eles, tal como a todas as tentativas de quantificar a educação.

Qualidade [...] a gente sabe o que é, e, ao mesmo tempo, não sabe. Isso é contraditório. Mas algumas coisas são melhores do que outras, ou seja, têm mais qualidade. Porém, se a gente tenta definir qualidade, isolando-a das coisas que a possuem, então puf! – já não há o que se falar. Se, no entanto, não se pode definir Qualidade, como sabemos o que ela é, ou como sabemos que ela existe? Se ninguém sabe o que é, então, para todos os efeitos, não existe. Mas acontece que, para todos os efeitos, ela existe. Senão, em que se baseariam as notas? Por que as pessoas pagariam fortunas por algumas coisas, jogando outras no lixo? Naturalmente, algumas coisas são melhores que outras... Mas o que é ser melhor? E aí a gente começa a dar voltas que não acabam mais, fazendo girar rodas mentais sem encontrar um ponto de apoio que nos possibilite a arrancada para a viagem. Que diabo é Qualidade? O que é? (PIRSIG, 1984, p. 175).

Se produzimos fubá, faz todo sentido querer saber se é de boa qualidade. Se produzimos educação, não são menos persuasivas as razões para conhecer a sua qualidade. No entanto, em contraste com o fubá, é bem mais difícil e controvertido medir a qualidade de uma coisa tão complexa e intangível. Daí a relevância de explorar os usos e abusos da avaliação de desempenho escolar.

/// Para que serve a avaliação?

Se falamos de qualidade da educação, a única maneira de medi-la é a avaliação por meio de testes. Sem medir, não podemos intervir com conhecimento de causa sobre a realidade. Para usar uma metáfora que ressona para quase todos, a avaliação é o GPS da escola. Portanto, o aperfeiçoamento da educação no Brasil exige conhecer o desempenho dos alunos. Diante disso, não podemos deixar de festejar o crescimento e o amadurecimento do nosso sistema de avaliação.

Em 1990, éramos um país que desdenhava e mesmo oferecia uma condenação ideológica aos esforços de quantificar a qualidade da educação. Estávamos enredados em discussões semelhantes às do livro clássico de Pirsig. A honrosa exceção era a Coordenação de Aperfeiçoamento de Pessoal de Nível Superior (Capes), que, naquele momento, já exibia um dos mais sistemáticos e bem cuidados sistemas de avaliação da pós-graduação.[1]

A avaliação não é apenas um brinquedo caro para o entretenimento de pesquisadores, enredados em controvérsias teóricas. De fato, não há hoje um só país com um sistema educativo de bom nível em que a avaliação não desempenhe um papel crítico de monitoramento. Nos países da Organização para a Cooperação e Desenvolvimento Econômico (OCDE), o Pisa se converteu no principal instrumento para acompanhar o desempenho dos alunos. E quando observamos nos países membros resistências ferrenhas à avaliação, não é pelo seu uso, mas pelo exagero e pela exclusão de outras dimensões importantes. Desse mal, porém, ainda estamos livres.

Uma vez que o Brasil conseguiu matricular na escola todas as crianças, o que importa daí para a frente é a qualidade. Mesmo quando a pirâmide educativa mostra um estreitamento nos níveis mais altos, no fundo, o problema continua sendo de qualidade. Isto porque o afunilamento das coortes escolares nos níveis mais altos resulta muito mais da falta de qualidade nos níveis inferiores do que de falta de vagas ou da fraca motivação dos alunos para seguir na escola.

Vale notar que, nesse particular, o Brasil está melhor do que outros países de nível semelhante, nos quais os alunos se desinteressam pela escola. Os nossos querem permanecer na escola, mas são açoitados pela sua incapacidade de dominar os assuntos ensinados. E isso fica plenamente claro nos resultados dos testes existentes.

Obviamente, testa-se o que se pode testar pela via de provas com papel e lápis, sempre e quando isso seja viável para a aplicação a milhares de alunos, mas nem tudo pode ser testado assim. Há dimensões arredias à quantificação ou cuja quantificação está sujeita a demasiados erros de interpretação.

Algumas dessas dimensões já podem ser medidas experimentalmente, mas com custos elevados e pouca confiabilidade. Ainda assim, há avanços na medição dos chamados traços socioemocionais, sugerindo que, em breve, entrarão no rol do que poderemos medir em grande escala. Até lá, no entanto, não podemos deixar de medir o que sabemos fazer só porque não sabemos medir outras dimensões. No limite, há assuntos em que não sabemos formular testes aceitáveis e temos que recorrer a métodos qualitativos.

O que sabemos medir bem é o domínio dos currículos escolares, a capacidade de raciocínio lógico, a compreensão de leitura e outros assuntos igualmente tangíveis. Algumas dessas dimensões não estão longe do que medem os testes de inteligência, cuja tradição já completa um século. E como entre os objetivos centrais e explícitos da escola está o domínio curricular, não é trivial ou periférico o que conseguimos medir com os testes correntes.

Com a criação do Saeb, em meados dos anos 1990, passamos a ter um termômetro correto para observar o desempenho do ensino fundamental (4º e 9º anos) e da 2ª e 3ª séries do ensino médio. Ou seja, temos o termômetro da educação, documentando avanços e retrocessos. Acabou o voo cego, sem GPS.

O Saeb é um teste por amostragem, que permite apenas comparar estados ou grandes metrópoles. O passo seguinte foi a criação da Prova Brasil, semelhante ao Saeb no que mede, mas abrangendo o universo das escolas públicas brasileiras (exclui apenas as muito pequenas). Com esse teste, temos resultados que permitem avaliar os alunos de cada escola pública do País.

O Ideb é uma combinação dos escores da Prova Brasil com o inverso do atraso idade-série (ou seja, com a velocidade de avanço dos alunos na escola). Reprovações puxam o Ideb para baixo. Assim, esse indicador composto dá uma imagem mais completa do que apenas a Prova Brasil.

O Enem, uma prova voluntária, permitiu criar uma medida de desempenho individual à saída do ensino médio. Passa agora a ser usado como critério de entrada nas universidades federais, mas se trata de um processo inacabado, pois a prova ainda não é comparável de ano a ano e ficou exageradamente parecida com os vestibulares. Pior, as universidades selecionam pela média simples das diferentes disciplinas incluídas, inviabilizando qualquer tentativa de diversificar o ensino médio. Mas a culpa não é da prova em si. Felizmente, há clareza no Inep acerca da necessidade de modificá-lo.

O Exame Nacional de Desempenho dos Estudantes (Enade) é o mais ousado dos sistemas de avaliação, por ser o único no mundo a testar conhecimentos do ensino superior, pouco antes de os alunos se formarem. Os impactos do Enade sobre a qualidade do ensino superior – sobretudo o privado – têm sido parcialmente documentados. Porém, mesmo sem boas pesquisas, todos sabem que obter boas notas no Enade tornou-se um imperativo para as instituições privadas, o que é bom. No próximo capítulo há um ensaio especificamente sobre o Enade.

Considerando as avaliações da educação básica, do ensino superior e da pós-graduação, o Brasil tem um vasto sistema público de avaliação. Na verdade, tudo indica que seja um dos mais abrangentes – pela inexistência alhures de algo semelhante ao Enade. Merece destaque o fato de a maioria das avaliações haver sido implantada em menos de uma década, atingindo rapidamente elevados padrões técnicos. Não é menos digno de nota o fato de os resultados serem públicos e facilmente acessíveis – naturalmente, sem violar a prescrição legal de que não se pode identificar o respondente. Importantes países do nosso continente nem sempre divulgam os resultados de testes semelhantes; outros abandonaram o Pisa ao ver seus fracos resultados.

Inevitavelmente, restam problemas técnicos aqui e acolá. Por exemplo, Enem e Enade ainda não são comparáveis de uma aplicação à seguinte. Portanto, a avaliação é uma das poucas dimensões do nosso ensino em que podemos nos orgulhar de um sistema de excelente padrão. Lamentamos se isso nos conduz a medir com precisão o péssimo desempenho dos nossos alunos, mas esse não é o tema deste ensaio.

/// O que dizem os testes

No início deste capítulo, oferecemos um sumário do que dizem os testes sobre a educação brasileira. Não é o caso de repetir aqui os mesmos comentários. Vale apenas enfatizar a sua fraquíssima qualidade. É isso que também nos diz o Pisa, ao nos colocar entre os dez países de piores resultados. De resto, os nossos próprios testes não diferem do Pisa em seu diagnóstico.

Cumpre apenas denunciar um erro comum na imprensa: estar entre os dez piores do Pisa não é estar entre os piores do mundo. O Pisa inclui cerca de 70 países, e na Organização das Nações Unidas (ONU) há assento para mais de 200. Os participantes do Pisa tendem a ser os melhores ou os menos piores do globo. Portanto, provavelmente ultrapassamos os dois terços inferiores.

Na ordem geral das coisas, nossa educação é deficiente. Vários países de menor renda *per capita* têm resultados melhores. Igualmente, países que gastam menos do que nós mostram melhor desempenho, mas não estamos entre os piores do mundo.

/// O que não dizem os testes

É preciso entender os limites e os potenciais dos testes usados no Brasil e que são muito semelhantes aos bons testes de padrão internacional. Repetindo a advertência, muitas das diferenças importantes entre escolas não são medidas pelos testes.

Para tomar um caso extremo, as diferenças de escores no Pisa entre escolas da Finlândia e da Coreia do Sul são muito pequenas. Não obstante, aspectos como a atmosfera da escola, a formação do caráter, o desenvolvimento de aptidões artísticas ou a criatividade poderiam ser diferenças relevantes entre esses países, mas ainda não são dimensões quantificáveis.

Em contraste, no caso brasileiro, como a precariedade do ensino é muito grande (atestada por escores baixíssimos no Pisa), o que medem os testes é muito central. Os testes medem o domínio do currículo oficial. Se o aluno não entende o que leu, não interessa tanto a criatividade que pode estar sendo ou não desenvolvida. Analfabeto funcional criativo não contribui muito para a nossa sociedade nem para a qualidade da sua vida.

/// Problemas e desafios da avaliação

Como sugerido ao longo do texto, há problemas com o nosso sistema de avaliação, a despeito de alguns progressos. O primeiro é o uso insuficiente dos resultados dos testes. Permanece enorme o potencial não explorado de tirar lições deles, formular políticas educativas e implementá-las.

A segunda limitação, a mais ingrata, é a presença ainda forte de um pensamento que rejeita tanto a quantificação quanto a avaliação. Por boas razões, figurantes sérios dentro do governo querem saber onde estão os problemas, e o grande público quer saber quais são as melhores e as piores escolas. Na verdade, os alunos e pais têm direito a tal informação. Para isso, não há como evitar a ordenação das escolas pelo critério de qualidade escolhido. A ideia de ranquear é anátema para muitos, como se fosse possível qualquer avaliação em ciências sociais sem comparar um caso com o outro. Se mostramos que a escola A é melhor do que a B e chamarmos isso de ranquear, estamos usando um anglicismo, mas não estamos longe da inevitável realidade de que sem comparar não se avalia.

Isso é verdade, mas há algo mais. Quando aparecem nos jornais os resultados do Enem, começam as escaramuças. E a escola X que passou de 3ª para 5ª?

É preciso entender que tais diferenças são totalmente irrelevantes. Refletem diferenças de acertos em tão poucas perguntas que não merecem qualquer confiança. A mosca passou, e o aluno se distraiu por um instante! Caiu na prova um tópico pelo qual o professor da escola Y é apaixonado e gastou um enorme tempo ensinando! A quinta escola, certamente, é academicamente melhor do que a centésima, mas não se pode dizer que seja melhor do que a oitava. Em suma, essas diferenças pequenas são puro ruído estatístico.

Para concluir, é crítico como se interpreta e também o que se faz com as conclusões de tais comparações. Não podemos esperar que uma escola em um grotão miserável seja tão boa como outra em região privilegiada. Mas temos que medir, para saber que diferença é essa, e, em seguida, perguntar que providências podem ser tomadas.

Quando era diretor da Capes, alguns responsáveis por cursos em regiões menos desenvolvidas iam frequentemente reclamar que tínhamos o mesmo critério para todos. Minha resposta era sempre a mesma: não podemos ter um termômetro diferente para pacientes com muita febre. O termômetro tem que ser o mesmo. Diferentes são o diagnóstico e a terapia oferecidos pelo médico.

REFERÊNCIA

PIRSIG, R. *Zen e a arte da manutenção de motocicletas*. Rio de Janeiro: Paz e Terra, 1984. p. 175.

NOTA

1. Cumpre retificar o erro comum de associar a criação da avaliação da Capes a mim quando era seu diretor-geral. Na verdade, o início da avaliação se deu na gestão anterior, de Darcy Closs, que, com Hélio Barros, lançou as bases de um sistema que não parou de evoluir. Fui responsável pelo início do processo de institucionalização, consolidação e divulgação do sistema.

#4
Educação superior:
pública, filantrópica ou com lucro?

Como seria inevitável, a estrutura do nosso ensino superior resulta de um desenvolvimento histórico meio truncado. À tradição francesa se sucede a inspiração norte-americana na pós-graduação. Acertamos em alguns casos, mas erramos ao tentar criar um sistema público único e com uma proposta de pesquisa e ensino acoplados, adequada apenas para algumas ilhas de excelência. Nós nos atrapalhamos com o mestrado profissional e exageramos nas exigências de diplomas, alijando quem tem experiência, mas não títulos acadêmicos.

As universidades federais são entes com múltiplas faces.
Há a graduação, medíocre e cheia de problemas.
Há a pós-graduação, muito mais bem-sucedida.
Há as fundações que financiam as pesquisas.
E há o setor informal, que são os professores
oferecendo consultorias meio clandestinas.
Ou seja, não podemos rotular simploriamente
essas instituições tão complexas e multifacetadas.

Dentro da própria Universidade de São Paulo (USP),
o curso de administração de empresas tem a mesma
qualidade de um outro semelhante, mas pago, oferecido
pela fundação do próprio departamento. Como é possível?
Essa singela observação põe a descoberto alguns
problemas de governança das instituições públicas.

Ensino público, ensino filantrópico ou ensino com fim
de lucro? Não são poucas as colisões entre atacantes
e defensores de cada uma dessas modalidades.
Ademais, discute-se com pouco conhecimento
de causa e muita emoção. Este capítulo tenta lançar
algumas luzes sobre tais controvérsias. Além disso,
outros textos comentam as políticas do Ministério
da Educação (MEC) para o ensino superior.

Regras e políticas canhestras atrapalham tanto a educação privada como a pública. As soluções engendradas pelo mercado são melhores do que as alternativas até hoje tentadas. De fato, as consequências podem ser bem aceitáveis, mas, sendo a educação um tema de tanto peso no futuro das pessoas e no bem-estar da sociedade, é preciso perguntar se as soluções atendem também a critérios de equidade. E, igualmente, se as políticas públicas, no caso do ensino superior, atenuam ou agravam as desigualdades preexistentes.

Uma curta história do ensino superior brasileiro

 *Este ensaio oferece uma visão panorâmica do ensino superior brasileiro. Passa em revista as grandes ondas da sua história e revisita os modelos que inspiraram nossa educação. Por fim, comenta as cruzadas ideológicas entre educação pública e privada, com ou sem fins lucrativos, tendo como pano de fundo a presença do MEC com seus erros e acertos. Para colocar em perspectiva esses assuntos, apresentamos nesta introdução uma breve resenha do ensino superior, incluindo a sua evolução ao longo dos anos.*

/// A trajetória histórica

Ao longo da sua história e em linha com um avanço modorrento dos níveis mais baixos, nosso ensino superior evoluiu muito lentamente. Como Portugal teve uma evolução letárgica na sua educação, inevitavelmente o Brasil herdou esse atraso. Esse ritmo lento persistiu até a segunda metade do século XX. Antes da vinda da Família Real, não era permitida a abertura de cursos superiores nem o funcionamento de imprensas. Com a Corte chegando ao Brasil, no início do século XIX, criaram-se alguns cursos superiores de engenharia, medicina e direito nas três grandes metrópoles da época: Rio de Janeiro, Salvador e Recife.

Apesar de livre da proibição do estatuto colonial, o crescimento do ensino em todos os níveis foi muito lento. No final do século XIX e início do século XX, foram criadas algumas faculdades importantes, sobretudo em São Paulo, como a Escola Politécnica, a Faculdade de Medicina, a Escola de Agricultura Luiz de Queiroz, e outras. Somente por volta de 1920 aparecem algumas universidades, mas, na verdade, sem maior destaque. O grande marco foi a criação da USP, nos anos 1930, reunindo antigas faculdades estaduais e incorporando um excelente time de professores europeus.

Na década de 1950, não havia mais do que 50 mil alunos matriculados no ensino superior, mas, na euforia econômica e intelectual do pós-guerra, gestou-se uma grande rede de universidades públicas. Esse é um ponto de inflexão no nosso ensino superior. Nos anos subsequentes, as universidades públicas continuaram dominando a cena, apesar da presença de algumas instituições religiosas (católicas e protestantes). Contudo, na década de 1990, houve uma grande expansão do setor privado. De dominante, o setor público viu reduzida a sua participação a um quarto da matrícula total.

Após um período de expansão acelerada, estamos hoje com pouco mais de 8 milhões de alunos. Destes, apenas um milhão está em instituições públicas. Contudo, o ritmo de crescimento da matrícula perdeu vigor, por razões examinadas adiante.

/// Os condicionantes da expansão

Durante séculos, a matrícula no ensino superior era ínfima. Porém, era mais do que compatível com o porte limitado do ensino básico. Em outras palavras, era diminuta, mas perfeitamente em linha com os níveis inferiores. Por volta dos anos 1960, houve a decisão de criar uma grande rede de universidades federais. De fato, cada Estado recebeu pelo menos uma. No otimismo da época, optou-se pelo modelo de Humboldt, ou seja, a universidade que faz pesquisa e ensino.

Até certa data, a substancial rede criada funcionou e atendeu à demanda. Porém, houve uma onda de expansão da matrícula que chegou ao ensino médio na década de 1990. Devido aos custos extravagantes para operar universidades muito dispendiosas, os orçamentos públicos foram incapazes de financiar a expansão de matrícula necessária para atender ao crescente volume de graduados.

Apesar dos murmúrios ideológicos, a única maneira de evitar as confrontações políticas com a crescente onda de candidatos era liberar a abertura de cursos para o setor privado. Ao contrário do que pensam alguns, tudo indica que os critérios de abertura de cursos não se tornaram mais permissivos. Antes, a antipatia dos funcionários do MEC e os *lobbies* dos que já estavam operando criavam barreiras formidáveis à autorização de novos cursos. A facilidade introduzida foi na gestão burocrática dos pedidos. Aos poucos, tornou-se mais fluida. Não obstante, até hoje, o processo de abertura ainda é penoso e lento.

A expansão, a partir da segunda metade dos anos 1990, foi nada menos do que espetacular e, como dito, predominantemente em mãos do setor privado. A se notar, duas mudanças bastante marcantes. A primeira foi o aparecimento e a expansão das instituições com fim de lucro – proibidas até então. A segunda foi a concentração crescente do ensino, sobretudo pela compra de faculdades por grandes grupos econômicos. Ao contrário do que temiam os mais nacionalistas, a presença estrangeira foi moderada nos financiamentos e ínfima na operação direta.

Em anos mais recentes, convivem instituições pequenas, algo amadorísticas, com as grandes redes, gerenciadas como empresas capitalistas, mas aparecem também as boutiques privadas de ensino. Estas cobram muito, mas oferecem um ensino de altíssima qualidade. Seu número é ainda inexpressivo, pois é um modelo que apenas começa a tomar corpo.

Ao fim dos anos 1990, previa-se uma expansão continuada do ensino médio, mas esta perdeu força a partir dos primeiros anos do novo milênio. Por muitas razões, o ensino médio gorou. Criou-se então uma "crise de desabastecimento" no ensino superior. Como continuar crescendo se as graduações e o ensino médio estagnaram? Uma fonte alternativa de suprimento de alunos foi aquela faixa etária mais velha, de até 30 e tantos anos e já possuidora de um diploma de ensino médio. Como a idade média dos alunos nas faculdades anda por volta de 24 anos, é evidente a enorme proporção de candidatos já bem maduros. Com a expansão das vagas, muitos voltaram a estudar.

Com o passar do tempo, esgota-se o estoque de alunos com ensino médio e capazes de pagar as mensalidades do ensino superior – em que pese não serem tão elevadas, em sua maior parte. Diante dessa situação, o crescimento no número de matrículas passa a depender de financiamentos públicos, cujos Programa Universidade para Todos (Prouni) e Fundo de Financiamento Estudantil (Fies) são os maiores. Em boa medida, pode-se afirmar que hoje a expansão do ensino superior está estreitamente condicionada ao volume de fundos públicos alocados para financiar os estudantes.

Em resumo, nosso ensino superior custou muito a aparecer, e o crescimento da rede foi muito lento até a segunda metade do século XX. A partir de então, criou-se uma substancial rede de universidades públicas, mas, dado o seu alto custo, não conseguem atender à demanda. Então, entra em cena o ensino privado, cada vez mais agressivo.

/// Da inspiração francesa para a norte-americana: a transição incompleta

No passado, fomos herdeiros intelectuais da França. Nosso sistema educacional foi muito calcado no que lá existia. Nada de espantar, pois o mesmo aconteceu em muitos países, tanto da África quanto da América Latina. No século XIX, o Brasil tentou copiar as grandes *écoles* francesas (como a Polytechnique e a École de Mines). No caso da Escola de Minas e Metalurgia de Ouro Preto, com considerável sucesso. Não obstante, foi italiano o modelo da Faculdade de Filosofia, adotado pela reforma de 1931 – isso porque não existia nada similar na França.

No pós-guerra, entra em cena a influência norte-americana, apoiada por generosos programas de ajuda, como o Ponto IV e a Aliança para o Progresso. Sem falar nas fundações Ford e Rockefeller, com programas mais refinados. O controvertido acordo MEC-USAID, firmado entre o então Ministério da Educação e Cultura (MEC) e a Agência dos Estados Unidos para o Desenvolvimento Internacional (USAID), tornou-se o mais conhecido, pelo ruído político criado. Afinal, era o governo de um país estrangeiro dando palpites sobre a nossa educação.

Ainda assim, a americanização foi parcial. No final das contas, ficamos com um sistema meio truncado, herdando o bom e o mau de ambos os países. O vício principal é que se copiou o modelo da *research university*, com intenções de que se tornasse o único. É o ensino superior "de uma nota só". Por outro lado, não se construiu uma rede equivalente aos *community colleges*, um dos esteios do sistema americano.

Nossos primeiros cursos superiores seguiam o chamado modelo napoleônico, de faculdades isoladas e estritamente profissionalizantes. Isoladas, porque cada uma cuidava de uma profissão: médico, advogado ou engenheiro. E puramente profissionalizantes porque vinham depois de um curso secundário muito exigente e elitista. Terminado esse nível, bastava cuidar da profissão. No início, nosso ensino médio era também bastante elitista, portanto, oferecia para as poucas faculdades existentes uma boa base nas ciências e nas humanidades. As primeiras universidades foram também de orientação francesa, embora não passassem de uma fusão parcial de faculdades isoladas e que já existiam.

O grande choque cultural se dá nos anos 1960, com o desenho cuidadoso de um novo modelo de universidades. Ao optar-se pela fórmula de Humboldt, a fonte de inspiração passa a ser as universidades norte-americanas de pesquisa. Não nos esqueçamos de que Anísio Teixeira estudou no Teacher's College de Columbia, nos anos 1920. Newton Sucupira também teve seus momentos em universidades americanas.

No bojo da reforma, é abolida a cátedra vitalícia, um ganho indisputável. Cria-se o sistema de departamentos – possivelmente, também um passo à frente. O tempo integral é essencial para o modelo escolhido, mas, mesmo onde a pesquisa não se materializa, são inevitáveis os custos elevados.

Uma inovação bem mais controvertida foi a criação dos institutos centrais. A ideia tem inegáveis méritos. Por que ter um professor de matemática na engenharia, outro na arquitetura e um terceiro na química? Melhor centralizar tudo e oferecer esses cursos para todos os que dele necessitam. No entanto, essa solução dificulta enormemente a contextualização dos cursos no mundo de cada carreira. Os professores são "genéricos" e incapazes de dar bons exemplos de uso do que está sendo ensinado.

Por várias razões, a aceitação do sistema foi penosa e parcial. A rejeição dessa inovação põe em evidência uma fraqueza do nosso ensino superior, ainda não sanada e, pior, pouco discutida. Como mencionado, o modelo francês napoleônico pressupõe que acedam ao ensino superior alunos bem formados em um ensino secundário exigente. Portanto, que cheguem com uma boa formação geral e nas humanidades. A maior garantia de que isso acontecia era o caráter excludente e elitista do *baccalauréat* (exame de saída do ensino médio) francês. Em 1950, não passava de 5% da faixa etária os que completavam o seu *bac*. No Brasil, o secundário não era tão sólido, mas, com certeza, era excludente.

Com a expansão e banalização do secundário, o ensino superior francês passa a incluir uma carga mais ampla de educação geral. Inevitavelmente, a massificação do nível secundário não mais garante a solidez da base de conhecimentos que se espera no superior. Como solução, até poucos anos atrás, a França oferecia dois anos de formação geral no superior, seguida da profissionalização. Com o Processo de Bolonha, essa formação passou a três anos, não só na França, mas na Europa inteira.

No Brasil, a expansão do secundário – rebatizado de ensino médio – contribui sobremaneira para que sua qualidade seja amplamente inferior ao esperado. Assim, mais fortes seriam as razões para reforçar a formação geral no superior. Não obstante, nossos currículos permaneceram fiéis ao modelo napoleônico francês de profissionalização. Ficamos com a sua antiga versão, datada de quando a excelência do secundário bastava para dar uma boa base nos cursos superiores. Ou seja, ficamos com um modelo tão velho que nem na França serve mais. A criação dos institutos centrais era uma tentativa de mudar essa situação e adicionar ao superior um sólido complemento de educação geral. Isso chegou a acontecer na Universidade de Brasília, mas não prosperou, nem mesmo lá.

As sucessivas reformas curriculares caminham na direção de aumentar a formação geral, mas de forma excessivamente tímida. A carga horária não profissionalizante permanece muito limitada e não se vê no horizonte uma mudança substancial. Assim, ficamos na contramão do mundo, pois os cursos superiores americanos também embutem uma carga de educação geral que corresponde à metade das disciplinas cursadas. Em outras palavras, na encruzilhada entre o modelo francês e o americano, erramos.

Ficamos para trás das práticas universalizadas no Primeiro Mundo de dar ao ensino superior a missão de completar o que foi iniciado nos níveis anteriores. Contudo, na pós-graduação, copiamos de forma bastante fiel a fórmula americana. Aliás, é uma estrutura que a Europa progressivamente veio a adotar. Nesse caso, andamos na frente do Velho Continente, pois o fizemos antes. De resto, o modelo funcionou bastante bem no Brasil, mercê do grande contingente de brasileiros realizando nos Estados Unidos seus mestrados e doutorados; esse era um modelo que os jovens professores de universidades federais conheciam bem e no qual se sentiam à vontade.

Com o ímpeto da pós-graduação, demos um grande salto para um país totalmente sem expressão na ciência. Passamos amplamente à frente de todos os nossos vizinhos, incluindo a Argentina, que, em seus bons tempos, conseguiu quatro prêmios Nobel. Nossa produção de artigos indexados é equivalente à de toda a América Latina combinada. Podemos criticá-la pelo fracionamento excessivo dos temas de pesquisa e por outros vícios, mas, apesar disso, foi um grande salto. Graças ao bom número de mestres e doutores formados, a nossa graduação pode crescer em qualquer taxa. Não faltam e não faltarão professores formalmente qualificados.

Mas nem tudo deu certo na pós-graduação. No intuito de criar cursos e refinar nossa capacidade científica, foi imposta aos cursos profissionalizantes uma ortodoxia de somente valorizar mestres e doutores. Ou seja, foram tratados ao estilo acadêmico das ciências. A experiência profissional, indispensável em tais cursos, é penalizada e desvalorizada pelos critérios de autorização e avaliação. Mais vale o mestre inexperiente do que o engenheiro que acumulou experiência nas obras que construiu.

Resta mencionar um último problema, este de proporções maiores. Quase todas as matrículas no nosso ensino superior se concentram na graduação clássica de quatro anos. Podemos criticar essa trajetória por dois ângulos. O primeiro é a fraca qualidade dos graduados do ensino médio. Segundo o Programa Internacional de Avaliação de Alunos (Pisa), eles têm quatro anos de atraso se comparados aos europeus. Ao entrar no ensino superior, deparam-se com cursos abstratos, teóricos, discursivos e carentes de aplicações e atividades práticas. Na verdade, esses cursos não foram desenhados para o perfil de uma grande proporção de alunos matriculados na graduação.

A segunda maneira de ver o problema é perguntar como fazem os países bem-sucedidos em educação. A resposta é muito eloquente: menos da metade dos estudantes que entram no ensino superior fazem essa graduação clássica de quatro anos. Em vez dela, estão matriculados em cursos mais curtos e mais aplicados. Seja nas *Fachhochschulen* (Alemanha), nos institutos universitários de tecnologia (IUTs) ou nos *community colleges* americanos, o contingente de formados é superior ao das graduações tradicionais.

O Brasil tem sua versão nos cursos de graduação tecnológicos, perfeitamente adequados na sua concepção, mas cujas matrículas permanecem diminutas. São desprestigiados e mal financiados. Note-se que programas, como Prouni e Fies, fariam bem mais sentido para alunos dos cursos tecnológicos. Não só o País precisa mais deles, mas eles precisam mais de subsídios para estudar, considerando serem de origem mais modesta.

Em resumo, a transição da inspiração francesa para a americana trouxe substanciais benefícios à educação brasileira. Em particular, a pós-graduação foi um grande sucesso, mas as reformas deixaram o País mal servido em alguns aspectos, como o desequilíbrio entre os muitos bacharéis em cursos de quatro anos e os poucos tecnólogos.

/// As cruzadas ideológicas

Mais do que nos outros níveis, o ensino superior é palco de infindáveis cruzadas ideológicas. Anteriormente, lá pela década de 1930, as brigas eram no ensino básico. Anísio Teixeira e Alceu Amoroso Lima foram protagonistas de batalhas acirradas contra ou a favor do ensino público universal. Os adversários eram os defensores das escolas religiosas. Era o ensino laico disputando espaço com o católico, provocando uma feroz confrontação entre os contendores.

A partir dos anos 1990, com a expansão acelerada do setor privado no ensino superior, o campo de batalha translada-se para esse nível. De um lado, os defensores das universidades públicas. Do outro, os protagonistas do ensino sem fins lucrativos – as universidades católicas tinham considerável peso nesse momento. E, irritando a todos, a nova onda de escolas visando o lucro.

Por meio da imprensa, todo o arsenal ideológico é mobilizado. Os defensores do ensino público são quase sempre identificados como de esquerda – um termo particularmente impreciso. Segundo esse lado, como fazer um bom ensino sem a pesquisa associada? Como é possível uma boa educação se os donos de faculdade visam ao sacrílego lucro? Com a educação predominantemente em mãos dos "mercadores do ensino", como poderá ser de qualidade?

No outro campo, abundam críticas às universidades federais, caras e mal administradas. A governabilidade é precária, os sindicatos tendo mais poder que os reitores. Falta-lhes autonomia financeira e administrativa. Os professores não cumprem horários – se é que comparecem –, não preparam suas aulas e não se dedicam aos alunos. As greves frequentes não podem ser escondidas do grande público. E, apesar de serem gratuitas, a evasão é alta.

Nessa briga, os defensores das instituições filantrópicas fazem coro com os advogados do ensino público, denunciando aquelas com fim de lucro: falta a elas o compromisso com a qualidade. Ainda mais duramente acusadas são aquelas de capital aberto, as quais banqueiros podem determinar como serão operadas. Parece seguro afirmar que poucas dessas críticas são falsas. De fato, há de tudo no conjunto de instituições de ensino superior.

O que dizer diante dessa cacofonia de acusações? Na verdade, há muito que pode ser dito com confiança, pois, no fim das contas, o que interessa é a qualidade oferecida. No caso brasileiro, temos o privilégio de contar com o Exame Nacional de Desempenho de Estudantes (Enade), um sistema de avaliação do que os alunos aprenderam. Em que pesem problemas técnicos, falta de comparabilidade e ausência de padrões de qualidade, o Enade permite comparações bastante confiáveis.

Os resultados são claros e surpreendentes. Entre as diferentes modalidades de ensino privado, as médias nos testes são equivalentes. Ou seja, entre filantrópicas, com fim de lucro e capital aberto, não há diferença de qualidade que valha a pena considerar; a grande diversidade de desempenho está dentro de cada categoria. Entre privadas e públicas, de fato, a média de rendimento das segundas é superior, mas a diferença é bastante pequena. Na verdade, para a maioria das instituições, ser privada ou pública diz muito pouco. As duas distribuições se sobrepõem de forma muito clara. Há apenas uma diferença: no topo da distribuição, há mais públicas do que privadas.

Em conclusão, embora as críticas arremessadas de lado a lado não sejam gratuitas, é tudo muito parecido. Não é o estatuto da instituição que permite dizer se ela é melhor ou pior. Só no caso a caso podemos deslindar quem é quem. Em outras palavras, existe um enorme gasto de energia de todos os lados diante do fato irrecusável de que há pouca diferença entre as categorias.

Universidade tem que ser instituição de pesquisa?

Neste ensaio examinamos os modelos de ensino superior de Estados Unidos, Alemanha e França. Em seguida, os comparamos com os do Brasil, mostrando que impusemos a todos um modelo que só serve para um pequeno segmento do ensino superior. Ignoramos a variedade existente e a necessidade de marcos regulatórios distintos para cada um deles.

Veremos como se estrutura o ensino superior em vários países. Isso permitirá entender que adotamos um modelo apenas adequado ao restrito número de universidades de pesquisa. Discrepamos dos países que são referência para nós, pois eles têm sistemas segmentados, custos diferenciados e regras são diferentes para cada nível de ensino.

/// O modelo norte-americano

Dada a forte influência norte-americana na nossa educação, vale a pena revisar sua estrutura e seu funcionamento. Tudo começa com a criação de universidades, descendentes diretas das velhas instituições europeias, criadas ao fim da Idade Média. Portanto, rescendem à sua origem religiosa. Assim era Harvard, criada em 1636. No século XIX, há um crescimento expressivo no seu número, sendo criados também cursos profissionalizantes. Vale lembrar, isso ocorreu algo como um século e meio antes que a mesma expansão fosse observada no Brasil. Esse conjunto americano, embora não opere sob um marco legislatório federal, progressivamente se organizou em sistemas muito semelhantes, de estado a estado.

Vale gastar um tempinho dando nome aos bois. O termo ensino superior (em inglês, *higher education*) quer dizer depois do ensino médio, nada mais. E, como veremos, há muita coisa diferente nesse nível. É preciso cuidado com as palavras, pois a trajetória histórica do seu significado pode nos confundir. Colégio é uma palavra de origem latina e tende a ser usada em várias línguas europeias. Nos países latinos, denomina o ensino médio. Contudo, na tradição anglo-saxã, o nome batiza o ensino superior. Não nos esqueçamos: no século XIX, formava-se no ensino superior até com 15 anos. Seja por que razão for, nos países de língua inglesa, *college* é educação superior. Daí a inevitável confusão entre nós, dada a raiz comum da palavra.

Progressivamente, emergiram várias categorias de ensino superior, cada uma com um papel bem definido e com regras próprias. Em uma classificação geral, há *colleges* e há *universities*, mas, dentro de cada categoria, existem vertentes claramente distintas. As universidades são caracterizadas como instituições que, além da graduação (cuidado, em inglês, graduação é *undergraduate degree*), oferecem cursos de mestrado e doutorado.

O doutorado é o grau mais elevado, oferecido, classicamente, por uma universidade. Vem de uma tradição nascida na Europa medieval. Originalmente, era voltado para as humanidades, para a teologia e para a filosofia – daí a expressão *philosophy doctor* (PhD) para o diploma concedido. Com o tempo, passou a incluir também as ciências, por isso é possível ter um PhD em economia ou física, por exemplo. Contudo, o doutorado está longe de ser um diploma profissionalizante. Com efeito, o termo não se aplica às áreas mais claramente profissionais. Assim, direito, medicina e engenharia produzem doutores com letrinhas diferentes.

O mestrado (*master degree*) é uma pós-graduação (*graduate school*) de índole profissional. Não é para aprender a fazer pesquisa, mas para adquirir uma profissão claramente definida. Lembremo-nos de sua origem, também medieval. As guildas diplomavam os mestres de ofício. Sobrevive até nossos dias o mestre de obras. Ou seja, enquanto o doutorado trai sua origem pela denominação de doutor em filosofia, o mestrado associa-se à aquisição de competência profissional.

Em momentos em que arrefeceu o mercado, ficando apertado para os jovens doutores, criou-se uma etapa adicional, o *post doctorate*. No entanto, não se trata de um curso ou diploma, apenas um estágio adicional de permanência na universidade, à espera de melhores dias. Portanto, carece de sentido a tolice brasileira de dizer que fulano é "pós-doutor". Como não é curso e não é regulamentado de nenhuma forma, não confere qualquer diploma ou demonstração de competência. No currículo, é apenas um registro de que passou certo tempo em uma certa universidade, em atividades sem qualquer estruturação obrigatória ou critério de aprovação. Se a descrição do que foi realizado é convincente, irá valorizar o currículo, mas o mero fato de haver gasto tempo em um pós-doutorado não diz absolutamente nada. No caso brasileiro, em meio de carreira, oferece uma imersão no mundo universitário de uma boa universidade estrangeira.

Há duas categorias dentro das universidades americanas. Há aquelas que têm esse nome por oferecer cursos de pós-graduação, mas não se dedicam ativamente à pesquisa. Formam, sobretudo, mestres para o mercado de trabalho. São mil e tantas e sua dedicação à pesquisa é bissexta, não fazendo parte indissolúvel da sua missão. Alguns professores pesquisam e publicam, são uma minoria. Outros não, sem que sejam penalizados por isso. E há as universidades de pesquisa, muito mais elitizadas, caras, difíceis de entrar e seriamente voltadas para a produção de novos conhecimentos. Segundo a Carnegie Commission, há cerca de cem universidades nessa categoria. Nelas, espera-se que todos publiquem ativamente. No topo da pirâmide, dois ou três anos sem publicar trazem o risco de não ser renovado o contrato do professor. As universidades de pesquisa são uma versão próxima das *land grant universities,* que, por sua vez, são a adaptação americana do modelo de Humboldt. Havendo condições, as universidades de pesquisa constituem-se no modelo mais completo, elitizado e bem-sucedido. E, de fato, as melhores colecionam êxitos e prêmios Nobel.

Vale a nota de que, ao contrário do que ocorre no Brasil, o termo universidade não tem uma definição na letra da lei. Não é preciso cumprir pré-requisitos ou pedir autorização ao Ministério da Educação (que lá não existe) para pendurar na porta a placa de "universidade". A três quilômetros da Harvard University está o Massachusetts Institute of Technology (MIT), que decidiu não se autointitular universidade, mas oferece um elenco de cursos muito semelhantes.

A distância do nosso marco regulatório não podia ser maior. Não há nos Estados Unidos qualquer ilícito em criar uma instituição e chamá-la de universidade. Nas menos pilantras, basta fazer o resumo de um livro para conquistar um diploma. Há também as que vendem diplomas de PhD, ao custo de cerca de 20 dólares, dependendo da moldura. Algumas delas, em seu *site,* mostram a excelência dos seus *campi,* mas a foto é de uma outra universidade qualquer. Seu endereço pode ser uma modesta salinha, sabe-se lá onde. Contudo, só infringe a lei se vender gato por lebre, oferecendo alguma coisa que não se materializa. O crime é a propaganda enganosa. Essa liberdade total tem um preço, pois alguns poucos incautos são enganados, mas é a opção daquela sociedade.

Até aqui falamos sobre as universidades. Resta falar dos *colleges*. Estes pertencem, essencialmente, a três categorias. Há os *state colleges*, públicos, que oferecem apenas a graduação de quatro anos. Não têm pós-graduação ou qualquer incentivo à pesquisa. São instituições puramente de ensino e que atendem a uma clientela bastante modesta, seja acadêmica ou socialmente. Pelas regras, qualquer residente no estado, com um diploma de *high school* (ensino médio), tem direito à matrícula em um *state college*, sem qualquer vestibular. Se não atingir os níveis acadêmicos esperados, terá que cursar disciplinas de nivelamento (*remedial education*). Inevitavelmente, são instituições com menos prestígio que as universidades. Em compensação, cobram uma fração do que pagam os alunos de uma universidade prestigiosa.

A segunda categoria são os *community colleges*. Ao contrário das demais instituições mencionadas, estas têm, adicionalmente, um respaldo financeiro do município, além do que vem do estado, como é o caso de todas as outras – daí o nome de *community colleges*. O país tem cerca de 1,6 mil instituições nessa categoria, formando mais de um milhão de alunos por ano. Essas instituições têm duas missões. Originalmente, foram criadas para oferecer os primeiros dois anos de graduação, em cidades pequenas, sem escala para a variedade de carreiras que se espera de cursos superiores – eram então chamadas de *junior colleges*. Ao terminar, os graduados se matriculariam em um *state college* (ou onde fossem aceitos) nos dois anos restantes da graduação. Na prática, isso nem sempre acontece, sendo os problemas dessa transição o maior foco de críticas a esse modelo.

Progressivamente, a missão de ser a primeira etapa do superior perdeu espaço para formações profissionais de curta duração (dois anos). O *community college* substituiu a profissionalização que acontecia nas *high schools*. Os diplomas (*associate degrees*) equivalem aos nossos cursos superiores de tecnologia. Formam-se nesse nível mais alunos do que no total das outras instituições superiores. Como os *state colleges*, não têm qualquer tipo de vestibular para os residentes do próprio estado. No ensino superior, são considerados a maior inovação do século XX.

As diferenças do que cobram dos alunos cada uma dessas categorias é bem impressionante. A anuidade nos cursos de quatro anos é quase quatro vezes mais elevada do que a praticada nos *community colleges*. Por sua vez, as universidades de pesquisa custam pelo menos cinco vezes mais. Uma das principais razões são os contratos como horistas dos seus professores, pescados do mercado devido à sua experiência profissional.

Finalmente, cumpre mencionar uma terceira categoria: os *liberal arts colleges*. Sendo instituições muito antigas, sua maior concentração está na Nova Inglaterra. Têm em comum com os *state colleges* oferecer apenas os quatro anos de graduação e não terem a pesquisa como missão, mas equivalem em prestígio às mais famosas universidades de pesquisa. Vale mencionar que são privados, sem fins lucrativos.

Uma peculiaridade dos *liberal arts colleges* é não oferecerem qualquer tipo de profissionalização. Isso vem da tradição europeia de ensino de humanidades, filosofia e história. Mais recentemente, passaram a ensinar ciências e não muito mais. Porém, não formam engenheiros, contadores ou financistas. Por serem altamente elitizados e por dedicarem seu seleto corpo de professores à excelência na sala de aula, sempre tiveram muito sucesso na sua missão de formar gente com a cabeça arrumada, capaz de pensar com rigor, de equacionar problemas e soluções e de aprender o que quer que seja. Profissionalmente, seus graduados se alinham em prestígio com os das mais conceituadas universidades de pesquisa. Segundo a avaliação do jornal inglês *The Times*, no quesito qualidade das aulas, das dez instituições mais destacadas, seis não são universidades, mas *liberal arts* ou escolas de orientação tecnológica. Nos mais famosos, as mensalidades comparam-se com as mais caras universidades do país.

Esse é o sistema de ensino superior norte-americano. É um sistema que foi estratificado de forma bastante premeditada, apesar de não haver ministério da educação naquele país. Algumas escolas foram concebidas para serem mais caras, mais difíceis de entrar e terem mais prestigiosos diplomas. Nelas se produz o grande volume de pesquisas do país. As outras categorias estão, sucessivamente, nos degraus abaixo, em todas essas dimensões, mas não se pode dizer que sejam também piores na condução das salas de aula.

É clara a missão de cada categoria e, em boa medida, elas cumprem o seu papel – em que pesem as inevitáveis críticas, aqui e ali. É interessante mencionar que os *community colleges* têm grande orgulho de serem capazes de oferecer uma educação que mudará o futuro dos seus alunos, quase sempre de origem muito modesta. No entanto, curiosamente, eles recebem também alunos já com seus doutorados e que desejam complementar sua formação – por exemplo, em computação.

/// O modelo alemão

Na Europa, os sistemas educacionais têm uma considerável semelhança, pela sua origem comum, mas os meandros de sua evolução histórica, no curso de 800 anos, os tornam mais difíceis de entender. Além disso, os nomes são muito diferentes.

Na Alemanha, sobrevivem as antigas universidades, criadas muitos séculos atrás, somadas a outras mais recentes. São prestigiosas, fazem pesquisa e sua qualidade é mais homogênea do que as norte-americanas. Não há nada comparável a Harvard ou Stanford, mas tampouco há algo tão fraco quanto muitas instituições americanas.

No início do século XIX, Wilhelm von Humboldt criou o conceito de universidade de pesquisa. Nela, os professores tanto se dedicariam ao ensino quanto à pesquisa. No caso, era pesquisa científica, nada de tecnologia nessas épocas pretéritas. A adoção e a expansão do modelo foram muito lentas, mesmo na Alemanha, pois a pesquisa estava sob as asas das sociedades científicas. Juntando ensino com pesquisa, criou-se um novo paradigma de ensino superior, já que a forte densidade escolástica das velhas universidades desdenhava o lado científico do ensino, e a pesquisa não se fazia em universidades.

Vale notar, foi nos *land grant colleges* americanos que se alargou o paradigma da universidade humboldtiana, entrando nas tecnologias e aplicações práticas da ciência. Ademais, cria-se a fórmula de um *campus* isolado e adota-se o tempo integral para os professores. Uma segunda categoria muito importante na Alemanha são as *Fachhochschulen*: escolas profissionais, com cursos, em geral, de três anos. A ênfase é tecnológica, embora a gestão tenha crescido muito nos últimos anos. Afirma-se que há uma associação entre a excelência dessas escolas e o sucesso industrial do país.

Há também algo que não é rigorosamente um curso superior, mas que alcança a faixa etária correspondente a esse nível: é o chamado sistema dual, que começa dois anos antes do fim do ensino médio e dura três anos e meio, ultrapassando a duração típica da educação básica.

/// O modelo francês

Cumpre falar da França, muito importante para nós, pois desde o início do século XIX copiamos sua cultura e suas soluções educativas. Lá convivem três sistemas: as universidades, os *institutes universitaires de technologie* (IUTs) e as *grandes écoles*.

As universidades francesas têm as mesmas origens medievais que as dos outros países europeus. A de Paris, uma das primeiras, vem do século XIII. Originalmente, eram instituições ligadas ao clero e voltadas para as filosofias e teologias, mas, aos poucos, foram se tornando instituições que fazem de tudo e formam em muitas áreas – mas, ao contrário do que ocorre no Brasil, música, educação física e artes visuais continuam de fora.

No último meio século, a pressão social para entrar no ensino superior incha as universidades francesas. Seu financiamento não acompanha o crescimento da matrícula. Para ilustrar, o custo por aluno no *lycée* (ensino médio) é superior ao das universidades. Agravando a tensão, politiza-se o corpo estudantil. Obviamente, sofrem a sua qualidade e o seu prestígio. De maneira muito semelhante às nossas universidades, resistem bravamente às tentativas de reforma.

Por que a França se permite tal erosão nas suas universidades? Há várias razões. A primeira é que lá um aluno com um bom *baccalauréat* recebeu uma formação primorosa, uma considerável disciplina de trabalho e a capacidade de mover-se por conta própria. Seria um exagero afirmar que as universidades francesas não fazem pesquisa. De fato, produzem um volume que deixa o país bem situado em várias áreas do conhecimento. Os melhores pesquisadores e certas áreas recebem financiamento do Conselho Nacional de Pesquisa (CNR, do francês *Conseil Nationale de Recherche*). Note-se que sistema semelhante foi adotado pelo nosso Conselho Nacional de Desenvolvimento Científico e Tecnológico (CNPq), com seus pesquisadores associados a fundos competitivos para financiar pesquisas.

Contudo, para a pesquisa mais pesada e em áreas estratégicas, a França criou institutos de agricultura, energia nuclear e muitos outros, voltados para esse propósito único e que operam com respeitável produtividade. Assim é também na Rússia. Antes da onda de influência americana, esse modelo de institutos de pesquisa foi copiado no Brasil, com resultados variáveis.

Além disso, há o andar de cima do ensino, que são as *grandes écoles*, concebidas como escolas profissionais. A sua criação está associada ao nome de Napoleão III. Ao longo do tempo, algumas adquiriram grande prestígio. É o caso da École Nationale d'Administration, cujos graduados já saem empregados no governo, em posições altamente cobiçadas. Na École Polytechnique, na École Nationale des Ponts et Chaussées e em outras, o diploma é garantia de uma posição bem vantajosa no mercado. Pode-se dizer que, na formação da elite intelectual, econômica e política da França, as *grandes écoles* têm uma participação decisiva.

Ao contrário de instituições da Alemanha e dos Estados Unidos, as *grandes écoles* não foram concebidas como centros de pesquisa. São escolas profissionais. De fato, até recentemente, os professores eram desencorajados a pesquisar e publicar. Segundo a versão oficial, isso prejudicaria o ensino. Tal como em outros países, a França não poderia deixar de criar instituições intermediárias e com formações mais aplicadas. Assim, surgem os *institutes universitaires de technologie*, com cursos de três anos. São instituições recentes e, pela boa empregabilidade dos seus graduados, têm sólido prestígio.

/// Como ficamos no Brasil

O Brasil imitou a França, com suas primeiras escolas profissionais sendo criadas no início do século XIX – direito em Recife, medicina na Bahia e engenharia militar no Rio de Janeiro. Essas faculdades, de DNA francês, dominaram a cena durante mais de um século. Apenas na década de 1920 aparecem as primeiras universidades, com uma genética muito diferente das suas congêneres alhures, instituições medievais que vão progressivamente alargando sua missão. No Brasil, as universidades se criaram ajuntando faculdades preexistentes, cada uma em um campo. Inevitavelmente, o casamento foi apenas de papel passado, pois elas continuaram por largo tempo como instituições separadas, com culturas organizacionais distintas. A reitoria tinha pouca autoridade sobre as ex-faculdades, e um professor da medicina jamais se encontrava com um do direito.

A prosperidade e a industrialização do pós-guerra contrastavam com o pífio avanço do ensino superior no Brasil. Finalmente, na transição dos anos 1960 para os 1970, gesta-se um novo modelo de ensino superior, incluindo a pós-graduação. Que tenha sido possível o terremoto trazido pela reforma é alguma coisa que merece admiração, considerando o conservadorismo e a beligerância das lideranças universitárias. Fora do período militar, dificilmente a reforma sairia do papel, como não saiu nenhuma das tentadas desde então.

Anísio Teixeira, na Coordenação de Aperfeiçoamento de Pessoal de Nível Superior (Capes), Newton Sucupira, no Conselho Federal de Educação (CFE), e mais Valnir Chagas põem em marcha um movimento que conduz a um novo marco legal para o ensino superior brasileiro. De quebra, gesta-se a criação de uma rede de universidades públicas, pelo menos uma em cada Estado.

Esse foi um momento de grande ebulição intelectual. Anísio Teixeira julgava que um sólido ensino superior era necessário para promover a qualidade do ensino básico, que era a sua prioridade absoluta. Em paralelo – e às vezes em conflito com uma universidade que fosse uma matriz de pensamento e liderança intelectual – toma corpo nesse momento a crença no poder do ensino superior para alavancar o desenvolvimento econômico. Daí a prioridade concedida ao desenvolvimento das grandes universidades públicas, com forte ênfase nas ciências naturais.

Tomam-se então decisões de políticas públicas cruciais, mas até hoje controvertidas. Os países bem-sucedidos não começaram expandindo o topo. Pelo contrário, consolidaram seu ensino básico por longos anos – assim foi nos Estados Unidos, na Europa e até na Coreia do Sul. O Brasil optou por criar universidades públicas caríssimas em um momento em que quase a metade das crianças não frequentava escolas. Foi uma decisão sábia? É verdade que se criaram lideranças bem formadas em todas as áreas, e o seu papel no avanço do país não foi menor, mas, com os recursos empregados, muito poderia haver sido feito para minorar as escandalosas deficiências do ensino básico.

Voltemos às políticas para o ensino superior. Como orientação geral para a estrutura das universidades, voltou-se ao modelo pioneiro de Humboldt, com a fórmula da universidade de pesquisa. Fundia-se nela o ensino, a pesquisa e a extensão, como era também o caso dos *land grant colleges* americanos. Belos e inspirados modelos, bastante apropriados para a dúzia de universidades da época, mas não para as que se estavam construindo, em estados sem qualquer tradição acadêmica.

Muitas das regras criadas na década de 1960 têm amplos méritos. Criou-se a estrutura departamental, acabaram-se as cátedras vitalícias e o marco legal da pós-graduação é exemplar. O nosso erro foi ter elegido a indissociabilidade do ensino e da pesquisa como o único parâmetro para pautar todo o ensino superior. Permanece misteriosa a sobrevida desse dogma. Ainda se ouvem os nobres doutores das universidades federais repetindo que sem pesquisa não pode haver um bom ensino. Ignorou-se a experiência americana, na qual menos de 5% das universidades são de pesquisa. No Brasil, de todas as faculdades se exigia a "indissociabilidade". Que a pesquisa jamais se materialize não deve ser surpresa para ninguém.

É curioso, e talvez sugestivo, o nosso cacoete linguístico de chamar de universidade todo o ensino superior. Assim, nunca se sabe bem se as pregações da "indissociabilidade" incluem apenas as universidades ou todo o ensino superior. Sabe-se que Anísio, Sucupira e Valnir não tinham essa visão tão radical. Por que a geração de uma ortodoxia cujos resquícios persistem até hoje?

Uma hipótese possível para a abrangência excessiva da obrigação legal de fazer pesquisa é o desembarque em massa dos jovens doutores, graduados pelas mais renomadas universidades americanas, inglesas, francesas e alemãs, a partir da década de 1970. Durante seus cursos, esses jovens apenas conheceram o mundo rarefeito dos seus laboratórios. Não se deram conta de que o ensino superior, nesses mesmos países, era muito mais do que isso, como foi dito anteriormente. Ou seja, neles a pesquisa se realiza em um número muito pequeno de instituições. As outras ensinam. E se o fizerem bem, já está ótimo.

Para ilustrar tal alienação, enquanto eu frequentava quatro universidades americanas de primeira linha, jamais visitei um *college*, *community college* ou mesmo uma universidade que não fosse de pesquisa. Voltei para o Brasil totalmente ignorante desse outro mundo maior e menos elitista do ensino superior. Apenas bem mais adiante é que me interessei por conhecê-lo.

Na cabeça dos jovens entusiasmados que retornavam ao Brasil, apenas fazia sentido o que viram em seus laboratórios das universidades cursadas. Daí seu entusiasmo de cristãos novos pela ortodoxia das suas matrizes de formação. E não pode ser subestimado o peso político que adquiriram dentro do universo do MEC e da Capes. Tornaram-se rapidamente a elite científica brasileira, e seu ativismo é muito considerável.

Ao contrário de França, Alemanha e Estados Unidos, ignoramos a segmentação necessária ao ensino superior. Mesmo que houvesse recursos ilimitados, não seria possível produzir pesquisa em locais de desenvolvimento mais precário. Não obstante, o tempo integral foi universalizado em todas as universidades federais. Paga-se por uma pesquisa que não existe, pois não há o clima intelectual e o capital humano que permitiriam a sua existência. Pior, criamos uma rede de universidades públicas cujos cursos de graduação não definem uma clientela preferencial. São todos caros para o contribuinte e nem todos são seletivos.

É preciso entender que não é possível criar uma escola que consiga cumprir o seu papel se o grau de diferenciação dos alunos é excessivo. Não é possível ter alunos do nível do Instituto Tecnológico de Aeronáutica (ITA) e da Kroton ao mesmo tempo. Não há espaço para as duas categorias de alunos na mesma instituição. Não é possível fundi-las em uma única. Ademais, como o número das universidades com graduações mais seletivas é muito limitado, terminamos com cursos sem maior expressão, mas cujos alunos custam o mesmo que a média da Organização para a Cooperação e Desenvolvimento Econômico (OCDE). Contraste-se com os Estados Unidos, onde há uma distância enorme entre os custos das universidades de primeira linha, os *colleges* e os *community colleges*.

Em outras palavras, não houve e não há uma preocupação em criar um sistema de ensino voltado para os alunos que este recebe. O aluno ideal molda um ensino que receberá alunos reais, tais como são. Foi decretada a universidade humboldtiana para todos, uma loucura que nenhum país sério nem sequer considerou. E continuamos, até hoje, criando universidades com o mesmo modelo. Permanece ausente a noção de que algumas instituições deveriam ser moldadas apenas para o ensino e não poderiam ser caras, considerando-se o tamanho da clientela. As outras, menores e mais elitizadas, se dedicariam à pesquisa.

Diante dos custos extravagantes de expandir o sistema público, abriu-se espaço para o crescimento da rede privada. Os arautos da expansão de um sistema público e inimigos das escolas privadas deveriam entender que a rede privada é uma resposta espontânea a uma demanda que os custos excessivos das universidades públicas não permitem atender. No caso das universidades federais, o MEC já gasta com elas muito mais do que era prescrito na lei.

Há uma outra dimensão paralela, mas não forçosamente ligada a custos, que é a necessária coincidência da proposta do curso com o perfil dos alunos. Nossos currículos foram concebidos para universidades de elite. São enciclopédicos, difíceis e abstratos. Achar que ensinando mais o aluno vai aprender mais é um egrégio erro de sociedades atrasadas. É justamente o contrário. E a preocupação com a sala de aula é conspicuamente ausente nas instituições públicas.

Comparemos nossos cursos com os da Universidade da Califórnia, em Berkeley. Lá, quando fazia curso de doutoramento, lembro-me que os mais de mil alunos da graduação da disciplina de introdução à economia frequentavam aulas em auditórios enormes (e, muitas vezes, complementados por salas com TV de circuito fechado). Porém, essa era uma clientela peneirada severamente, de tal forma que tinha a autonomia intelectual para quase não sofrer com esse circo.

Em contraste, nos *community colleges* há muito mais preocupação com a pedagogia e com os alunos. As aulas são mais práticas, o desempenho dos professores é monitorado mais de perto e a avalanche curricular é contida. E, em comparação com as universidades mais elitistas, há menos alunos por sala de aula. Curiosamente, usa-se muita tecnologia – o que não acontece no topo da distribuição.

O que é ainda mais desfavorável para o nosso sistema é que o mesmo marco regulatório das universidades públicas se estendeu para todo o ensino superior privado – faculdades e universidades. A mais singela aritmética mostra a impossibilidade de financiar pesquisas em instituições cujo ensino é pago pelos próprios alunos. Foi feito um exercício simples. Para haver pesquisa, alguns professores teriam que permanecer em tempo integral. Suponhamos que a proporção seja de um terço. Em uma faculdade típica, nada mais que o aumento de carga horária dobraria a mensalidade cobrada dos alunos. Quem se disporia a pagar o dobro?

As poucas instituições privadas que fazem alguma pesquisa são aquelas que têm um forte contingente de alunos na graduação. Assim, é possível separar alguns recursos para financiar um minúsculo grupo de pesquisadores, mas é duvidoso que isso tenha qualquer impacto sobre o estoque de conhecimentos ou sobre a aprendizagem dos alunos. É puramente uma questão de prestígio e de atender às exigências legais. Além disso, é praticamente impossível para essas instituições competir pelos fundos de pesquisa existentes com as boas instituições federais, muito mais experientes, com reputação bem estabelecida e grupos consolidados.

As regras atenuaram, mas não erradicaram, o mito da "indissociabilidade do ensino e da pesquisa". Chegam os visitadores do MEC na modesta faculdade e logo querem saber das pesquisas – cuja existência é duvidosa, mesmo na prestigiosa universidade a que pertencem. E o que ficam sabendo da qualidade do ensino? Quase nada, pois não é isso que estão buscando e não é isso que se pode aprender lendo a abundante documentação oferecida, muitas vezes mera "ficção científica".

Em linha direta com o modelo de universidade de pesquisa, há uma excessiva valorização dos diplomas. Isso fazia sentido em momentos iniciais da pós-graduação, mas hoje virou um exagero nocivo. Se não tem mestrado ou doutorado, pouco importa se tem experiência profissional ou revela-se um campeão na sala de aula.

Contraste-se isso com o que ocorre nos Estados Unidos. Na maioria dos *community colleges*, não são sequer considerados para professores os candidatos com PhD, pois julga-se que não têm paciência para lidar com a clientela que acorre a eles. Note-se que mesmo as universidades mais prestigiosas dos Estados Unidos têm professores sem doutorado. Um caso extremo é o novo diretor do Media Lab do MIT: seu diploma mais elevado é de *high school*.

No Brasil, há cerca de 200 instituições classificadas como universidades. Pelos meus cálculos, já antigos, menos de 20 produziam pelo menos uma publicação anual por pesquisador. Em contraste, são da ordem de 2 mil as faculdades e os centros universitários onde a pesquisa é inviável na sua avassaladora maioria. O mais que se pode fazer é fingir que existe. Em outras palavras, o modelo Humboldt, de aplicação restrita, mesmo nos países avançados, foi alçado à posição de única opção venerada no Brasil. Na sua aplicação, não se valoriza a excelência na sala de aula e se choraminga pela pesquisa que não se materializa. Pior, penaliza-se a experiência profissional dos professores.

/// Humboldt *versus* os números

Algumas das proposições mencionadas podem ser testadas empiricamente, com dados existentes. Usando a matriz de dados do Enade 2009, associamos os resultados dos testes com a proporção de doutores, mestres e professores em tempo integral nas instituições privadas. Surpresa! Em nenhum dos casos a correlação foi estaticamente diferente de zero. Ou seja, ter mais doutores iluminados não melhora a qualidade do ensino. O mesmo ocorre com mestres ou com professores em tempo integral. Como a pesquisa exige doutores em tempo integral, podemos inferir que a pesquisa seria captada pela maior densidade desses profissionais, em regime permanente na faculdade. Contudo, a ausência de correlações com o resultado do Enade mostra que o bom ensino nada tem a ver com a existência de pesquisa na instituição.

Nos países avançados, não há dúvida de que a pesquisa não é necessária para haver bom ensino. Há mesmo observadores qualificados acreditando que atrapalha. Não obstante, não há dados robustos confirmando a crença de que para fazer bom ensino precisa de pesquisa. Já no Brasil, com o Enade, podemos negar, com todo o rigor, a validade deste mito. Como sabe qualquer bom diretor de escola, ter bons professores é parte do segredo do bom ensino. E nossos números mostram que é indiferente os professores terem ou não os diplomas de que o MEC gosta. Novamente, a comparação com os Estados Unidos é reveladora. Nos *community colleges*, geralmente os coordenadores de cursos têm doutorado e são contratados em tempo integral. Os demais professores não têm tais diplomas e têm contratos de tempo parcial ou são horistas.

/// Aprendemos as lições erradas?

Nenhum país inventa um sistema educacional muito diferente dos outros. É tudo cópia e adaptação. No caso do nosso ensino superior, nos afastamos progressivamente da influência francesa e nos aproximamos dos Estados Unidos. Imitamos a arquitetura das universidades americanas – até certo ponto. Em grandes linhas, tivemos considerável sucesso, sobretudo, na pós-graduação e nas universidades mais prestigiosas e bem fornidas de capital humano, mas no translado do modelo cometemos pelo menos dois erros.

O primeiro e mais abrangente foi ignorar que ensino superior inclui universidades de pesquisa, mas é muito mais do que isso. Os países que nos inspiraram têm sistemas segmentados que focalizam clientelas específicas. Jamais cogitariam ungir o modelo da "indissociabilidade do ensino e da pesquisa" à totalidade do ensino superior. No entanto, foi isso que fizemos. O resultado foi um ensino público muito caro. A maioria das universidades é incapaz de gerar um fluxo substancial de pesquisas, embora pague os custos correspondentes. Também houve a patética tentativa de impor o mesmo modelo às escolas privadas, cujo financiamento são as mensalidades dos alunos. Com o que estes podem pagar, a pesquisa é impossível, mas não há indicações de que seja necessária ou traga uma contribuição à aprendizagem. Os números disponíveis e confiáveis demonstram isso de forma eloquente.

O segundo equívoco foi não distinguir as áreas acadêmicas das profissionais, avaliando todas com a métrica das primeiras e impondo diplomas de mestres e doutores a cursos nos quais a experiência profissional é até mais importante.

A universidade pública atrapalhada e seus enclaves competentes

 *Falamos das universidades públicas como se fossem blocos homogêneos, operando sempre com a mesma lógica. Não é assim. Temos uma graduação meio perdida, sem boas regras e sofrendo crônicas falhas de governança. Em contraste, a pós-graduação é governada pelos mecanismos meritocráticos dos fundos de pesquisa. Por essa razão, mostra resultados amplamente superiores, mas o seu bom funcionamento requer a existência de fundações de direito privado, sem as quais a rigidez administrativa impediria praticamente toda e qualquer pesquisa. Em paralelo, e contra as regras vigentes, muitos professores vendem seus serviços de consultoria no que poderia ser considerado um mercado informal.*

A universidade federal brasileira é financiada por meio de regras orçamentárias que não estimulam a qualidade nem a eficiência. Ninguém é premiado por fazer certo ou melhor. Ninguém é punido por não fazer o que deveria, por fazê-lo mal ou por lesar os propósitos da instituição. Não há incentivos para identificar e curar ineficiências. Quando chega a haver punições, não vêm do delegado do MEC, mas do delegado de polícia: vamos punir o reitor que comprou uma lata de lixo *high-tech* para sua residência oficial!

Pensemos em uma empresa, seja a birosca da esquina, seja a Ambev. Um funcionário que falta demais não segue impune em sua carreira. Alguém que produz pouco ou mal terá um encontro desagradável com a área de recursos humanos (RH) – na birosca, é o dono. Se não muda de rumo, a porta da rua está sempre aberta. Não deveria ser assim também na instituição encarregada de manejar os recursos intelectuais mais valiosos da nação? Lastimavelmente, não é. A ineficácia e os desmandos, na verdade, resultam das regras pelas quais os recursos são administrados. Por exemplo, o nível de pagamento dos docentes é insensível a qualquer mecanismo meritocrático e não contém incentivos à eficiência.

Em parte, essa disfuncionalidade resulta de uma interação perversa entre o MEC e as áreas econômica e normativa da administração federal. As decisões – e o orçamento – são centralizadas e indiferentes ao que acontece na ponta. Um professor indesejado que é "persuadido" a pedir demissão não vai gerar uma sobra de dinheiro que o chefe de departamento possa usar. Assim, por que se indispor com este ou aquele professor? Até o grande público já percebeu que há problemas, gerando uma erosão do prestígio da universidade (e do MEC, quando há colisões). No que tange às regras burras, as universidades são mais vítimas do que culpadas. O sistema de incentivos perversos não foi criado por elas. Não obstante, seu conservadorismo e o excesso de poder do "baixo clero" vêm tolhendo a busca de melhores soluções e abortando iniciativas inteligentes do MEC.

Daí a conclusão generalizada de que a universidade pública é avessa à eficiência e à competência. No todo, não deixa de ser um julgamento procedente. No entanto, essa visão deixa de penetrar na complexidade e nas diferenciações internas dentro das universidades federais. Este ensaio se propõe, justamente, a explorar esse território tão mal cartografado.

A graduação é vítima de toda a incompetência orçamentária pairando sobre a universidade pública. Nesse nível de ensino, pouco é meritocrático. Repetindo, não há quaisquer punições eficazes para professores malandros, ausentes ou incompetentes. Não se concede poder efetivo às chefias para tomar as decisões necessárias. Não existe qualquer incentivo para receber mais alunos. Há ainda menos incentivos para graduar uma maior proporção dos que estão matriculados. Antes do Provão/Enade não havia quaisquer incentivos para melhorar a qualidade. E, mesmo com ele, quem quiser ignora com impunidade os maus resultados.

Nas nossas melhores universidades, quase tudo funciona, mas é apesar das regras tolas, e não pela sua contribuição. Nelas, contam as lideranças, a motivação das equipes e a disciplina de trabalho, desenvolvida ao longo do tempo. E como a graduação é enorme, torna-se o cerne da universidade e termina dando o tom, além de criar as imagens negativas que conhecemos – aliás, justificadas. Contudo, essa visão é superficial e esconde mais do que revela. De fato, dentro das universidades federais há quatro instituições: a graduação, medíocre e ingovernável; a pós-graduação, meritocrática e produtiva; as fundações de pesquisa, que são enclaves capitalistas; e o setor informal, que são os trabalhos, as consultorias e os biscates feitos pelos professores.

A pós-graduação opera uma preponderância absoluta de dinheiros "burros" (ou seja, automáticos) e poucos dinheiros meritocráticos, isto é, condicionados às avaliações da Capes, à qualidade das propostas de pesquisa, às publicações dos professores, e por aí afora. Na prática, os fundos competitivos puxam os restantes, burros. Os professores, cujo salário é indiferente ao seu desempenho, são forçados a usar bem o seu tempo e desvelar-se no trabalho, se quiserem receber ou continuar recebendo as bolsas de pesquisas. Seu desempenho também afeta o número de bolsas recebidas pelo programa, pois é dentre os bolsistas que ele selecionará seus assistentes de pesquisa ou laboratório. Se o desempenho do programa for fraco, a Capes não oferecerá bolsas.

Ou seja, a pequena proporção de dinheiro meritocrático é suficiente para compensar a ausência de incentivos embutidos nos fundos de provisão automática. A equação fecha, com resultados preciosos, justamente porque uma parte pequena do dinheiro está condicionada ao desempenho, alavancando o resto. Para ganhar o projeto de pesquisa ou a bolsa, é preciso usar bem o tempo que é remunerado pelo orçamento do MEC.

As fundações são como empresas capitalistas dentro da universidade. Tal como na iniciativa privada, não há garantia de que sejam competentes. Algumas são agressivas e vendem, a cada ano, acima de 100 milhões de dólares de serviços. E, para fazê-lo, têm que funcionar muito bem. Outras fazem algumas coisas boas, mas são lentas, cansadas e de poucas iniciativas. No limite, há casos esporádicos de abusos, mas chamam uma atenção desproporcional ao seu pequeno peso no total das atividades fundacionais. Uma prestação malfeita de contas de viagem pode virar escândalo público.

No fundo, assim como há escolas privadas incompetentes e incapazes de sobreviver, há fundações incompetentes e até desonestas – embora sejam poucas. Por serem parte do mundo "privado" e, portanto, "capitalista", são para-raios para a esquerda zangada, de plantão nas universidades. São acusadas de tudo que é sinistro no sistema de mercado. No mundo real, há tropeços nas fundações, mas, embora raros e limitados, viram manchetes nos jornais, mercê do ativismo daqueles que rejeitam a "privatização" da universidade. E como em outros assuntos, lembremo-nos de que fundação eficiente e bem azeitada não é notícia de jornal.

Mas por que manter dentro do serviço público uma instituição de direito privado? Que razões esdrúxulas justificariam tais grupos? Sem exagerar, na sua ausência, a pesquisa universitária praticamente desapareceria, enterrando junto as chances de uma pós-graduação produtiva. Na prática, comprar, vender, contratar, descontratar, pagar, receber são operações de extraordinária complexidade dentro das regras do serviço público. E praticamente não se faz pesquisa senão acompanhada de centenas de pequenas e grandes transações desse tipo.

É até possível comparar a obra literária de Machado de Assis com a de Eça de Queiroz sem comprar ou vender o que quer que seja, desde que os livros estejam na biblioteca. Porém, quando se trata de laboratórios, pesquisas de campo, reagentes ou novos equipamentos, isso é impossível. Dentro da burocracia oficial, substituir a lâmpada de um projetor é uma operação burocrática acima das forças de qualquer um. Importar um sensor de 30 dólares é uma operação que só seria concluída vários anos depois de vencer o prazo final para a entrega da pesquisa. Além disso, muitas pesquisas requerem assistentes, laboratoristas e outro pessoal que não está no quadro da universidade. Só as fundações conseguem contratar esses funcionários transitórios.

Assim, o estatuto privado é essencial para que essa miríade de transações seja realizada. Enquanto não for simplificada a gestão pública, não é concebível eliminar essas fundações. E cada tropeço tornado público resulta em complicação burocrática adicional. A cada pequeno deslize de um ou outro, criam-se mais regras sufocantes para todos. Pergunte a qualquer pesquisador renomado quais são os principais obstáculos para se fazer pesquisa no país. Com certeza, no topo da lista virão os problemas da burocracia opressiva.

No fundo, as fundações são enclaves capitalistas dentro da universidade. Tal como as bolsas e os projetos de pesquisa da pós-graduação, operam sob um sistema em que os incentivos são a mola propulsora. Geram receitas que são apropriadas de acordo com o esforço e o mérito de cada pesquisador ou departamento que utiliza seus serviços. Oferecem ao mercado serviços adequados ou outros o farão melhor – quem sabe, uma fundação de outra universidade? É um caso clássico do setor público vendendo serviços por meio de mecanismos privados. A meritocracia é gerada pela competitividade dos mercados em que as fundações vendem seus serviços e pela distribuição dos recursos dentro da universidade, baseada no papel de cada ator interveniente. Ganha complemento salarial quem produz a pesquisa. E só ganha novamente se a pesquisa tiver um bom desenlace. É óbvio que muitos não ganham nada, seja por que razão for. Ficam com inveja e criam um ambiente envenenado.

Finalmente, assim como temos um setor informal que hoje abrange próximo da metade da força de trabalho, também dentro das universidades existe um equivalente. É de alto nível e, muitas vezes, opera no ar rarefeito das altas tecnologias. Nas melhores universidades e nos melhores núcleos dentro delas, há um ativo mercado de venda de serviços de consultoria. Os professores (sobretudo de economia, direito, administração, contabilidade, medicina e engenharia) vendem agressivamente seus serviços para as empresas e para o público em geral. Os que não vendem ficam com inveja ou ciúmes e denunciam a "privatização da universidade".

Há restrições legais às atividades econômicas dos professores de tempo integral e dedicação exclusiva (a forma predominante de contratação). O arquiteto não pode planejar casas e edifícios de verdade. O advogado não pode defender causas. Os economistas não podem dar pareceres. Os engenheiros não podem oferecer serviços às empresas para descobrir por que a máquina quebrou. A conclusão lógica dessa legislação imbecil é que nossa juventude teria que ser formada por profissionais que jamais exerceram seus ofícios.

Porém, a desgraça não é tão desgraçada, já que muitos professores tendem a não cumprir a lei. Fazem consultorias, dão pareceres, fazem projetos e tudo mais que é proibido. Em outras palavras, graças ao setor informal subterrâneo que germina dentro das universidades públicas, nossos alunos não estão tão mal servidos assim. O risco é quando alguma autoridade mal instruída resolve "coibir os abusos". Se isso acontece, a formação da nossa juventude está em perigo.

Concluindo, temos uma universidade "quatro em uma". Sob o manto de uma legislação totalmente inapropriada, temos o funcionamento da universidade como um todo. Na prática, saem prejudicados a graduação e os cofres públicos, que obtêm menos resultados do que seria possível. Porém, há três grupos que atenuam os males de uma governança mal concebida: há a pós-graduação, impelida por bolsas e projetos competitivos; há as fundações, que permitem contratar pesquisas e vender serviços; e há o setor informal dos professores, vendendo seus serviços no mercado, quase clandestinamente. Graças a isso, sabem o que ensinam aos seus alunos.

FEA *versus* FIA: o que aprendemos sobre o ensino público?

 *Este ensaio ilustra, com um pequeníssimo caso, os problemas de governança das universidades públicas. Como é possível que uma faculdade de administração, operada pela fundação do departamento e cobrando dos alunos, obtenha os mesmos resultados que a sua contraparte puramente pública? O caso não prova nada, mas traz a sugestão de que alguma coisa não vai bem no sistema.*

A Faculdade de Administração da USP é a FEA, de sólida tradição, mas, dada a legislação brasileira, para cobrar mensalidades dos cursos de pós-graduação *lato sensu* e vender serviços, foi necessário criar uma fundação – como as centenas que existem por aí, em todas as universidades públicas. Da costela da FEA, nasceu a FIA (Fundação Instituto de Administração).

Para pacificar o MEC, a FIA criou também um curso de graduação, em paralelo ao da própria FEA, porque, pela legislação, para oferecer pós-graduação é necessário ter graduação. De resto, é uma regra das mais burras, pois, diante dela, a International Business Machines (IBM) e a Microsoft não podem ensinar informática, a Gerdau não pode ensinar siderurgia e Pinheiro Neto não pode ensinar direito. A razão para criar uma fundação de direito privado é que a lei permite a esse tipo de instituição cobrar mensalidades dos alunos (no caso, de R$ 2.800). Como não tem a mesma e gloriosa reputação da FEA, a FIA recebe alunos com uma boa pontuação no Exame Nacional do Ensino Médio (Enem), mas não tão alta. Além disso, 20% dos alunos vêm de programas sociais.

Com tais desvantagens, pela lógica, a FIA deveria mostrar resultados mais fracos. Recentemente, saiu o seu resultado no Enade. Surpresa! A FIA teve a nota máxima, 5. A FEA não participou do teste, mas se o tivesse feito, no melhor dos casos, teria o mesmo 5. Ou seja, a FIA sendo paga e recebendo alunos mais fracos empata com a FEA. Como é que pode? Que razões haveria para tal resultado? Podemos especular...

Os professores da USP (ou de qualquer instituição pública) são invulneráveis. Não podem ser despedidos, e é dificílimo puni-los. Na prática, não cometem pecados sérios, mas ninguém manda neles. Já os da FIA são contratados pelo regime da Consolidação das Leis do Trabalho (CLT), ou seja, são mais "mandáveis". Os professores da FIA são mais jovens e entusiasmados. Talvez por isso os alunos sejam também mais motivados. A gestão da FIA é atenta e próxima; há cobranças. Na FEA, os professores são menos cobráveis – tal como em qualquer universidade pública brasileira. Como toda universidade de primeira linha, o que interessa na FEA são os mestrados e doutorados. Lá ensinam os melhores e lá se pescam os fundos de pesquisa, em competições meritocráticas. Já o bom desempenho na graduação, por não trazer vantagens tangíveis, fica no limbo.

Serão esses os fatores que explicam o emparelhamento dos resultados? Trata-se de uma análise muito superficial, pouco mais do que palpites, teria que ser aprofundada. Contudo, o ponto de partida é muito nítido. Uma instituição pública caríssima recebe alunos melhores, não cobra nada deles e termina com resultados iguais aos da sua própria cria que cobra e não tem acesso ao mesmo perfil de alunos.

Nesta análise, o que menos interessa é que estejamos falando da USP. Aliás, nada contra ela ou contra as demais universidades públicas. Sua sina – ou seu azar – é dependerem da bondade ou da perversidade das regras de governança: o que pode, o que não pode, quem manda em quem, o que dá medalhas e o que dá puxões de orelha. Aqui coloco *sub judice* as regras que foram criadas para o ensino superior público. Por tudo que sabemos, são para lá de capengas. Note-se que são regras bem diferentes daquelas que prevalecem nas melhores universidades públicas pelo mundo afora – e, aliás, em todas em que ensinam os muitos prêmios Nobel. Em algumas americanas, até a vitaliciedade já sofre arranhões.

Quem sabe já está na hora de repensar nossas regras? O exemplo apresentado é apenas um fragmento do problema maior, pois traz danos em múltiplos azimutes.

Ensino privado *versus* público na olimpíada do Enade

 *O ensino público é tão melhor do que o privado? O ensino filantrópico é sério e o mesmo não acontece com o com fins lucrativos? Este ensaio tenta responder a estas perguntas usando os números do Enade.*

Os contendores esbravejam, uns defendendo o ensino público e outros o privado. E dentro do privado, choca-se o autoproclamado purismo das faculdades filantrópicas com aquelas visando ao lucro. Dentro destas últimas, há um reduto ainda mais profundamente capitalista – aquelas de capital aberto. Para quem acredita em números, há muito a aprender com eles. Temos um bom sistema de avaliação, oferecendo muitas respostas a quem se dedicar a decifrar o que dizem. Esse é o propósito deste ensaio.

/// O lucro nos negócios e na educação

Segundo São Tomás de Aquino, "produzir com objetivo de lucro trai os princípios da lei natural [...] é um pecado tão grave quanto o homicídio". Essas ideias se revelaram tão duradouras quanto as paredes das igrejas góticas do seu tempo. De fato, ao longo dos séculos, ainda persistem as reverberações dessa opinião anticapitalista, formulada antes do amadurecimento do sistema de mercado – que se deu ao início da Revolução Industrial. Com o passar dos séculos, venceram a robustez e o ímpeto criativo do capitalismo, não por este ser maravilhoso, mas por ser o menos pior que apareceu. Ainda assim, para alguns grupos, continua sendo uma criação de Satanás.

Apesar de não haver um só exemplo de sucesso e sobrevivência de sistemas alternativos, ainda há quem se persigne quando ouve falar de lucros e mercados. Obviamente, o sistema de mercado tem os seus defeitos – e não são poucos –, mas, se conseguirmos entendê-los, é possível criar mecanismos e políticas que permitam atenuar os seus mais nocivos equívocos e injustiças. Não fica perfeito e há tropeços a cada esquina, mas, diante da falência das outras propostas, é o melhor que se tem.

Progressivamente, nos damos conta de que, no âmbito do mercado, se produzem o péssimo, o bom e o superlativo. Não há qualquer determinismo em uma direção ou outra. Mesmo nas artes não há propriamente um óbice à produção de obras-primas. Shakespeare escrevia para vender. Van Gogh só não vendeu seus quadros porque ninguém os quis comprar, mas Picasso vendeu milhares. As artes não são diferentes da indústria de alta qualidade. A Rolls-Royce opera com a intenção de gerar lucro, o mesmo ocorre com os relógios Patek Philippe. Ao perguntar se um produto industrial é bom, sólido e confiável, não nos ocorre mais indagar se foi produzido em empresas que têm a petulância de declarar objetivos de lucro. Pelo contrário, se é feito pelo governo, temos a suspeita de que seja porcaria, como no caso dos automóveis russos.

Com o passar dos séculos, há uma progressiva erosão dos preconceitos contra os mercados. Contudo, ainda há um reduto em que isso não ocorre no mesmo ritmo: a educação. Ainda convivemos com estridentes denúncias de que o mercado conspurca os objetivos sagrados do ensino. Nos assuntos de educação, São Tomás de Aquino reina invulnerável: "O espírito mercantilista, cujo apetite desenfreado deixaria qualquer especulador boquiaberto [...] [a única alternativa] seria a desapropriação imediata e irrevogável de toda e qualquer escola privada".

No entanto, os próprios "capitalistas do ensino" cometem os seus pecados, ao reclamar da concorrência. Vejamos uma declaração em jornal, feita por um dono de faculdade privada: "A abertura indiscriminada de cursos nos últimos anos [...] provoca uma turbulência na área de ensino superior". Ora, o sistema de mercado funciona justamente por criar competição entre os participantes. No caso, a turbulência reside na cabeça do proprietário, que teme não ser capaz de enfrentar novos concorrentes. Com a competição, ou os preços baixam, ou a qualidade aumenta. Sem ela, temos monopólios privados, o que pode ser o mais ineficiente e odioso dos cenários.

Sobrevive a crença de que mercado e qualidade não andam juntos na educação. Porém, uma viagem pelas Américas nos ensina que isso é pura tolice. Há países, como a Colômbia, em que as melhores universidades são privadas. No Chile, no topo da pirâmide, estão a Universidade de Chile, pública, e a Católica de Santiago, privada. Mais ainda, lá também as melhores e as piores podem ser privadas. Nos Estados Unidos, boa parte das melhores são privadas e sem objetivo de lucro. Já as que declaram buscar lucro são objetos de suspeição, muitas vezes justificada. E por aí afora. A geografia da qualidade não oferece qualquer previsibilidade quanto à associação entre a natureza jurídica e a qualidade oferecida.

Na Europa, não há com que comparar, pois o ensino superior sempre foi público. Há pouquíssimas instituições privadas. Porém, a migração de mais de 100 mil professores europeus para as universidades privadas norte-americanas mostra que pertencer ao serviço público não é sem ônus.

/// O que contam os números

Com tão poucas certezas adquiridas nessa viagem pelo mundo, faz sentido indagar acerca do que estaria acontecendo no Brasil. Afinal de contas, aqui também vemos os duelos encarniçados entre "privatistas" e defensores da escola pública. E dentro do setor privado, os defensores dos ideais do ensino privado sem lucro colidem com os "mercadores do ensino".

Provavelmente, em nenhum outro país do mundo é possível ver uma situação tão apropriada para comparações quanto no Brasil. Para início de conversa, temos um sistema com mais de 2 mil instituições de ensino superior, bem distribuídas entre diferentes categorias. Ou seja, as possíveis conclusões não são ameaçadas por casos fortuitos, mas, principalmente, o Enade nos permite medir a qualidade do ensino superior com mais confiança do que qualquer outra alternativa existente no mundo. Só que os dados precisam ser previamente trabalhados.

Para tirar a prova dos nove, Aldo Giuntini de Magalhães, professor da Universidade de Minas Gerais (UFMG), e Luciana Lima, professora da Faculdade Pitágoras, colaboraram comigo na preparação e análise dos dados do Enade de 2009. Como já mencionado, o Enade mede o que aprenderam os alunos ao fim de um curso superior. A prova é baseada nos currículos oficiais de cada curso. Assim, podemos facilmente afirmar que notas mais elevadas refletem mais aprendizagem no que se define ser o assunto dos cursos. Em outras palavras, a qualidade do curso está razoavelmente bem medida pelas provas do Enade. Não obstante, a mídia e o próprio MEC interpretam mal os dados.

Há complicações e equívocos no tema pantanoso das medidas de qualidade. Por exemplo, o Índice Geral de Cursos (IGC) inclui o indicador de diferença entre os desempenhos observado e esperado (IDD) e as variáveis de processo. Isso é logicamente incorreto, porque o resultado no Enade é consequência, ou efeito, sendo claramente a variável dependente. As outras variáveis medem processos (variáveis independentes). Misturar o que entra com o que sai no fim do processo não é boa ideia.

Uma consequência do uso de um índice composto é favorecer indevidamente os cursos públicos (assunto tratado adiante), mas isso não chega a invalidar os resultados finais, embora as diferenças entre instituições públicas e privadas sejam superdimensionadas pelo uso desta fórmula. O Enade é a avaliação de cada curso da instituição. Para avaliar a instituição como um todo, o Instituto Nacional de Estudos e Pesquisas Educacionais Anísio Teixeira (Inep) estima o IGC, que é definido como a média (ponderada pela matrícula) dos resultados no Enade dos cursos de cada instituição somada aos outros critérios. É com o IGC que começamos a proceder às comparações.

A primeira que fizemos foi a comparação das instituições públicas com as privadas, o que é feito convencionalmente. Como seria de se esperar, por razões mais adiante enunciadas, encontramos uma considerável superioridade das públicas, conforme demonstra o gráfico a seguir. A sua média é de 266 pontos, comparado com 205, 216 e 227 para as diferentes categorias de cursos privados (explicitadas mais adiante).

/// Comparação do IGC das instituições no Enade 2009

PÚBLICA	265,7
PRIVADA // SEM FINS LUCRATIVOS	215,9
PRIVADA // IPO	227,2
PRIVADA // COM FINS LUCRATIVOS	205,0
PRIVADA // TOTAL	211,6

Naturalmente, como temos objeções ao uso de um índice composto que soma coisas diferentes, usamos outro indicador. Calculamos a média da pontuação no Enade ponderada pelo número de matrículas em cada curso. É o mesmo critério antes utilizado pelo Provão, portanto, nada de novo; apenas recuperamos a fórmula velha de avaliar somente o nível de aprendizagem dos alunos. Com esse indicador, calculado apenas com as notas da prova aplicada aos alunos, a diferença entre instituições públicas e privadas é bem menor, como mostrava antes o Provão. Temos notas de 3,1 a 3,3 para as privadas e de 3,5 para as públicas[1] (gráfico a seguir). Não é uma diferença muito substancial, mas, ainda assim, persiste uma diferença nas médias a favor das instituições públicas. Gastando com os alunos de três a cinco vezes mais e não cobrando mensalidades, é fácil para as universidades públicas atraírem uma fração muito considerável dos melhores candidatos.

/// Novo Enade Concluinte

PÚBLICA	3,5
PRIVADA // SEM FINS LUCRATIVOS	3,2
PRIVADA // IPO	3,3
PRIVADA // COM FINS LUCRATIVOS	3,1
PRIVADA // TOTAL	3,2

Explorando o que está por detrás das médias, vamos encontrar algumas surpresas. Antes de tudo, as duas distribuições (públicas e privadas) têm uma área comum muito grande. Ou seja, há um amplo intervalo de níveis de desempenho compartilhados por instituições privadas e públicas. A diferença está apenas na cauda direita das públicas, que é mais "gorda", ou seja, tem mais instituições. Dito de outra forma, o sistema privado é muito parecido com o público, exceto pelo fato de ter menos instituições no topo da distribuição.

Ouve-se frequentemente que o sistema privado é um amontoado de instituições de qualidade variável, em contraste com um desempenho mais homogêneo do sistema público. A comparação das duas distribuições mostra que isso não passa de um mito. Com efeito, em comparação com o privado, o público tem mais instituições com pontuações mais elevadas. No entanto, o sistema público é tão heterogêneo quanto o privado – em termos técnicos, a sua variância é equivalente. Ou seja, as instituições públicas ruins são tão ruins e quase tão numerosas quanto as piores privadas.

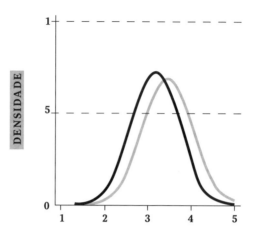

Então, por que existe a crença na superioridade das públicas? Possivelmente, há um substrato ideológico, mas talvez ela resulte mais fortemente do fato de a imagem das públicas ser gerada pelas mais conhecidas e respeitadas, como a Universidade Federal do Rio de Janeiro (UFRJ), a Universidade Federal de Minas Gerais (UFMG) e a Universidade Federal do Rio Grande do Sul (UFRGS). De fato, estas se saem bem melhor do que as privadas, mas não se pode esquecer das muitas dezenas de federais sem maiores brilhos, tão medíocres quanto muitas privadas.

Não obstante o interesse em documentar de maneira sólida as comparações entre ensino superior público e privado, os resultados que mais despertam a curiosidade são as comparações entre diferentes categorias de cursos privados. De fato, pouco se tem dito sobre o assunto. Isso porque as bases de dados do Inep não separam as instituições pela sua decisão legal de distribuir ou não seus excedentes. Ryon Braga gentilmente ofereceu uma classificação delas, complementada por buscas individuais que fizemos nos *sites* das instituições faltantes.

Nesse assunto, sobrevivem os mitos de uma superioridade daquelas instituições não manchadas pelo desejo de lucro. Ecoando São Tomás de Aquino, não é incomum o menosprezo das instituições confessionais pelas que chafurdam na lama dos lucros e dividendos. Ainda mais sinistro, agora há instituições que se juntaram aos bancos para lançar as suas ações nas bolsas de valores. Como as poucas que fizerem IPOs (em inglês, *initial public offering*) compraram outras faculdades, a base de dados tinha 23 instituições nessa categoria.

Talvez por reflexo condicionado, muitos acreditam que as instituições com fim de lucro (37% do total, na época da pesquisa, em 2009) têm pior qualidade do que aquelas nas quais todo o excedente precisa ser reinvestido. Faz sentido. O que os donos levam para casa poderia estar sendo usado para melhorar a qualidade, como se supõe que aconteceria nas filantrópicas. Mais uma vez, os números têm vida própria. Não obedecem aos desejos de quem quer que seja. As mais grandiosas teorias têm que se render à ditadura do mundo real.

Os resultados mostram que as três categorias de instituições privadas têm praticamente a mesma qualidade. O grupo das confessionais, comunitárias e associações sem fins de lucro obtém média de 3,2. Aquelas com fins de lucro obtêm média de 3,1 pontos. Já as que fizeram IPO obtêm média de 3,3. Essa, de fato, é a medida do que aprenderam os alunos ao fim do seu curso. É o que interessa nessa comparação. Como já mencionado, as públicas têm média 3,5. Infelizmente, não se pode dizer se, no todo, são resultados bons ou fracos, pois o teste apenas compara instituições.

São diferenças muito pequenas e que podem ser ignoradas ou consideradas ruído estatístico. Esse é um resultado de grande relevo. Quaisquer que sejam as interpretações que se possam oferecer, no fundo, há uma métrica do mundo real que se impõe. Interpretando os números, a presença de um objetivo de lucro não torna uma instituição melhor ou pior. A intenção de lucro não é uma explicação relevante para as diferenças significativas de desempenho observadas entre instituições. Os seguidores de São Tomás de Aquino verão que o mundo real não respalda suas ideias. E não há ideologia ou religião que mude os números.

Podemos especular por que o lucro não afeta a qualidade do ensino, embora isso não altere os números. Há várias linhas possíveis de raciocínio. Comecemos indagando as diferenças e semelhanças entre uma instituição com e sem fim de lucro.

1. Pela lei, as instituições com fim de lucro podem decidir se querem reinvestir seu excedente ou se os donos vão embolsá-los. Nas outras, o excedente não pode ser distribuído.

2. Ambas precisam obter uma receita pelo menos igual aos custos. Sem isso, irão à falência.

3. Ambas têm interesse em aumentar a distância positiva entre receitas e custos. É com esse excedente que adquirem área

de manobra para crescer, melhorar a qualidade ou resistir à concorrência.

4. Ambas têm interesse em ser eficientes, pois é o que permite ampliar os excedentes. Contudo, isso não quer dizer que sejam realmente capazes de obter tal eficiência. Em muitos casos, a gestão tropeça em instituições mais antigas, cevadas nos períodos das vacas gordas. Sua inércia administrativa pode conspirar contra a eficiência e o pragmatismo.

5. As instituições sem fins de lucro podem ter missões que conflitam com resultados econômicos, levando-as a praticar subsídios cruzados, ou seja, uma atividade lucrativa compensa as perdas de outra, deficitária. Como se supõe que nas instituições com fim de lucro essa não seja a sua principal motivação, será mais limitado o seu interesse em manter linhas de atividades que sejam deficitárias.

Portanto, o cerne da diferença são as motivações de levar o lucro para casa ou a diferença na vontade de manter algumas atividades que não geram receita suficiente para o seu sustento. No fundo, porém, como os resultados no Enade são equivalentes, podemos pensar que, entre com e sem lucro, uns fatores compensam os outros. Mais especificamente, a maior eficiência das instituições com fins de lucro compensa o que vai para o bolso do dono, se é que isso acontece.

Como será melhor explorado no próximo ensaio, há instituições realmente filantrópicas e outras apenas se beneficiando da isenção de impostos, e também, algumas realmente filantrópicas que fazem pequenas travessuras.

Voltando às diferenças, é preciso atenuar um pouco o seu impacto. Em um "mercado de vendedores", a falta de concorrência permite ao dono do negócio levar os lucros para casa, com considerável tranquilidade – pelo menos, em curto prazo. Contudo, diante de um mercado de ensino superior que se revela cada vez mais acirrado, manter ou expandir o *market share* costuma ser um objetivo que obriga a um forte reinvestimento dos excedentes. É o imperativo da sobrevivência, que as obriga a ser muito avaras nos dividendos. Quando embolsar os lucros torna-se uma política pouco prudente, as com e sem objetivo de lucro terminam com comportamentos bem parecidos.

Restam as diferenças na vontade de operar algumas linhas com prejuízo. Dentro do razoável, as sem objetivos de lucro podem agir dessa forma – mas não a ponto de comprometer a sua solvência financeira. Nas que declaram objetivo de lucro, há também atividades deficitárias que precisam ser mantidas, como pós-graduação e pesquisa, para justificar o *status* de universidade. Há investimentos que podem também se justificar, por trazer *status* e prestígio, como cultura, museus, teatros e outros, mas estes tendem a ser limitados. Lembro-me de presenciar uma discussão amigável entre um proprietário de uma universidade grande (com fim de lucro) e sua filha, também executiva do estabelecimento. Ele queria fechar os cursos deficitários, ela não. Ou seja, nesses assuntos, nada é preto no branco.

Em suma, o que pareceria ser um precipício separando os dois tipos de instituições, no fundo, são diferenças bem menos marcantes. Porém, qualquer que seja a explicação, o que conta é a falta de diferenciação na qualidade medida entre ambas as categorias. As especulações feitas aqui apenas tentam explicar por que encontramos tais resultados.

Discutimos diferenças de médias de desempenho acadêmico e suas possíveis razões, mas há muito mais que podemos aprender olhando a variância das distribuições, ou seja, o seu formato. Entre as instituições com e sem fim de lucro, vimos que as médias são muito semelhantes. Quando sobrepomos as distribuições, vemos que a similaridade não está apenas aí. De fato, as distribuições são praticamente iguais. Olhando as duas curvas sobrepostas, há uma quase total coincidência entre as duas. Ou seja, não passam de farinha do mesmo saco, com médias quase iguais e variância também.

O caso das 23 instituições associadas a grupos que fizeram abertura de capital é algo diferente e não menos curioso. São instituições que mostram ainda mais afinidade com as regras e práticas do mercado, comprometendo-se firmemente a produzir resultados econômicos expressivos explicitamente definidos. De fato, seus investidores operam com planos de negócios detalhados. Seus proprietários, empresários do ensino, podem ser pouco afeitos a lidar com bancos, porém, são obrigados a definir metas de crescimento e retorno dos investimentos. Do outro lado, os bancos não sabem muito de educação e, pelo teor dos seus relatórios trimestrais, demonstram não parecer interessados em aprender. A impressão que se tem é que os acionistas levariam a uma busca excessiva por resultados de curto prazo e pouco compromisso com a qualidade.

Novamente, o mundo real tem vontade própria e nenhuma boa vontade para confirmar hipóteses de pesquisadores. O que vimos é que as instituições que fizeram IPOs mostram resultados ligeiramente superiores, ainda que as diferenças não sejam significativas. O mero fato de não serem piores contraria a expectativa comum – inclusive a minha.

Igualmente curioso é comparar o formato da distribuição. Quando sobrepomos a curva das que abriram seu capital sobre as das outras instituições privadas, fica patente que são universos distintos. As instituições que fizeram IPOs têm uma curva com menos variância. Ou seja, é uma curva mais estreita, é um sino mais fininho. Há menos instituições muito boas e menos muito ruins, ficando quase todas próximas à média. Nas outras instituições, apesar da concentração em torno do valor médio, há sempre algumas instituições muito boas e outras tantas muito ruins. Isso é verdade tanto no ensino privado quanto no público. Em contraste, na distribuição de desempenho das instituições que fizeram IPOs, não há só uma instituição excelente e nem só uma péssima. São todas parecidas e, também, próximas da média de todas as privadas. Curiosamente, encontramos que a pior de capital aberto é melhor do que a pior pública! Ou seja, se o MEC busca coibir descalabros, faria melhor controlando as suas próprias universidades.

A conclusão, *ex post facto,* é que as instituições de capital aberto têm administrações muito alertas e que definem com clareza o tipo de ensino colimado. Podemos inferir que não interessa investir muito para obter resultados excepcionais aqui ou acolá, mas não se permite tampouco que alguma faculdade do grupo desça abaixo de um certo limiar. Define-se um perfil padronizado, investe-se na sua implementação e vigia-se cuidadosamente para que não saiam dele. Isso não acontece com as públicas nem com as outras privadas, pois essas têm uma variabilidade muito marcada.

Que lições nos oferecem os números? Algumas conclusões se impõem. Em boa medida, mostramos o mundo real se rebelando contra os mitos e as ideologias. Os dados confirmam fatos que já sabíamos de outras pesquisas: no caso, a média das instituições públicas é um pouco mais elevada. Os estudos de valor adicionado nos levam a supor que isso resulta, principalmente, da qualidade da matéria-prima que conseguem atrair, mas, ao contrário do que se pensa, as instituições do setor público têm resultados tão dispersos quanto as do privado. As melhores instituições públicas são mais numerosas do que as privadas de nível equivalente, mas as públicas ruins são tão ruins quanto as piores privadas e quase tão numerosas.

Quando olhamos os dados, recebe uma pá de cal a grande batalha ideológica em que alguns denunciam os efeitos deletérios da busca de lucros, seja na média de rendimentos, seja na dispersão da curva. Na verdade, as instituições com e as sem objetivos de lucro apresentam qualidade equivalente. O lucro não faz nem mal e nem bem para a qualidade do ensino. O que quer que a determine, está em outra parte.

Finalmente, consideramos aquelas instituições que abriram seu capital e que seriam ainda mais culpadas de uma promiscuidade excessiva com o capitalismo. Para nossa surpresa, revelaram-se iguais às outras, do ponto de vista da média da sua qualidade. Porém, trata-se de sistemas muito mais homogêneos, em que não há instituições muito boas nem muito ruins.

Cabe aqui uma advertência final. A presente discussão apenas busca medir e comparar instituições de diferentes categorias. Há grandes problemas de igualdade de oportunidades, de acordo com o nível social e econômico dos alunos. E, como bem sabemos, nosso sistema é particularmente vulnerável na sua dimensão de equidade. Sem dúvida, este é um assunto candente e que merece toda a atenção. Neste capítulo, será tratado de forma explícita.

Ensino privado: mercadores ou sacerdotes?[2]

No ensaio anterior, apresentamos os números que medem a qualidade de diferentes modalidades de ensino superior. Nele, pouco falamos na lógica e nos porquês das semelhanças e diferenças. No presente, tomamos como entendidos esses números e mergulhamos na busca da lógica – ou até da ilógica – dos comportamentos observados.

O ensino privado permanece um assunto polêmico e quase sempre objeto de discussões emocionais, quando não preconceituosas. Este ensaio é um esforço de examiná-lo tão friamente quanto possível, evitando os fervores e as antipatias.

/// Comércio ou idealismo?

Da mesma forma que a tradição de ensino filantrópico é muito antiga e respeitada, também é velha a recusa da sociedade em ver o ensino como uma atividade comercial. Ainda ressoa na memória de muitos a máxima velhusca de que a "educação é um sacerdócio". Sob tal visão, o ensino deveria ser público ou filantrópico – o lucro seria uma aberração. Talvez o preconceito tenha sido agravado, como rescaldo das batalhas fragorosas entre o ensino religioso e o ensino público, lá pelos anos 1930. Para se proteger, o ensino católico defenderia seu espírito filantrópico e avesso ao comércio, distanciando-se do que veio a ser chamado de "capitalismo selvagem". Não obstante, faz muito tempo que apareceram no Brasil escolas que não escondem sua opção por serem empresas comerciais, com fim de lucro. A legislação admitia tal *status* para escolas de nível básico, mas somente em meados da década de 1990 o lucro foi permitido no superior. O que podemos dizer comparando as diversas modalidades de ensino privado?

/// Lucro e qualidade podem coexistir?

O imaginário popular se vê às voltas com as perplexidades criadas pela chegada de instituições visando ao lucro no ensino superior. A primeira dúvida é de ordem mais conceitual: é possível uma educação de qualidade em instituições com fins lucrativos? Um segundo desafio é separar o filantrópico das suas contrafações. Para escapar de pagar os impostos, muitas instituições privadas optam por um estatuto de filantropia – que, pela lei, não permite lucros. Infelizmente, confunde-se a filantropia verdadeira com simulações. Sob o seu manto se esconderiam objetivos de lucros – camuflados de mil formas diferentes, como salários elevados para os donos, empregos para família e apaniguados, viagens, serviços domésticos, e por aí afora.

Nesse particular, há muito espaço para uma regulamentação visando a impedir operações obviamente impróprias, como os contratos de prestação de serviços entre a instituição e as empresas em que os mantenedores têm interesses econômicos. Igualmente, quando a faculdade aluga o prédio do mantenedor, pode estar aí um outro mecanismo de contrabandear para ele parte do excedente, mas não é o princípio que está em jogo, apenas o seu abuso. Em última análise, os problemas de abusos de algumas filantrópicas não nos devem levar a julgar o todo pela parte. São meros assuntos de fiscalização, não de princípio. Nossa meta é explorar as perplexidades criadas pela presença de intenções de lucro e pelo seu suposto conflito com os mais nobres objetivos da educação.

/// Educação é uma mercadoria diferente das outras?

Em primeiro lugar, é preciso ter claro que, no mundo empresarial, educação não é um animal tão raro assim. O ensino é uma indústria que cria empregos. Ademais, gera serviços percebidos como úteis e desejáveis pelos seus clientes. Compra-se educação com o mesmo espírito que se compra uma ferramenta, porque serve para algum propósito produtivo. Não é por acaso que a educação é chamada de capital humano, por analogia com o capital físico. Vista de tal prisma, é um serviço muito parecido com tudo o mais que produz uma economia, com o mais transparente intento de dar lucro, na medida em que satisfaz a um desejo do consumidor.

Não obstante, o lucro na educação dá curto-circuito na cabeça de muitos, espocando fagulhas por todos os lados. Talvez a melhor maneira de avançar na discussão seja buscar o que há de comum entre a verdadeira filantropia e as empresas cuja motivação é o lucro. As empresas com objetivo de lucro, pela lei clássica da teoria econômica, maximizam o seu excedente. Ou seja, tentam reduzir os custos e aumentar as receitas. A pergunta seguinte é óbvia: o que fazem com tal excedente que, na linguagem do mercado, é conhecido como lucro? O dono da empresa pode retirá-lo, com todo o direito. Com ele vai comprar um iate, trocar seu Mercedes-Benz ou gastar no orfanato das freiras, mas pode também reinvesti-lo no negócio, para crescer, ocupar mais mercado ou precaver-se contra a concorrência. A opção de crescer é muito comum nas empresas modernas. Por exemplo, um dos ícones do capitalismo moderno é a Amazon. Apesar de seu sucesso estrondoso, por muito tempo ela não distribuiu dividendos, pois preferiu reinvestir tudo, privilegiando a sua expansão.

No entanto, esse princípio geral nada diz; não restringe como o empresário vai operar o seu negócio, para quem vai vender e que tipo de produto oferecerá. Na área do varejo, pode vender fubá para pobre ou joias para os ricos. Na educação, pode oferecer ensino de massa ou pode optar por ser uma butique com ensino primoroso. Muitos fatores irão determinar as decisões estratégicas do empresário. Mas se a educação é um direito humano universal, como pode ser objeto de negócios e oferecida de forma mercantilista? A objeção não procede, pois a saúde também é um direito e as drogas que salvam vidas são desenvolvidas e produzidas por empresas lucrativas. Não são comuns produtos farmacêuticos notáveis e inventados pelo serviço público. Por que em educação seria diferente?

Isso se poderia dizer do feijão e do arroz, indispensáveis para a sobrevivência e que são produzidos privadamente e cotados na Bolsa de Cereais de Chicago. As mais delicadas cirurgias tanto podem ser realizadas no setor privado quanto no público. É preciso ter claro que o cidadão tem direito de receber serviços médicos com a qualidade necessária, mas se tais serviços vêm de empresas ou do governo, isso não compromete esse direito. Pragmaticamente, busca-se a solução que mostra os melhores resultados. O estatuto jurídico do provedor não pode ser um critério *a priori*.

Quando falamos de instituições comunitárias, filantrópicas ou sem objetivo de lucro, vamos ver que nelas as coisas não são muito diferentes do que naquelas que buscam lucros. Na verdade, são bastante parecidas, sobretudo quando nos referimos às filantropias mais modernas. Em ambas, a ideia de aumentar a receita e reduzir custos está igualmente presente, até com a mesma força. Diáconos, freiras e conselhos comunitários tentam economizar onde é possível. Da mesma forma, tentam maximizar as suas receitas, tratando de captar mais alunos e de cobrar não menos do que cada cliente pode pagar. No fundo, as regras não são em nada diferentes daquelas adotadas pelos "mercadores do ensino".

Na filantropia, a diferença entre receita e custo não se chama nem lucro e nem mais-valia, mas "excedente", um nome muito mais elegante e neutro, mas, no fundo, parecido. A grande diferença está na lei, que permite ou não os lucros. Pela lei, as entidades filantrópicas, em todas as suas variantes, não podem distribuir o que sobra depois de pagar todas as contas. As empresas capitalistas podem, embora muitas optem por não fazê-lo, até por períodos muito longos.

/// Uma distinção importante: o que fazer com o que sobra?

Na prática, a competitividade do mercado tem significativa influência na decisão das empresas capitalistas de distribuir ou reinvestir seus lucros. Se o mercado é difícil ou a meta é crescer, a tendência é reinvestir, em vez de distribuir. Ou seja, nesse cenário, uma instituição filantrópica é igual a uma empresa capitalista que não distribui seus lucros, usando todo o excedente para crescer.

Com tais elementos mínimos, já é possível tirar uma conclusão. Ou seja, empresas de ensino e entidades filantrópicas têm um comportamento econômico muito parecido em uma dimensão muito importante quando operam em mercados competitivos. Quando não operam, tende a haver uma diferença de comportamento. Se há um monopólio ou uma reserva de mercado, os capitalistas tendem a embolsar o excedente. As entidades filantrópicas de qualquer natureza, se desfrutam de uma situação de monopólio, podem decidir cobrar menos do que os alunos estariam dispostos a pagar, ser menos eficientes, consumir o excedente em um uso descuidado dos recursos ou realizar investimentos menos produtivos. No entanto, é igualmente possível que, assim como as com fim de lucro, as entidades filantrópicas usem o excedente para crescer, ou, então, disfarcem o lucro com uma grande coleção de subterfúgios e criatividade contábil.

Note-se bem, falamos aqui de tendências. O comportamento e a competência individual das instituições são muito variados. Há entidades filantrópicas à beira da falência por uso desastrado dos recursos. Da mesma forma, há universidades filantrópicas abarrotadas de dinheiro, pela sua competência em perceber oportunidades e investir certo. Igualmente, há empresas capitalistas falindo por uso perdulário dos seus recursos, por amadorismo na gestão ou por seu afã, no passado, de beneficiar-se de vantagens de curso prazo, perdendo de vista o futuro.

As empresas capitalistas vão à falência de verdade pelas mais variadas razões, uma delas sendo o seu desrespeito pelas leis do mercado. Ou seja, capitalismo não é um regime onde todos os operadores conseguem lucros e exibem competência. Pelo contrário, muitos são incompetentes e soçobram. As filantrópicas podem igualmente falir, pois não há necessariamente quem as socorra – a PUC-SP andou por pouco, pela sua relutância em cortar despesas diante de um déficit persistente. Porém, todas elas se diferenciam muito do serviço público por pagarem com a sua falência o preço da incompetência ou da má sorte.

Voltando à ideia central, o grande divisor de águas entre instituições filantrópicas e faculdades com fim de lucro não é a busca de objetivos diferentes na sua gestão. Ambas as modalidades precisam se preocupar em reduzir custos e aumentar receitas, como todos os atores medianamente competentes, sejam com ou sem fins lucrativos. A diferença é que os donos das filantrópicas estão proibidos de embolsar o lucro.

/// A oferta do ensino não depende do *status* jurídico

A questão seguinte se refere às diferenças entre as estratégias perseguidas pelas empresas com fim de lucro e as filantrópicas. Que tipo de educação estarão tentando oferecer, como tratam seus alunos e como se situam no mercado? Tentaremos demonstrar que, também aí, as diferenças não são tão nítidas.

Uma primeira constatação se impõe. A decisão de oferecer uma educação barata para muitos ou uma educação cara para poucos não depende de ser privada, pública ou filantrópica. Na América Latina, observa-se uma opção quase universal das universidades públicas por uma educação para muitos, ainda que isso possa resultar em uma qualidade bastante deficiente. Lima, Bogotá, Assunção e Buenos Aires têm universidades públicas gigantescas, custando mil dólares por aluno, ou menos, em contraste com as nossas federais e paulistas, custando muitas vezes mais.

Muitas instituições privadas escolhem um mercado de elite, oferecendo educação cara e de excelente qualidade, como o Colégio de México, a Universidad de los Andes (Bogotá) e o Instituto Torcuato Di Tella (Buenos Aires). O mesmo ocorre no Brasil com a PUC-Rio, a Fundação Armando Alvares Penteado (FAAP), o Instituto de Ensino e Pesquisa (Insper) e vários outras. Não há como dizer que sua educação seja pior do que a oferecida pelas melhores instituições públicas ou filantrópicas do seu entorno. Em contraste, há também as privadas que oferecem ensino barato, tentando atrair alunos menos prósperos ou menos preocupados com qualidade. Esse é hoje o caso dos grandes grupos, como Kroton, Estácio, Universidade Paulista (Unip) e outros.

Nossas universidades públicas, como mencionado, optaram por um pesado corpo de professores de tempo integral, colimando o ensino combinado com a pesquisa. Inevitavelmente, isso é bastante caro, em que pese a pesquisa não se materializar senão em uma ou duas dúzias delas.

Ou seja, não há qualquer força vital impelindo as instituições de ensino superior, públicas ou privadas, para o ensino caro ou barato, fraco ou excelente. Todas as combinações são encontradas no Brasil, na América Latina e pelo mundo afora. Obviamente, o que preocupa a muitos no caso brasileiro são as privadas que oferecem um ensino pouco dispendioso ou mesmo muito barato. De fato, podem estar acontecendo coisas muitas diferentes. Há arapucas e há instituições que são apenas incompetentes ou pouco inspiradas. E há também as que escolheram mercados onde é necessário cortar custos dramaticamente para cobrar o pouco que podem pagar os seus alunos. Cada caso é um caso, não podendo ser tratado da mesma forma.

Muitas instituições privadas optam por oferecer melhor infraestrutura física (ar-condicionado, prédios luxuosos ou atividades sociais). São amenidades e confortos cujos custos estão embutidos nas mensalidades, e eles podem ser oferecidos como complemento ou no lugar de um ensino de qualidade.

Diante de tantas ambiguidades, há uma grande penumbra com relação às políticas públicas para as instituições particulares. Curiosamente, instituições públicas ou filantrópicas oferecendo ensino igualmente inadequado não geram o mesmo ardor cívico. É como se a incompetência ou irresponsabilidade do lado público fosse mais perdoável. Na verdade, o caso das públicas é ainda mais sério, pois são recursos da nação, pagos pelos contribuintes. No privado, são recursos voluntariamente entregues por alunos cujo nível educacional está no topo da distribuição brasileira de escolaridade.

Mas voltemos às particulares, que são o objeto da presente discussão. Há várias situações possíveis. Há instituições que reduzem ao máximo seus custos para que os alunos possam pagar as mensalidades. O resultado é um ensino empobrecido na sua qualidade. Parece-nos que, se estão cumprindo a legislação, não há nem como e nem por que puni-las. Como cobram pouco, oferecem pouco. Por tudo que sabemos do exame das estatísticas de rendimento pessoal dos seus graduados, parece que são um bom investimento para os alunos.

Há um segundo caso, de instituições que são muito lucrativas por terem encontrado uma demanda reprimida e poderem cobrar bem mais do que custam os serviços oferecidos. Isso ocorre com algumas escolas com fim de lucro, mas também com as filantrópicas. Não fosse assim, como explicar o crescimento explosivo de algumas filantrópicas, incapazes de conseguir recursos além dos que geram as mensalidades?

No caso, os mercados mais cobiçados tendem a ser as escolas de medicina ou odontologia, cuja expansão é altamente controlada pelas suas ordens profissionais. Esse é um caso clássico, amplamente tratado nos livros-texto de economia. Em contraste, nas carreiras em que não há barreiras para a entrada de outros concorrentes, os lucros tendem a se reduzir.

/// O valor adicionado do ensino superior

Continuando o raciocínio anterior, o diploma de ensino superior permite obter rendimentos amplamente maiores, comparados com o que seria possível apenas com um diploma de ensino médio. Contudo, examinando os resultados do Enem, fica claro que os alunos de algumas instituições são muito mais fracos ao ingressar no ensino superior, comparados com seus pares que frequentam instituições públicas ou particulares mais caras, mas nem por isso deixam de avançar em suas carreiras profissionais. Começam com uma pontuação mais baixa no Enem e terminam com um resultado pior no Enade em relação a outros estudantes, mas o salto entre o antes e o depois pode não ser menor.

Trata-se de um caso benigno de ensino voltado para alunos desprovidos de recursos para pagar uma educação de melhor qualidade ou entrar para uma universidade pública gratuita. Não há por que execrá-los, como se estivessem fazendo algo errado, sendo iludidos ou tomando uma decisão pouco inteligente. De fato, a distância relativa percorrida entre o Enem e o Enade, ou seja, o comprimento do seu salto acadêmico, não é necessariamente menor do que a dos alunos de universidades de elite. E, como resultado do salto acadêmico, eles percebem rendimentos superiores aos que teriam sem o diploma – ainda que tais rendimentos não se igualem aos dos graduados de instituições de elite.

Para comparar os ganhos dos alunos em cada categoria de instituições, existe na literatura técnica o conceito de valor adicionado, que requer explicações. Intuitivamente, valor adicionado é o tanto que ganha em aprendizagem um aluno durante o curso considerado. Sabemos com segurança que, em média, o desempenho ao entrar para o ensino superior é um forte determinante do rendimento no Enade. Dito de outra forma, quem era bom na entrada será igualmente bom na saída. Nesse caso, grande parte do sucesso se deve ao que o aluno já era antes do vestibular, e não à contribuição da faculdade (em cálculos que fizemos, a contribuição do ensino superior, em média, é de 30% dos resultados no Enade). Em outras palavras, parte do sucesso não se deve à contribuição dos quatro anos de ensino superior, e sim ao que veio antes.

O valor adicionado é rotineiramente calculado pelo Inep junto com os demais indicadores. Curiosamente, não recebe qualquer atenção, seja do MEC, seja do público em geral. Talvez seja pelas dificuldades de intepretação. É uma pena, pois é uma informação preciosa. Em boa medida, o que mostram os dados do MEC é que instituições muito fraquinhas podem ter um valor adicionado alto. Ou seja, o ganho do aluno no curso é significativo, por deficiente que ele fosse ao entrar. Em contraste, instituições cujos graduados têm excelentes resultados no Enade podem adicionar pouco ao seu rendimento, pois eles já entraram bem preparados.

/// Os vendedores de gato por lebre

Um caso que interessa às políticas públicas é o das particulares que vendem gato por lebre. Há de tudo. Algumas contrariam frontalmente a legislação. Chegam a ser casos de polícia e não têm maior interesse nesta discussão. Abusos óbvios não podem ser usados como argumento para coibir o uso dentro da lei. É como os casos de negociantes que roubam no peso ou dos loteamentos em terrenos submersos. Não se constituem em argumentos contra a legitimidade de armazéns ou imobiliárias privadas. Diante de tais abusos, temos apenas que descobrir como coibi-los. E, se indicado, prender os operadores desonestos. É caso de polícia, e não de política educativa.

Contudo, há uma multiplicidade de casos limites. Estão na fronteira entre o claramente desonesto, o duvidoso e o pequeno deslize. Um bom exemplo são os salários generosos dos seus executivos; instituições autorizadas a funcionar depois de apresentarem um elenco de professores com determinadas características, mas que são substituídos mais adiante por outros menos dispendiosos; aquelas que trapaceiam nas bibliotecas ou colocam na sala mais alunos do que prescrito nas normas bizantinas do MEC; as que dão a impressão de imporem certos níveis acadêmicos, quando praticam o "pagou, passou"; as de fins de semana, simulando seriedade e a existência de aulas que não se materializam; aquelas que, de mil e uma maneiras, ludibriam seus alunos e o público em geral.

Um caso delicado são as instituições religiosas, cujas transferências de fundos entre escolas ou com a matriz são desconhecidas. Tudo indica que, no passado, trouxeram amplos recursos para se estabelecer no país. Isso é verdade tanto no caso das ordens católicas europeias quanto no caso dos luteranos e metodistas americanos. Mais recentemente, não sabemos em que direções andam os fluxos.

Como lidar com todos esses casos limítrofes? Há várias situações usuais. A primeira é que não há nada a se fazer se estão dentro da lei e optam por uma educação empobrecida ou por oferecer menos do que seria de se esperar pelo que cobram. No regime de mercado, a concorrência ou um melhor fluxo de informações tendem a resolver tais situações. O Enade tem um papel destacado em dar a devida transparência à qualidade de cada uma. Espera-se que ou passem a oferecer serviços melhores ou os alunos, estando melhor informados acerca do que estão comprando, protestem ou as abandonem. A ideia de o Estado intervir nesses casos é um desastre anunciado.

Talvez o caso mais espinhoso seja o daquelas faculdades que se voltam para alunos que apenas querem o diploma. Estes, quanto menos estudarem, mais contentes estarão com o curso escolhido. Na verdade, não estão comprando gato por lebre, escolheram gato. O que fazer? Como podemos dizer a alguém que objetamos à sua escolha de um serviço? Se o curso não está descumprindo a lei ou ludibriando os seus alunos, que direito temos de proibi-lo? Se alguém quiser comprar uma camisa que vai desbotar irremediavelmente, após a primeira lavagem, podemos proibi-lo? Podemos proibir a venda de camisas que encolhem? Não é a mesma coisa?

/// Os casos legítimos de intervenção para resguardar a qualidade

Há que se resguardar o interesse ou a segurança daqueles que podem ser prejudicados por um desempenho desastrado dos diplomados, seja em que campo for. Médicos, enfermeiros, calculistas de estruturas e pilotos comerciais se enquadram nessa categoria. Esses casos são aqueles em que o típico consumidor dos serviços não tem condições de avaliar a competência do profissional, e o erro tem consequências graves. Afora esses casos, que direito temos de intervir? Os bacharéis em direito, se não souberem o bastante, não passam no exame da Ordem dos Advogados, portanto, não causarão danos a potenciais clientes.

São as exceções. No caso mais geral e encontradiço, não se justificam as reservas de mercado para essa ou aquela profissão. Um engenheiro mecânico trabalhará em uma fábrica cuja equipe sabe avaliar quem tem a competência esperada. E assim por diante.

É preciso entender que educação não é tão diferente de outras áreas em que há uma preocupação do poder público com a qualidade do serviço oferecido. Portanto, o quadro conceptual para entender políticas públicas para lidar com educação mantém muito paralelismo com aquelas áreas em que o Estado tem que estar presente. Fervor ideológico e intervenções malconcebidas costumam fazer mais mal do que bem. Um exemplo de política desastrada é o controle do preço das mensalidades escolares. Quando os controles foram eliminados, isso resultou na sua queda, e não no aumento.

/// O que os economistas sabem sobre mercados

Se há escolas operando em uma economia de mercado, temos que entender o que acontece tradicionalmente nos mercados. Faz dois séculos e meio que os economistas tentam explicar como funcionam. É razoável supor que tenham muito a ensinar. De fato, as explicações não apenas são simples, mas são por demais conhecidas e ensinadas nos livros-texto de economia.

A concorrência tem um impacto devastador sobre os lucros excessivos e sobre a ineficiência. É isso que faz o capitalismo eficiente. Cobrar mais e oferecer menos só é possível em monopólios. Diante de um mercado apetitoso, em que grandes lucros são possíveis, os competidores virão céleres para abrir outra quitanda ou outra faculdade. Foi o que aconteceu com as faculdades de administração de empresas nas grandes capitais, onde a concorrência levou a uma queda substancial nas mensalidades praticadas. Quem melhor dá um jeito na voracidade de alguns empresários é o mercado, não o governo.

Portanto, a primeira política pública para lidar com o ensino particular é permitir que se instale a concorrência entre escolas. É um santo remédio, como nos dizem os economistas, desde Adam Smith. O pior remédio é a reação instintiva, comum aos administradores públicos mais desavisados: impor o ferrolho e impedir a "proliferação" das faculdades. É simplesmente garantir as reservas de mercado que perpetuam os lucros elevados dos que chegaram primeiro. Naturalmente, é preciso ter a paciência de esperar o efeito da concorrência sobre os preços. Não é do dia para a noite. E, como bem sabemos, pela experiência de outros setores e da própria educação, as soluções podem ser irritantemente lentas.

Alguns estudos recentes sugerem que as faculdades também podem ser lucrativas oferecendo ensino de melhor qualidade. Ou seja, o mercado não parece estar premiando a falta de qualidade ou os operadores mais afoitos. De fato, o caso brasileiro sugere que há viabilidade econômica para oferecer ensino com os mais variados níveis de qualidade.

/// O papel da avaliação

Para que os mercados funcionem, é preciso transparência. Os usuários do serviço – os alunos – devem saber exatamente o que estão comprando. Como a qualidade do ensino é o que interessa a todos, é preciso aferir tal qualidade e disseminar os resultados.

O Provão (sucedido pelo Enade) foi um experimento particularmente bem-sucedido em mostrar quem é quem na educação. Basta dizer que os cursos que subiram uma letra na sua avaliação ganharam um adicional de 10% de candidatos aos seus vestibulares. Em contraste, quem baixou uma letra, perdeu 40%. Pesquisas em carreiras, como a de administrador de empresas, revelaram mudanças internas nos cursos, como resultado da divulgação das notas no Provão.

Sentindo que a concorrência apertou, os novos figurantes do ensino superior passaram a lançar seus cursos com a preocupação de oferecer melhor qualidade. Tanto é assim que os cursos que levavam seus alunos ao Provão, pela primeira vez, obtiveram médias superiores às conseguidas por quem já estava no mercado há mais tempo. Mais um indício de que a concorrência funciona.

O Enade, que substituiu o Provão, foi um retrocesso. Não obstante, vem progressivamente se recuperando. Ao ser criado, postulava um intervalo de alguns anos entre uma prova e a seguinte na mesma área. Isso cria um vácuo de informações por mais tempo do que o prudente. Seria melhor aumentar o prazo apenas para os cursos bem avaliados. A prova por amostragem criou um convite à fraude, pela possibilidade que oferece aos cursos menos escrupulosos de filtrar os alunos que vão fazer o teste. Com mais de 10 mil cursos no mercado, é impossível o controle. Diante do abuso, o MEC desistiu e agora voltou ao universo dos formandos.

A avaliação institucional não é um bom substituto para a medida do desempenho em testes. Além de os indicadores serem frágeis, há igualmente uma grande tentação de maquiar os dados. A autoavaliação é um instrumento útil para uso interno das instituições, a portas fechadas. Como instrumento de política pública do MEC, é de total inutilidade, pois, ao saber que as avaliações serão tornadas públicas, não há quem admita fraquezas no seu curso. Ilustrando o fracasso desse instrumento, a experiência do Programa de Avaliação Institucional das Universidades Brasileiras (Paiub) foi estéril, pelo menos para o MEC.

/// O papel de um bom marco regulatório

Outro elemento essencial é a necessidade de um marco regulatório claro, simples e implementado com rigor. Isso é assim com fármacos, alimentos e com muitos outros produtos e serviços. Ninguém solda oleodutos sem passar por provas rigorosas de certificação. Restaurantes devem ser submetidos a fiscalizações sanitárias. Aviões são inspecionados regularmente. Simplesmente, mercado livre não é mercado onde vale tudo. Pelo contrário, o vale-tudo tende a ser predatório e liquidar a concorrência. Não é diferente em educação, mesmo que os economistas mais neoclássicos aceitem a ideia de impor restrições nas regras do jogo.

Vale insistir aqui em uma questão conceitual. Não há uma oposição entre mercado e marco regulatório, como se fossem duas forças opostas. O mercado sem marco regulatório é selvagem e primitivo, não é um paradigma de qualquer interesse. Mesmo os mais tradicionais defensores da economia de mercado aceitam e defendem a necessidade de regular alguns aspectos do mercado. Queremos que os preços da soja continuem sendo fixados livremente na Bolsa de Cereais de Chicago, mas queremos também uma inspeção fitossanitária no seu armazenamento. Isso é completamente diferente de contrapor-se ao mercado, criando regras que ignoram suas forças – tais como o controle de preços. Na prática, um bom marco regulatório favorece o funcionamento dos mercados.

No mínimo, há os contratos a serem cumpridos, doa a quem doer. Há as regras do Conselho Administrativo de Defesa Econômica (Cade) contra os monopólios e contra as práticas que levam a eles. Há todos os controles ligados a questões de segurança e saúde. No caso da educação, há uma enorme legislação que regula a oferta de cursos. Podem ser cretinas e pouco iluminadas, mas o mercado selvagem não é uma boa alternativa a elas.

Se a regra diz que o curso terá quatro anos, competirão todos com cursos de quatro anos. Se permite aos cursos determinar a duração, cada um tomará a decisão que julga mais apropriada, competindo com outros que também tomam suas decisões. O bom marco regulatório não substitui o mercado, da mesma forma que uma boa regra de futebol não elimina a competição entre os times. Aliás, essa é uma boa metáfora para a regulação desejável na educação privada.

Infelizmente nunca tivemos no ensino superior um bom marco regulatório, tampouco uma fiscalização eficaz do seu cumprimento. Ainda assim, durante a década de 1990, houve grandes avanços. Os critérios de entrada se tornaram mais rígidos, e as barreiras puramente burocráticas foram reduzidas. Os frondosos cartórios do ensino superior tornaram-se menos corruptos e mais meritocráticos. Pena que não foi o bastante, agravado pelas recaídas ocasionais.

O grande erro que varou gestões no MEC foi insistir em autorizações apoiadas em critérios formais, buscando a excelência na "literatura de ficção" apresentada pelos cursos, ao mesmo tempo em que havia pouco controle depois de começar a operação. Havia muito papel para ser examinado, mas tudo antes de haver uma real possibilidade de verificar se era descrito o mundo real, pois o curso ainda não estava funcionando.

No presente, continua-se no vaivém das regras; afrouxam-se umas, apertam-se outras. Por vezes, volta-se às políticas de travar burocraticamente as novas autorizações de abertura de cursos, como aconteceu com o ensino a distância. No entanto, depois de serem autorizados, continuamos na mesma: pouco se fiscaliza. Ainda assim, há progressos. O recredenciamento está ficando mais rígido e também menos imbecil e corrupto. Uma vitória a se comemorar. Na medicina, há hoje uma saudável preocupação com a sala de aula e com as formas de ensinar.

Contudo, o que chama atenção são os casos escabrosos, quando vêm à tona. São os diplomas falsos, as faculdades operando sem autorização do MEC ou oferecendo diplomas em áreas não reconhecidas como acadêmicas. Há também o caso dos resultados catastróficos no Enade. Infelizmente, criam uma imagem falseada da realidade, pois são bastante incomuns.

Ainda faltam melhores mecanismos de alerta para acompanhar seletivamente aqueles cursos em que há suspeitas de descumprimento das normas legais. Não há ouvidorias para captar os problemas no seu nascedouro. Na verdade, os sistemas institucionais de avaliação são tão ambiciosos e pesados que não podem cuidar seletivamente dos casos em que a probabilidade de desacertos é maior. Gasta-se tempo e dinheiro fiscalizando cursos de reputação impecável e não se monitoram de perto outros periclitantes.

Resumindo, o setor privado requer políticas que promovam a concorrência sadia entre escolas. Precisa de mecanismos, como o Enade, que assegurem a transparência e o livre fluxo das informações necessárias a uma escolha inteligente pelos alunos. Finalmente, precisa de sistemas de autorização menos formalísticos e de acompanhamento mais presente e efetivo, para coibir em tempo os abusos. Além disso, os recalcitrantes têm que ser objeto de punições rigorosas. Tais políticas são úteis tanto para o setor público quanto para o privado. Vale insistir, o que nenhum desses sistemas necessita é de intervenção injustificada e mandonismo por parte do Estado.

/// O DNA dos diferentes tipos de instituições

As controvérsias geradas pela presença do setor particular com fim de lucro no ensino superior não serão resolvidas com pregações, políticas intervencionistas ou com as retrancas no MEC. De resto, não parece que as travessuras de alguns operadores sejam capazes de desonrar o desempenho das instituições particulares como um todo, embora tenham chamuscado – injustamente – a reputação do setor. Na verdade, por tentativa e erro, aos trancos e barrancos, o País está desenvolvendo um sistema baseado em instituições públicas, filantrópicas e particulares com objetivo de lucro. Não parece que estejamos vivendo um impasse ou um beco sem saída. Pelo contrário, parece existir uma evolução interessante com grande potencial, apesar dos inúmeros problemas e das perplexidades que não foram resolvidos.

Pouco a pouco, o setor público vai ficando com a pós-graduação de qualidade; e o privado, com a gigantesca matrícula da graduação. Mais recentemente, parece delinear-se um perfil de instituições privadas de alto nível acadêmico. Nada baratas, mas ombreando galhardamente com as melhores públicas.

A discussão anterior sugere que o ensino particular com objetivo de lucro não é tão diferente do filantrópico – com suas variedades ilustradas mais adiante neste capítulo –, tampouco um e outro são movidos por estratégias exatamente iguais. O ensino particular busca encontrar os mercados menos explorados e as estratégias que ampliam o excedente, visando a permitir o seu crescimento continuado. Não há qualquer contradição *a priori* entre tais objetivos e o interesse social. Não nos esqueçamos: o objetivo de lucro gerou um sistema de supermercados que oferecem ao consumidor final preços muito mais baixos do que o Estado jamais conseguiu igualar.

Por outro lado, as instituições verdadeiramente filantrópicas – em contraste com as que usam o regime filantrópico apenas para pagar menos impostos – podem ter objetivos diferentes. É claro, tanto quanto as outras, seu balanço tem que fechar. Se isso não acontecer, irão à falência, mas, em contraste com as particulares que visam ao lucro, podem optar por atividades menos interessantes financeiramente, mas que melhor implementariam seus objetivos sociais ou de equidade.

O que caracteriza a índole verdadeiramente filantrópica de uma instituição é a política de subsídios cruzados, com objetivos sociais. Por exemplo, ela pode cobrar mais dos ricos para subsidiar os pobres. Colégios privados de elite, como o Santo Inácio, no Rio de Janeiro, costumam operar cursos noturnos gratuitos para alunos mais pobres. Outros podem operar com prejuízo em uma região deprimida e cobrir o déficit com o excedente de operações alhures. Podem financiar parcialmente alguns cursos com o que sobra da receita de outros. Por exemplo, a PUC-Rio opera com prejuízo em alguns cursos, cobrindo o déficit com o excedente de outros. Tal tipo de comportamento não seria de se esperar em uma instituição particular com objetivo de lucro. Em geral, esse tipo de instituição não tem razões para manter abertos cursos irremediavelmente deficitários.

As filantrópicas não necessariamente abrem mão de uma política de maximizar o excedente, tal como uma particular com objetivo de lucro. De fato, elas não têm qualquer razão para cobrar menos do que os alunos podem pagar. A diferença é que podem usar parte do excedente para cobrir o prejuízo em áreas onde percebem um objetivo social que não poderia ser perseguido com uma política de, pelo menos, igualar custos e receitas.

Classicamente, mestrados e doutorados não têm a mais remota possibilidade de cobrar dos alunos o que custa a sua operação. Assim, são financiados com o excedente da graduação ou de outros cursos oferecidos. No entanto, o subsídio cruzado não é usado apenas pelas filantrópicas. Por exemplo, algumas instituições particulares operam programas de pesquisa que lhes trazem prestígio ou justificam, em parte, o seu *status* de universidade. De fato, como a pesquisa não é autofinanciável, os excedentes de outras operações são usados para cobrir o seu déficit. Em outros casos, um programa novo pode requerer um longo período de maturação antes de se tornar autossuficiente. A maior diferença é que nas filantrópicas são mais frequentes os objetivos sociais motivando os subsídios cruzados. Já nas privadas com fim de lucro, a razão principal é cobrir operações deficitárias que são interessantes para a estratégia global da instituição. Contudo, não há uma contradição necessária entre o objetivo de lucro e a presença de certas ações limitadas que não são lucrativas, mas que melhoram a imagem da instituição ou refletem uma real preocupação com o bem-estar coletivo. No fundo, é a opção pelos resultados mais expressivos no futuro, sacrificando benefícios imediatos.

/// O profissionalismo dentro da caixa-preta

A discussão anterior desbasta uma boa parte do problema, mas não o resolve completamente. Simon Schwartzman, um dos observadores mais equilibrados do ensino superior brasileiro, ofereceu os seguintes comentários a uma versão inicial da presente seção:

> *O texto não entrou no âmago da questão, que é o compromisso (ou falta de) das escolas públicas, filantrópicas ou privadas com a missão e os valores da educação [...] É a questão dos valores do conhecimento, da formação, da cultura. Ou isso não*

existe no ensino privado, ou não passa de uma pátina que esconde a verdadeira motivação de lucro [...] Na medida em que as instituições de ensino privadas são simples empreendimentos comerciais, esse componente pode estar faltando. Sem a criação de um forte componente profissional, essas instituições não têm como ir muito longe.

Schwartzman não defende uma oposição automática entre público e privado no que tange à qualidade. Isso porque "no setor público os interesses sindicais e políticos muitas vezes predominam e sufocam os valores profissionais da educação e da pesquisa. Nesse sentido, existem riscos dos dois lados".

Fiquemos no caso do ensino particular – o público servindo apenas como plano de fundo. Talvez os argumentos fiquem mais claros se alargarmos um pouco mais a discussão, incluindo empresas em geral, e não apenas empresas educativas.

Ao longo do tempo, os economistas adquiriram o hábito de olhar as empresas de fora ou tomar o seu comportamento como uma tendência estatisticamente observável em grandes grupos. Na tradição econômica, o motivo de lucro e a luta pela sobrevivência diante dos competidores são mais do que suficientes para explicar o êxito ou o fracasso da empresa. Quem sabe enfrentar a concorrência o faz porque aprendeu a operar sua empresa com o que se faz necessário para oferecer ao mercado um produto que enfrenta o dos seus competidores. O resto da explicação é desnecessário ou redundante. É uma caixa-preta que não interessa decifrar. Aplicando o princípio da simplicidade (a navalha de Occam), os economistas diriam simplesmente: para que complicar a minha explicação, se podemos obter os mesmos resultados com a teoria mais simples? Se é necessário forjar valores ou instilar o profissionalismo, isso será feito pelos mais competentes. Por que onerar a teoria falando disso? Não obstante, os estudos em geral realizados pelas áreas da administração e da sociologia organizacional tomam como ponto de partida a empresa em si, chegando a conclusões diferentes, mas não necessariamente contraditórias. Ao contrário dos economistas, que veem as empresas de fora, por seus comportamentos estatisticamente observados, outros estudiosos buscam razões de outra natureza dentro da empresa real.

A partir desse prisma diferente, buscam-se explicações igualmente distintas. Observa-se que as empresas bem-sucedidas são aquelas nas quais a administração logrou instilar certos valores que se associam ao sucesso. Exemplos clássicos e extremos seriam os relógios Rolex e alguns automóveis, como o BMW, nos quais há uma obsessão pela qualidade e um compromisso de todos com o produto da empresa. O profissionalismo é um valor venerado em todos os níveis da empresa, e a alta administração não pode ter por ele uma atitude casual ou fatalista.

De tal categoria de análise nascem as técnicas para assegurar a presença dos valores corretos e do profissionalismo dentro da empresa. ISO 9000 e qualidade total estão entre os métodos mais consagrados para cultivar e ampliar tais valores. Mesmo empresas com produtos massificados, como Honda, Toyota e Daimler-Benz, conseguem obter carros de altíssima qualidade, graças a uma dedicação religiosa aos seus princípios e valores. Os economistas diriam simplesmente que o objetivo de lucro as obrigou a velar pelo profissionalismo de suas equipes.

Por outro lado, não temos no presente bons exemplos de automóveis de qualidade produzidos em empresas públicas. As montadoras russas são péssimos exemplos, e a qualidade da Renault somente deu um salto após a sua privatização. O raciocínio e os exemplos mencionados visam a demonstrar duas ideias. A primeira é que a busca de lucro não é incompatível com o cultivo dos valores do profissionalismo que levam à qualidade. Os economistas não falam de valores, apenas deixam implícito que o sucesso está associado a quem fez o que quer que seja necessário para produzir um produto mais competitivo. Os administradores entram na alma da empresa e mostram que valores são esses e como podem ser descritos e cultivados. Não há incompatibilidade entre as duas visões. Não se encontram, mas não se chocam.

A segunda ideia parte da hipótese de que não parece haver uma contradição intrínseca entre lucro e qualidade nas empresas privadas em geral. Portanto, não há por que supor que nas empresas de educação tal contradição surja, como se fossem estruturalmente diferentes das que produzem automóveis ou relógios. De fato, o cenário gerencial das novas empresas educativas mostra o aparecimento das certificações ISO 9000 e da preocupação com a gestão da qualidade.

Em toda essa discussão, é preciso não esquecer o papel relativamente modesto dos operadores de escolas, públicas ou privadas, sobre o que se passa na cabeça dos seus professores – que, afinal de contas, são os profissionais que educam os alunos. As lideranças intelectuais dentro do ensino superior brasileiro estão em mãos de professores quase todos formados na pós-graduação pública. Seu DNA intelectual foi moldado lá. É de lá que trazem seu profissionalismo, seja qual for.

Portanto, qualquer discussão filosófica sobre valores instilados pelo ensino público ou privado tem que partir da constatação de que os professores vêm da mesma matriz formadora. Ademais, nas instituições privadas, os chefes de departamento tendem a ser aposentados das públicas. Nessa promiscuidade de coordenadores aposentados de públicas e donos de escola, há uma química imprevisível. Os professores reivindicam laboratórios e meios para a pesquisa. O bolso do dono não acha graça, mas o prestígio e a glória prometidos podem mudar o jogo. Afinal, o dono convive diuturnamente com essas ideias e não diz necessariamente sempre não.

Uma coisa é certa: se os dirigentes das escolas privadas querem instilar nos seus alunos uma ideologia diferente, não fica claro como poderão engendrar tal diferença, pois os professores chegam maduros, formados e moldados pela pós-graduação das instituições públicas. Não é razoável supor que os donos de cursos privados sejam capazes de fazer nos docentes uma lavagem cerebral.

/// O que concluímos disso tudo?

Não há como demonstrar rigorosamente que lucro, valores e profissionalismo virão juntos na educação particular. Contudo, nem na indústria nem na educação há contradição entre tais objetivos. Isso é amplamente demonstrado pela presença de empresas produzindo altíssima qualidade, sob o manto dos objetivos mercantis de lucro. Em contraste, também nas faculdades com objetivos de lucro, há operadores incompetentes e há outros buscando o lucro em operações oportunistas, no mau sentido.

É preciso entender que, se os bons prêmios parecem ir para aqueles que usam qualidade para promover seus negócios, o sistema de mercado convive também com desempenhos medíocres e mesmo com decisões racionais de oferecer produtos baratos e de qualidade sofrível. Quem quiser comprar a melhor chave inglesa, escolherá a Snap-on, pagando bom dinheiro por ela. Quem precisar de uma ferramenta equivalente para suas aventuras de fim de semana, por um décimo do valor, levará para casa uma chave chinesa. Em muitos casos, pode não se justificar a compra do produto mais caro. Na educação não é diferente, nem na pública, nem na privada. Quem pode pagar a mensalidade do Insper recebe uma educação primorosa. Quem não tem os recursos ou não se importa com a qualidade pode gastar um quarto desse valor em uma instituição privada baratinha.

Não há por que fulminar com má vontade ideológica o ensino particular com objetivo de lucro. Tal visão antiprivatista encontra pouco respaldo na observação da realidade, embora sejam constatados casos em que se justificam as críticas. Particulares com lucro, filantrópicas e públicas são setores compostos de organizações muito variadas e cheias de imperfeições, além de operarem em um marco legal e institucional pouco inteligente. Há espaço para as três categorias e ainda mais espaço para o aperfeiçoamento do marco regulatório.

Há sacerdócio entre os bons "mercadores do ensino", bem como outros buscando selvagemente lucros de curto prazo. Há incompetência e amadorismo dentro das três categorias. E há interesses sindicalistas (que são uma forma de privatização da coisa pública) dentro das instituições federais e estaduais. Pureza, só nas utopias.

Engolidos pela burocracia do MEC?

Mesmo que haja alguns avanços, as políticas de autorização e fiscalização de cursos superiores deixam muito a desejar. Por exemplo, seria mais eficaz dar mais peso ao Enade e olhar menos os formalismos burocráticos. No ímpeto de valorizar os diplomas de mestrado e doutorado, errou-se na mão, penalizando aqueles professores com uma experiência prática valiosa. Em todos os países maduros, há um grande número de instituições meramente de ensino e algumas poucas de pesquisa. No Brasil, criou-se o mito de que todo ensino superior deveria produzir pesquisa, ensino e extensão. Como isso é impossível, cultiva-se a fantasia.

Os mais impacientes julgam que, se fosse fechado o MEC, as coisas iriam melhor. Difícil dizer, mas é certo que esse ministério está prejudicado na sua função principal de zelar pela educação do país porque não tem escolas de educação básica nem poderes diretos sobre os estados e municípios que as têm. Pode fazer alguma coisa, mas não manda e pouco financia.

Nas suas funções de cuidar do ensino superior, o MEC criou um labirinto de exigências burocráticas. Faz muito tempo que se critica a corrida de obstáculos que foi criada. Do abundante folclore dos processos e das visitas, conta-se que fitas métricas eram brandidas para medir o tamanho das salas de aula. Recentemente, uma exemplar escola de engenharia teve o seu pedido negado porque o mezanino da biblioteca não permitia acesso a cadeirantes. De fato, faltou demonstrar que a montanha de exigências leva ao resultado esperado: a qualidade. Além de complicar a vida de todos e exigir um exército de funcionários, é um gentil convite para a corrupção, gerenciada pelos pequenos burocratas do MEC.

No passado, havia um membro do CFE que exigia um anel de brilhantes para aprovar um curso. Havia mesmo adquirido o apelido de Anel aposto ao seu nome. Em data mais recente, o visitador de um curso é levado a um *shopping center* para almoçar. Passando por uma joalheria, indica que gostaria de ganhar um relógio caríssimo que estava na vitrine.

Nos países escandinavos, tentaram-se manter as velhas políticas de *numerus clausus*, ou seja, o governo só autorizava as vagas se avaliasse que havia empregos suficientes para os futuros graduados, mas a pressão política pela expansão da matrícula se revelou forte demais para ser enfrentada. O resultado é que tais políticas não deram certo e foram abandonadas há meio século. Hoje, no ensino privado, as regras são as do mercado.

O Enade faz do Brasil o único país do mundo a medir o que aprenderam os alunos ao se diplomar. Há quem levante dúvidas quanto à sua capacidade de medir a competência dos graduados. Nada mais apropriado do que promover discussões que levem ao seu aperfeiçoamento. Contudo, na maioria das áreas, não podemos descartar *ex abrupto* a confiabilidade dessas provas. Em que pesem equívocos e imperfeições (e até vieses ideológicos), são provas feitas por professores reconhecidos e de sólido currículo, além de receberem o apoio de especialistas em testes. São exames expostos ao escrutínio de todos. Em contraste, um aluno se forma quando é aprovado em um conjunto de provas cuja qualidade técnica e cujos critérios de correção não são conhecidos nem mesmo pelos chefes de departamento. Na prática, cada disciplina é uma caixa-preta. E o somatório das notas em cada uma conduz à concessão de um diploma, validado pelo MEC, sem qualquer cuidado adicional. Comparado com o Enade, o sistema é bem mais precário.

Assim, por que não dar peso muito maior ao Enade? Para que escarafunchar tanto os processos, se a medida do produto é confiável? Mal comparando, o *Guia Michelin* avalia a gastronomia oferecida pelos restaurantes, ignorando a marca do fogão e os diplomas do *chef de cuisine*. Por que não fazer o mesmo e considerar apenas o resultado final?

Ao longo das décadas, colecionou-se um amontoado de critérios para a abertura de cursos, alguns tolos, como medir as salas de aula ou exigir cópias certificadas de contratos de locação de imóveis. Na maioria dos casos, criou-se uma corrida de obstáculos, dificultando a vida de faculdades pequenas que não têm os burocratas especializados em satisfazer as bobices do MEC. Além disso, essas exigências alimentam uma indústria de consultores especializados em dar à papelada a cara que o MEC quer ver, além de empurrar o processo de uma escrivaninha para outra. Conta o folclore que alguns funcionários do MEC, ao lerem o projeto de um curso, já sabem de qual consultor foi comprado.

O equívoco mais egrégio é dar às áreas profissionais um tratamento idêntico ao das científicas. Com efeito, julgam-se todos os cursos pela quantidade de diplomas de mestrado e doutorado dos professores. Ótimo na física. Mas, e na educação física? De fato, tratam-se as áreas profissionais igualzinho às acadêmicas. Os professores das engenharias são julgados pelos diplomas e pela quantidade de *papers*, e não pela sua excelência na profissão. Portanto, para melhorar as notas perante o MEC, vale a pena despedir professores com décadas de vivência no mundo real e contratar jovens doutores que jamais entraram em uma fábrica ou canteiro de obra. Não custa lembrar que só ensina a prática profissional quem a tem.

Em um caso real, em um curso tecnológico de manutenção industrial, o coordenador poderia ser o chefe de manutenção da montadora local ou um jovem mestre sem qualquer experiência. A primeira alternativa seria melhor para os alunos, mas faria cair a média da universidade à qual pertence o curso.

Nos cursos de administração, se nossos mais celebrados executivos virassem professores, fariam baixar a nota do curso junto ao MEC, uma vez que não têm doutorado. Por exemplo, Ricardo Semler e Jorge Gerdau Johannpeter prejudicariam a avaliação se fossem professores de algum curso. E não é diferente nas demais áreas profissionais. Ainda mais bizarro, muitos dos autores dos livros usados nos cursos não seriam aceitos como professores, pois não têm os diplomas requeridos. Não nos esqueçamos, Peter Drucker só tinha diploma de advogado.

Note-se que, pelas regras da dedicação exclusiva, os professores das universidades federais não podem ter experiência nas fábricas ou nos canteiros de obra. Menos mal que, nesse particular, há amplo descumprimento. Salvam nossos alunos as contumazes violações dessa regra imbecil.

Aleluia! Em uma portaria recente (Instrumento de Avaliação de Cursos de Graduação/Inep), o MEC passou a considerar também a experiência profissional dos professores – em paralelo aos diplomas. Faz mais de 30 anos que insisto nisso, mas não acredito que a mudança tenha sido influenciada pelo meu patético espernear. Importa a retificação de um cacoete antigo. Mas é apenas uma porta entreaberta. Ainda é cedo para dizer se terá impacto, considerando o perfil acadêmico dos visitadores e seus superiores imediatos.

Como fica a equidade no ensino superior?[3]

Desejamos um ensino superior eficiente e eficaz, que apresente os melhores resultados possíveis para os recursos que despende, mas há o outro lado: será que esse ensino promove um grau satisfatório de equidade? Este ensaio mostra um ensino público com um alto grau de inequidades, apesar de altamente subsidiado pelo Estado. Infelizmente, os subsídios são predominantemente apropriados pelos segmentos sociais que menos os necessitariam.

Até aqui, este capítulo discorreu sobre aspectos do ensino superior em que se questionam a eficiência e a propriedade das regras adotadas para que ele cumpra o seu papel. Esse é um lado vital de qualquer discussão de política educativa. Em contraste, este ensaio trata do tema da equidade no ensino superior brasileiro. Discute não quem recebe, mas quem deveria receber o quê. É um assunto controvertido e colorido por ideologias e interesses particulares.

Uma das ideias aqui defendidas é o papel modesto das políticas de equidade no ensino superior. De fato, se falamos seriamente de justiça social, a grande transformação seria no ensino básico. O que quer que se faça no superior, é tarde demais. Sobraram relativamente poucos dos que entraram na escola. Examinemos o cenário mais geral. A estonteante complexidade das transações econômicas em uma sociedade moderna não seria possível sem os mecanismos de mercado. Pensando bem, o mercado realiza a proeza extraordinária de coordenar o consumo e a produção de bilhões de pessoas e empresas. Não obstante, tem suas falhas, algumas graves. Em alguns casos, permite distorções, como monopólios e abusos do poder econômico. São casos de mau uso e têm seus remédios. Há situações em que o mercado funciona corretamente, não há distorções ou equívocos. Mas por razões éticas, não gostamos dos resultados.

Vejamos uma situação clássica. Cada aluno tem seu poder de compra que lhe permite ou não pagar as mensalidades de um curso, que pode ser caro ou barato. Essa é uma situação que se repete cotidianamente na educação, na compra de iates e até no pagamento de um mero prato de comida. Nesses casos, não podemos acusar o mercado de ter algum vício. Quem pode e quer comprar, compra. Quem não tem dinheiro, paciência. Para cuidar dos casos mais dramáticos, criam-se programas sociais disso ou daquilo. E, é óbvio, não há programas sociais para financiar a compra de iates.

Também na educação, acredita-se que vale a pena criar políticas que compensem algumas das desvantagens dos mais pobres ou mais prejudicados por esse ou aquele fator. Justificam-se, então, intervenções, como bolsas de estudo. Mesmo quando o ensino é totalmente gratuito, há gastos de manutenção que podem estar além do alcance de muitos alunos. Cuidar desses casos é a essência das políticas de equidade ou ação afirmativa. Não há como questionar a sua legitimidade, mas sempre devemos perguntar se cumprem o prometido. No fundo, é o tema da eficiência nas políticas de equidade.

Pensamos que uma sociedade justa deve ter metas de equidade e sabemos que o mercado nem sempre oferece a melhor solução. Por inúmeras razões, mesmo com o mercado funcionando corretamente, muitos ficam para trás, deixando de receber o que corresponde a direitos morais ou constitucionais bem estabelecidos.

Daí a necessidade de introduzir compensações, o que é feito rotineiramente em todas as sociedades minimamente organizadas. No caso mais evidente, a educação inicial gratuita é uma solução universal, mesmo nos países mais adeptos de uma economia de mercado.

/// Equidade não significa o mesmo para todos

Como todas as palavras de significado tão amplo, equidade não tem um sentido preciso ou único. É um princípio que impulsiona a sociedade para que os recursos, os direitos e as oportunidades sejam distribuídos de forma mais equilibrada e para cuidar daqueles que, por diferentes razões, vão ficando para trás. Como é uma receita vaga, pode adquirir muitas interpretações.

A ideia de que todos devem ter ou receber o mesmo é por demais ingênua e não merece maior atenção. A versão de que todos devem terminar com o mesmo padrão de vida tampouco é realista. A igualdade de oportunidades é uma forma mais palatável de lidar com o princípio da equidade: que a todos sejam oferecidas as mesmas oportunidades. Como cada um vai usá-las depende de muita coisa, inclusive de preferências individuais e de sua competência naquela fase da vida.

Como regra geral, esse é um bom princípio, mas, na prática, desconsidera muita coisa. Vejamos um exemplo hipotético: há perfeita igualdade de oportunidades no vestibular do ITA. Quem obtiver maior pontuação em uma prova corrigida por computador entra no curso e não paga qualquer mensalidade. As regras são rigorosamente as mesmas para todos. No entanto, o resultado mostra uma grave seletividade em favor de quem anteriormente pagou por um ensino médio de alta qualidade. Ademais, como mais da metade da faixa etária não completou o ensino médio, nem pode competir por uma vaga, aonde quer que seja. O defeito dessa "igualdade de oportunidades" no vestibular é que ela foi precedida por uma severa falta de igualdade de oportunidades nos níveis escolares precedentes.

Parece fazer mais sentido propor que os objetivos de equidade consistam em oferecer a cada um, em cada momento da vida, aquela educação que o leve tão longe quanto permitam o seu potencial e os seus planos. Na prática, o brasileiro termina o ensino médio com um nível acadêmico equivalente ao de um europeu com quatro anos a menos de escolaridade. Se por um passe de mágica ou por um mecanismo de cotas for matriculado no ITA, não terá a mínima condição de acompanhar o curso. Permitir que entre nessa escola seria uma crueldade, e não uma manifestação de equidade. Ou seja, o ITA não é o curso que permite a esse aluno, ao se formar no ensino médio, maximizar o seu potencial – na prática, ele nem sequer irá se graduar.

Uma advertência: todas as discussões desse tipo se referem a um aluno hipotético que corresponde a uma média dos alunos reais, mas, dentro da distribuição que gerou a média, há alunos prodigiosos, qualquer que seja sua renda familiar ou origem social. Os raciocínios aqui apresentados não se referem a tais casos discrepantes.

Retomando o tema, o princípio que estamos propondo diria que, dado o nível acadêmico desse aluno hipotético, temos que perguntar que programa o levaria mais longe na sua carreira. Nem sempre é fácil ter uma resposta precisa, mas, pelo menos, o princípio é claro e justo.

/// Darwinismo na escola

No início da década de 1960, surgiu nos Estados Unidos uma pesquisa que ficou conhecida como *Coleman Report*, que demonstrou com números sólidos que a escola não elimina as diferenças individuais apresentadas pelos alunos no primeiro dia de aula. Pelo contrário, na melhor das hipóteses, mantém essas distâncias. Em certos casos, até as amplifica. Outros estudos subsequentes confirmaram os mesmos resultados, e não há razões para crer que seja diferente no Brasil, onde o sistema educativo é bastante precário e onde pesquisas na mesma linha confirmam essa proposição.

Como sabemos melhor hoje, as diferenças de desempenho associadas a grupos sociais distintos são geradas desde os primeiros anos de vida. Uma pesquisa bem conhecida demonstrou que, aos 3 anos, uma criança de classe alta ouviu 30 milhões de palavras (iguais ou diferentes) a mais do que uma outra de classe operária. Em outra pesquisa, verificou-se que, em grupos sociais igualmente distantes, as crianças de 3 anos de famílias com mais escolaridade conhecem o dobro de palavras se comparadas com crianças mais pobres. Mais ainda, o uso da língua é distinto. Nas famílias com mais escolaridade, há diálogos, há perguntas e respostas, há incentivos para um uso mais complexo da linguagem.

Assim, como mencionado, as amplas diferenças associadas às classes sociais que estão presentes no primeiro dia de aula se perpetuam e mesmo se amplificam. O resultado disso é o conhecido distanciamento entre o rendimento escolar dos ricos e dos pobres – para usar uma terminologia simplista. Ademais, em sistemas deficientes, como o nosso, os mais pobres são reprovados e acabam por abandonar a escola a partir dos 14 anos, muito antes dos demais. Certamente, isso representa uma perda de equidade no sistema, mas também importante é a perda de produtividade resultante de uma força de trabalho mal-educada. E entre os muitos que se perdem na massa disforme de gente malformada, quantos diamantes não foram jogados na sarjeta pela incapacidade da escola de reconhecer e cultivar o talento?

As olimpíadas de matemática revelam talentos totalmente inesperados, alguns em escolas deficientes ou em municípios paupérrimos. Para os próprios diretores, foi uma surpresa. Mostra a magnitude da falta de equidade e a perda de talentos latentes. É ilusório imaginar que a escola pode eliminar essas diferenças, sobretudo em sociedades heterogêneas. Contudo, deve tentar reduzi-las ao máximo. Na verdade, é isso que fazem os bons sistemas educacionais, permitindo que um número bem maior de crianças de baixa renda possa desabrochar e atingir níveis de desempenho elevados. Esse é o critério de êxito. A modesta ambição dessa política pode decepcionar, mas é realista.

Quando consideramos a coorte dos que terminaram o ensino médio, potenciais candidatos ao ensino superior, essa se tornou uma fração modesta dos que começaram a escola – menos mal que hoje praticamente todos frequentam a escola nos primeiros anos. Para ser mais exato, de cada 100 que começaram, apenas 40% terminam o ensino médio e cerca de 15% se matriculam no superior. Ou seja, muitos ficam no caminho. Uma implicação inevitável desses números é a relevância menor de qualquer política de equidade na porta ou dentro do ensino superior. De fato, afeta relativamente poucos, pois a maioria já ficou para trás.

/// Políticas de equidade no ensino superior

Tomemos aqueles que cursam o ensino superior, o objeto do presente capítulo. Diante das enormes diferenças de rendimento escolar durante os anos prévios, não é surpresa a grande disparidade de seus níveis de aproveitamento acadêmico. É diferente da Europa, onde a escolaridade é mais eficaz e há uma derivação importante de alunos para a formação profissional. Além disso, mais da metade da matrícula no ensino superior se dá em cursos equivalentes às nossas graduações tecnológicas. Nos cursos convencionais, de quatro ou cinco anos, a matrícula pode não atingir um terço da coorte. Portanto, estes cursos tradicionais recebem uma clientela mais peneirada e homogênea.

Não nos espantemos com o fato de haver uma forte correlação entre notas nos testes do tipo Enem e a classe social do aluno (medida pela educação do pai ou mãe, prestígio ocupacional da profissão do pai, etc.). Essa associação é uma das mais conhecidas, previsíveis e estáveis. É a diferenciação inicial que se mantém e migra para a porta do superior. Aceitemos que, do ponto de vista puramente meritocrático, os vestibulares funcionam aceitavelmente para medir desempenho acadêmico. Mas que consequências têm para a causa da equidade? O comentário mais potente e mais geral é ser tarde demais para reduzir significativamente a desigualdade. O que se pode e deve fazer para reduzi-la nos níveis escolares antecedentes é profundamente mais justo e atinge um número muito maior de jovens.

Portanto, que fique registrada a prioridade subalterna que devem merecer esforços para aumentar a equidade no ensino superior, diante da preferência que deve ser dada aos níveis fundamental e médio. E, obviamente, à educação infantil. Politicamente, criar programas de promoção de equidade para o ensino superior pode ser uma boa ideia, pois trata-se de um grupo tanto mais visível quanto mais barulhento, mas esse não é um argumento pertinente no tipo de análise aqui contemplada.

Para mitigar a desigualdade no nível superior, o Brasil tem dois grandes programas – o Prouni e o Fies –, cada um com suas características. Ouvem-se muitas queixas de tratar-se de um subterfúgio para financiar o sistema privado. Do mesmo se poderia acusar a Farmácia Popular, que subsidia alguns remédios produzidos por laboratórios privados e com fins de lucro. No fundo, se o Estado não pode atender a todos com suas escolas, apoiar financeiramente o sistema privado para que este matricule o aluno carente não pode deixar de ser uma solução pragmaticamente eficaz. Não faz sentido privar os mais pobres de uma educação superior só porque isso traz recursos para o setor privado da educação.

O Prouni atende a alunos de baixa renda. As suas bolsas são uma forma bastante interessante de subsídios. Como exigem ultrapassar certo limiar de rendimento no Enem, são uma boa combinação entre equidade e eficiência. Ou seja, não é para subsidiar qualquer um, mas apenas alunos que atingem certos patamares de desempenho. É um programa bem-vindo, com um efeito progressivo, pois financia os mais pobres que chegam ao ensino superior. Ainda assim, sua implementação não é perfeita, com problemas aqui e acolá, mas nada que seja incurável.

Em 2014, o Prouni tinha 191 mil bolsistas, diante de 8 milhões de matriculados no ensino superior (em 2011, eram 254 mil bolsistas). É muito? É pouco? Considerando ser esse um programa bem-sucedido, expandi-lo não seria má ideia, mas, obviamente, como é financiado por meio de uma desoneração fiscal das faculdades particulares, seu porte depende da disponibilidade de fundos que possam ser convertidos em bolsas.

O Fies tem outra trajetória. Como todo empréstimo público, pode ter embutido um grau de promoção de equidade altamente variável. Empréstimos com juros de mercado facilitam a vida de quem deseja cursar uma faculdade. Do ponto de vista da equidade, seriam neutros. Nesse caso, não são propriamente uma política de equidade. Contudo, se os juros são muito subsidiados, é óbvio que concedem um benefício financeiro a quem os recebe. Portanto, temos que perguntar sobre o grau de prioridade que devem merecer tais subsídios, dependendo do perfil social dos seus beneficiários.

Suponhamos que sejam gastos progressivos, ou seja, promovem a equidade. Nesse caso, há também que perguntar: e se os alunos recebendo o Fies não conseguem acompanhar os cursos e acabam por se evadir? Ou seja, pode ser um caso de equidade sem eficiência. Na verdade, é difícil justificar os contratos se esse for o caso.

A história dos programas de crédito educativo no mundo é a descrição de uma grande proporção de iniciativas malsucedidas e algumas exitosas. A recuperação subsequente dos empréstimos é o seu calcanhar de Aquiles. Como programas de índole social, observa-se uma tendência a dar pouca atenção aos mecanismos de recuperação dos empréstimos, devidos uma vez que os alunos se formam e começam a trabalhar. A inadimplência acaba virando um pesadelo administrativo. Em 2014, 19% dos bolsistas do Fies estavam inadimplentes pelo menos 90 dias. Em 2018 esta taxa subiu para 41%. Para padrões bancários, é um quadro desolador.

O Brasil teve altos e baixos com seus programas desse tipo. Possivelmente, mais baixos do que altos. Nos últimos anos de Dilma Rousseff na presidência, houve uma expansão desordenada, com a concessão de contratos para alunos incapazes de ter êxito em seus estudos. Pouco tempo depois, a inevitável retração financeira criou um elevado grau de confusão e mal-estar. Em 2014, o Fies oferecia 732 mil bolsas. Em 2017 esse número caiu para 335 mil. Considerando-se os desarranjos nas contas públicas, é concebível que encolham ainda mais. Note-se que o programa cobra taxas de juro bem abaixo daquelas do mercado.

Os programas privados de crédito educativo tendem a ser uma conveniência que pode ser preciosa para alguns alunos, mas são neutros do ponto de vista da equidade, pois não contêm subsídios. Vale a pena refletir sobre o impacto dos dois programas públicos diante do quadro do ensino superior brasileiro. Três quartos da matrícula no ensino superior são em faculdades pagas. Assim, devemos considerar o nível social dos alunos e sua capacidade de arcar com as mensalidades. No caso do ensino público, nos cursos mais competitivos (medicina, por exemplo), o regime é de tempo integral, impedindo que os alunos trabalhem. Portanto, bolsas de manutenção ou créditos educativos podem ser justificados, se fizerem a diferença entre frequentar e não frequentar o curso.

O caso das universidades públicas não pode ser ignorado se pensarmos em políticas redistributivas. Considerando sua elevada proporção de alunos de classe média e alta, sobretudo nos cursos de mais difícil acesso, o fato de serem gratuitas faz do seu financiamento um gasto altamente regressivo. Além de gratuitas, são caríssimas e custam quatro vezes mais que as privadas. Ou seja, oferecem um polpudo subsídio a uma vasta proporção de alunos que poderiam pagar para estudar.

Cada universitário de classe média ou alta recebe um subsídio na forma de gratuidade de matrícula que equivale aproximadamente a manter quatro alunos no Prouni. Isso configura um sistema altamente regressivo, pois subsidia os ricos mais do que os pobres. Há várias situações a serem consideradas. Há os alunos de famílias bem-sucedidas e academicamente fortes. Estes podem pagar as privadas ou competir com êxito nos vestibulares das públicas. Esse caso é simples – se desconsiderarmos, de momento, o subsídio aos ricos na forma de ensino gratuito nas universidades federais.

Há os alunos academicamente fortes mas economicamente fracos. São os relativamente poucos que atingem bons níveis acadêmicos vindo de famílias pobres. Neles reside o drama da equidade, que abre uma grande oportunidade de intervenções benfazejas. Bolsas e créditos educativos são mais do que justificáveis. No caso do Prouni, ambos os critérios estão atendidos. O Fies é mais complicado, pois o mérito acadêmico pode não ser um filtro.

Com os economicamente bem providos, mas academicamente fracos, não necessitamos nos preocupar, pelo menos, do lado da equidade. Que façam o que queiram. Justificam-se créditos educativos apenas se não contiverem subsídios públicos – ou seja, que pratiquem taxas de juro de mercado.

O último caso é o mais delicado. São os mais pobres e academicamente mais fracos. A tentação de esposar uma proposta hipócrita ou sonhadora é muito grande. Vamos dar bolsas para todos! Traz conforto moral, mas esconde o problema. A experiência dos outros países não prova ou obriga a nada, mas pode ser instrutiva. Se queremos fazer diferente do que fazem os países de educação séria, alto lá, há realmente argumentos persuasivos?

Nesse sentido, devemos considerar que o ensino superior não é direito de todos em nenhum desses países. Mais ainda, não há neles quaisquer políticas para universalizar o ensino superior. Na Europa, o ensino tende a ser gratuito, ou quase. Nos Estados Unidos e nos países de desenvolvimento mais recente, é pago. Porém, nenhum propõe que o curso superior seja para todos.

Do ponto de vista da contribuição dos diplomados em universidades para o desenvolvimento econômico, a situação não é tão óbvia. Pesquisas americanas consideram que apenas 20% da mão de obra está ocupada em empregos em que quatro anos de faculdade são necessários para o seu exercício. Uma proporção muito maior requer cursos pós-secundários de dois ou três anos.

Hoje, no Brasil, a matrícula bruta no ensino superior anda por volta de 25% da faixa etária que interessa. Cerca de 13% da população de 25 anos tem diploma superior, mas devemos considerar que o contingente frequentando faculdades com mais idade é muito grande. Ou seja, em breve teremos uma força de trabalho com nível superior tão ampla quanto necessário para a economia. Portanto, é questionável se devemos nos comprometer com esse último grupo, à guisa de políticas de desenvolvimento, recursos vultosos que deveriam ser usados para melhorar a situação em níveis escolares mais baixos. Assim, as justificativas teriam que ser impelidas por políticas de equidade, e, como já dito, as mais poderosas estariam nos níveis mais baixos de escolaridade.

Realisticamente, não há como ignorar a crônica inapetência do Estado para as mudanças requeridas na educação inicial. Diante disso, podemos pensar em alternativas bem mais razoáveis do que subsidiar quatro anos de ensino superior para quem tem poucas chances de se beneficiar dele. Dito de outra forma, para quem tal curso seria a melhor alternativa. Consideremos o impacto presumível de tais políticas e, em seguida, as melhores alternativas.

As estatísticas de rendimentos pessoais por nível de educação continuam mostrando uma forte vantagem para aqueles que obtiveram um diploma superior. Por largo tempo, eles triplicavam os seus salários, comparados com os graduados do ensino médio. Porém, considere-se que, com a expansão da matrícula, a diferença está caindo. Esse, porém, não é o aspecto mais importante. Devemos considerar que a estatística mostrando a triplicação do rendimento é uma média que agrega todos os graduados. Um bom aluno de uma boa universidade é um vencedor, isso é indisputável. Mas e aqueles que estão entre os mais fracos? Não temos bons dados, mas, em que pese a pouca confiabilidade dos dados existentes, o diploma parece não trazer benefícios econômicos que justifiquem o esforço. Ou seja, como não se geram resultados econômicos comensuráveis, avança pouco a causa da equidade.

Como acontece nos países mais ricos, a primeira geração de alunos atingindo o fim do ensino médio pode se beneficiar mais dos cursos que no Brasil chamamos de técnicos ou tecnológicos. Nossas estatísticas sugerem bons resultados econômicos para ambas as categorias de cursos profissionalizantes. Do ponto de vista pedagógico, dada a fragilidade do rendimento acadêmico prévio, um curso em que teoria e aplicação estão mais próximos tende a ser mais bem aproveitado por esses alunos. É o que o robusto princípio da contextualização nos faria esperar. Aprendemos a teoria quando vem vestida na sua aplicação. Isso acontece com mais frequência nos cursos profissionalizantes do que no ensino superior de massa. Por isso, faz muitíssimo mais sentido ampliar a oferta de programas de apoio a alunos nessas duas categorias de cursos. Assim se faz com sucesso alhures, e não há boas razões para imaginar que no Brasil seria diferente. Fies e Prouni cumpririam suas missões de forma mais rematada se oferecidos nesses cursos.

Ainda assim, há um aspecto crítico a ser considerado. As escolas técnicas federais durante décadas foram frequentadas por alunos ricos, que nelas apenas viam uma chance de ter um ensino médio gratuito e de boa qualidade, prometendo sucesso nos vestibulares mais difíceis. Isso é duplamente regressivo, pois subsidia quem não precisa e tira vagas de índole profissionalizante dos mais necessitados e que estão interessados na profissão oferecida. A oferta separada da vertente profissionalizante e acadêmica, a partir de 1995, atenuou o problema, pois liberou as vagas no ramo profissional, antes ocupadas por alunos que apenas se interessavam pelo vestibular.

Juntando tudo que acontece, como fica a questão da equidade no ensino superior? Em última análise, temos gastos progressivos que são o Prouni e boa parte do Fies. Somando os dois, não atingem meio milhão de alunos. E temos os subsídios regressivos criados pela universidade federal gratuita e frequentada por um vasto contingente de alunos cuja renda familiar é bastante elevada.

Um milhão de alunos estão matriculados nas instituições federais. Se considerarmos que 57% são das classes A e B, temos quase 600 mil alunos capazes de financiar seus estudos. Ou seja, há mais alunos das classes A e B do que beneficiados pelo Fies e Prouni. Como cada aluno custa quatro vezes mais do que recebem de apoio os beneficiados dos dois programas, terminamos com um ensino superior onde predominam os subsídios regressivos.

Uma pesquisa realizada no Chile mostra uma dimensão adicional da regressividade do ensino gratuito nas universidades públicas. Lá os alunos mais ricos, diante de dois cursos de equivalente qualidade, escolhem os gratuitos. Ou seja, privam os alunos mais pobres de ter vagas gratuitas que existiriam para eles se os ricos tivessem que pagar tanto no ensino público quanto no privado. Nada temos de pesquisas equivalentes no Brasil, mas os dados chilenos são sugestivos do que pode estar acontecendo aqui.

Em conclusão, os subsídios via gratuidade são mais fartamente concedidos para as camadas da sociedade que menos precisam. Nosso ensino superior, além de elitista, como seria difícil evitar, subsidia o rico muito mais do que o pobre. Do ponto de vista da equidade, é o pior dos mundos.

/// As cotas

Uma forma de promoção de equidade são as cotas, adotadas no Brasil faz quase uma década. Em contraste com bolsas e créditos educativos, não envolvem subsídios, mas uma reserva de vagas para pessoas com determinadas características. Em geral, beneficiam grupos discriminados ou prejudicados por alguma razão. Um aspecto positivo é que não se comprometem recursos financeiros que, hipoteticamente, poderiam ser usados para promover a equidade nos níveis escolares anteriores. O aspecto polêmico da ideia é que ela substitui o mérito pela reserva de vagas para os destinatários das cotas. Vale a pena ter mais equidade e menos qualidade? *A priori* não se pode dizer se isso vai acontecer. E os juízos de valor acerca de tal decisão estão longe de ser consensuais na sociedade. No espaço limitado deste ensaio, não é possível oferecer o tratamento que o tema merece. Vamos nos limitar a algumas considerações.

Inicialmente, causaria menos mal-estar se, em vez de cotas, as políticas afirmativas fossem um programa de preparar para os vestibulares as clientelas colimadas pelas cotas. Em vez de abaixar a barra, prepara-se o candidato para saltar mais alto. A Universidade Federal de Santa Maria (UFSM) fez isso com grande sucesso antes das cotas. Uma decisão contenciosa foi oferecer as cotas para negros e índios.

Os problemas de identificação racial são insolúveis, e inevitáveis são os conflitos e as perplexidades. Em 2017, 60% dos aprovados pela cota racial na Universidade Federal Fluminense (UFF) foram desclassificados por declarações falsas durante a averiguação de autenticidade. Muito mais fácil e justo seria fazer como no Prouni, em que o critério é a renda familiar. Ademais, uma desvantagem apontada diante da definição racial dos cotistas é haver beneficiado os negros não pobres, deixando de fora os brancos pobres.

Transcorreu suficiente tempo para que os resultados do programa pudessem ser avaliados, mas não parece haver um volume de pesquisas com abrangência e qualidade que nos permita decifrar o que aconteceu. Ainda assim, algumas coisas ficamos sabendo.

Nos cursos menos competitivos das federais, as cotas ajudam pouco. Ao mesmo tempo, não têm muito como comprometer os resultados, já que os não cotistas aprovados tendem a ser igualmente fracos. O teste ácido é nas carreiras mais concorridas. Não parece que tenhamos resultados suficientemente maduros para dizer se os cotistas de medicina se tornaram médicos tão competentes quanto os demais. E dificilmente a sociedade brasileira se poria de acordo para aceitar ou não médicos cotistas menos qualificados. Permanecemos no escuro, e ninguém se dispõe a acender a luz.

Nos estudos mais conhecidos, as médias de rendimentos entre os cotistas e os demais alunos tendem a mostrar diferenças nulas ou pequenas em ambas as direções. Ou seja, dessa perspectiva, as cotas podem trazer um benefício para quem as tem e praticamente nenhuma perda para o objetivo de privilegiar o mérito. O problema com essas médias é que refletem o grande número de cotistas em carreiras de relativamente fácil acesso. Nada dizem acerca do pequeno contingente daqueles matriculados nos cursos mais competitivos, nos quais as cotas teriam mais força, pois a média de rendimento reflete o peso esmagador dos que irão para cursos menos competitivos.

Parece bem menos contencioso afirmar que as cotas podem ser um mecanismo sadio e bem-vindo para operar com candidatos que estão próximos das frequências de corte dos vestibulares. Assim, se pescarem um candidato que quase passou no vestibular e preterirem outro que quase não passou, promoverão equidade sem prejudicar o rendimento acadêmico da turma ao longo do curso.

O critério proposto e adotado pela Universidade Estadual de Campinas (Unicamp) e depois pela USP fazia exatamente isso. Concedia um bônus de pontuação relativamente modesto, permitindo aos alunos cotistas quase aprovados preterir outros que, por pouco, não foram reprovados. No entanto, com a lei das cotas, de 2011, esta linha foi abandonada.

Os números medindo a presença dos negros nas universidades públicas mostram um avanço muito substancial. Em 1997, correspondiam a 1,8% da matrícula. Essa proporção passou para 11,9% no ano de 2011, mas o crescimento se dá *pari passu* com a aprovação de diferentes versões da legislação sobre cotas, cuja versão final só apareceu em 2012. Previamente a esta data, a adoção de cotas nas federais foi progressiva. Portanto, sem negar que possam ter tido impacto, pouco se sabe acerca do que se deve às cotas e o que resulta de muitos outros fatores. Ademais, não há garantias que, diante da autodeclaração de raça, os critérios tenham permanecido os mesmos, considerando os benefícios das cotas. Criou-se um forte incentivo para se identificar como negro.

No fundo, os estudos conduzidos com alto nível de agregação não esclarecem algumas das perguntas mais críticas. De mais a mais, "cotas" é um termo genérico, depende de como são distribuídas em cada caso. Em suma, além de não onerar os cofres públicos, as cotas são uma alternativa que pode ter seus atrativos. No entanto, permanecem as dúvidas acerca do rendimento dos cotistas em cursos difíceis e os números disponíveis são pouco conclusivos.

/// Que conclusões podemos tirar das políticas de equidade?

Com base no que foi dito neste ensaio, algumas conclusões parecem se impor:

1. É aconselhável concentrar as políticas de equidade nos níveis iniciais da escolaridade, pois atingem muito mais alunos e podem ter um impacto bem mais significativo.

2. Programas para aumentar as chances de aprovação nos vestibulares fazem todo o sentido. Não são caros e podem ser executados pelas próprias universidades ou oferecidos por outras entidades, devidamente financiadas. É pena que não foram estimulados.

3. Há excelentes razões para oferecer bolsas de estudo, como faz o Prouni, para alunos pobres e de bom rendimento acadêmico. Na medida em que o Fies lida com a mesma categoria de candidatos, justificam-se os subsídios aos juros e outras facilidades.

4. Não parece tão boa a ideia de subsidiar alunos de cursos superiores apenas porque são pobres ou de grupos raciais considerados prejudicados pelas circunstâncias e pela menor qualidade das escolas que frequentaram.

5. Tais restrições têm como pano de fundo o fato de que cursar uma faculdade não é um direito de todos. Ademais, já não estamos mais em um momento em que o número de matrículas nesse nível seja tão inexpressivo.

6. Consideremos a ideia de que dar igualdade de oportunidades é oferecer o que mais pode beneficiar cada aluno. Segue-se que cursos mais curtos e aplicados, como os de nível técni-

co e tecnológico, deveriam ser privilegiados. Com efeito, a sua natureza mais prática é consoante com as fragilidades acadêmicas exibidas por muitos candidatos. Esses cursos deveriam ser objeto de subsídios a quem não pode pagar as mensalidades.

7. Do ponto de vista apenas da equidade, é péssimo o desempenho da universidade pública e gratuita. De fato, ela concede um subsídio muito substancial, beneficiando uma grande clientela que está em patamares superiores de renda. Faria mais sentido ou um pagamento seletivo, de acordo com as posses, ou a cobrança de todos, complementada pela concessão de bolsas de estudos a quem necessitasse.

NOTAS

1. Nota-se que a escala é outra, pois não foi feita a normalização dos dados, mas, para essas comparações, dá na mesma.
2. Este ensaio recebeu contribuições de Ana Maria Rezende Pinto, Aparecida Andrés, Denise Vaillant, Eduardo Wurzman e Simon Schwartzman, mas a responsabilidade pelo texto final permanece com o autor.
3. Agradeço aos comentários de Ana Maria Rezende Pinto, Simon Schwartzman e Cândido Gomes, que, obviamente, não são responsáveis pelo texto aqui apresentado.

# 5

O que e como ensinar

Nosso ensino peca no *que* ensinar e, também, no *como* ensinar. Este capítulo trata dos dois assuntos. Seja o que for que se queira ensinar, é preciso que isso seja feito em profundidade. Passar batido por um caleidoscópio de ideias não educa ninguém; sobrecarrega os alunos com excesso de matéria, impedindo que se aprofundem no que quer que seja. O resultado é uma aprendizagem superficial, apelando apenas para a memória e falhando na mais nobre função do professor – ensinar a pensar. Mais vale ensinar menos para que os alunos aprendam mais.

De fato, quando se pousa por tempo suficiente em um assunto, criam-se condições para o seu domínio efetivo. No processo de aprofundar a compreensão, ganha-se também na aprendizagem de uma leitura competente e precisa. Com isso, os subjetivismos e relativismos encontram o seu lugar, e a interpretação rigorosa do texto não se mescla com as inferências introduzidas pelo leitor.

No *como ensinar*, o capítulo focaliza a matemática. Durante um século, nas artes e ciências da sala de aula, a educação ignorou as linhas do ensino ativo e contextualizado, proposto por Dewey e outros, refugiando-se em um academicismo distante do mundo real. Esse divórcio é mais flagrante no estudo da matemática, ensinada como um puro exercício de lógica. Só agora a contextualização dos assuntos ensinados começa a se tornar mais frequente, trazendo novas esperanças.

A ditadura das palavras

Pensamos com palavras, nos comunicamos com elas. Quem não decifra corretamente o que querem dizer, não consegue pensar direito. Diante disso, em níveis escolares iniciais, são perversas as pregações para que se relativize a compreensão dos textos escritos.

O fiasco da nossa educação fundamental começa a ser percebido. Há cada vez mais brasileiros sabendo que tiramos as piores notas no Programa Internacional de Avaliação de Alunos (Pisa), uma prova internacional de compreensão de leitura (e de outras competências vitais em uma economia moderna). Sabem também dos resultados do Sistema Nacional de Avaliação da Educação Básica (Saeb) e da Prova Brasil, confirmando plenamente o mesmo diagnóstico de um ensino moribundo. É preciso fazer a autópsia do fracasso, dissecando cuidadosamente o defunto: por que os alunos não aprendem?

Vejamos duas constatações tristes: no primeiro Pisa, em 2001, o Brasil obteve o último lugar. Desde então, melhorou, mas não tanto; o Pisa mostrou também que os alunos das famílias brasileiras mais ricas entendem menos um texto escrito do que os filhos de operários da Europa e de outros países com educação séria. Tão retumbante fracasso tem múltiplas causas. As que mais chamam atenção passaremos a explorar adiante.

O segundo resultado mostra que não é a pobreza dos alunos ou das escolas que explica o vexame. O fatalismo de que pobre tem educação de pobre não deixa de ter um fundo de verdade, mas, no Brasil, rico tem educação de pobre. Portanto, a ruindade não é por falta de recursos; de fato, a educação que recebem os ricos não é nada barata. Os diagnósticos acusam: nossa escola perdeu o bonde da história. Foi desenhada para a Revolução Industrial, quando se queria conformidade, obediência e a resposta "certa". Para o incensado Sir Ken Robinson, os velhos métodos "inibem a criatividade, como no caso do professor sempre à procura de uma única resposta".[1] Tal escola não promove os voos da imaginação, requeridos no século XXI. "É preciso ultrapassar a realidade atual e criar o futuro desejado" (T. Rudmik).

Lá no Primeiro Mundo, Sir Ken Robinson decretou que está tudo errado. Porém, as marolas de seu discurso chegam até nós. Não se trata de desacreditá-lo, mas de discordar da abrangência geográfica de suas afirmativas. De fato, em países obsessivos com uma educação rigorosa e "velha", o excesso de rigidez chega a ser nocivo, como denunciado por ele. Contudo, não é nosso caso, pois se aqui não há vestígios de rigor, ainda menos de excesso. Saímos pelas ruas com camisetas citando a máxima de Einstein: "A imaginação é mais importante do que o conhecimento". Pode ser uma denúncia dos excessos de rigor e formalismo nas escolas europeias, mas nada tem a ver com as nossas.

Quando Einstein proclamou as virtudes da imaginação, já tinha um doutorado em Física pela Universidade de Zurique e uma formação matemática superlativa. Ele jamais subestimou o papel do rigor científico – sem o qual seus artigos não seriam aceitos para publicação. O que ele quis dizer então? É outra coisa: entre os seus colegas, professores de física que estudaram todas as teorias relevantes, a diferença está na imaginação. Os saltos não estão nos malabarismos técnicos. Porém, aqui nas terras tupiniquins, essa camiseta apenas revela mais um equívoco da sociedade.

Por que nossos alunos não entendem um texto escrito? Submeto aqui minha hipótese: reina nos reinos pedagógicos, cujos monarcas são os autores da moda, uma atmosfera que desvaloriza a tarefa de compreender o que está escrito no papel. Veja-se a seguinte citação de Bernard Charlot, um educador bastante admirado no Brasil: "Os saberes científicos podem ser medidos em falsos e verdadeiros, mas não os conteúdos de filosofia, pedagogia e história (...) [Fora das ciências naturais] o mundo do verdadeiro e do falso é do fanatismo, e não da cidadania".

Vejamos essa outra, de Edgar Morin, afirmando que "em lugar da especialização, da fragmentação de saberes, devemos introduzir o conceito de complexidade". O autor critica também "o princípio consolidado da ciência, o determinismo – segundo o qual os fenômenos dependem diretamente daqueles que os precedem e condicionam os que lhes seguem". Já Delia Lerner afirma que "não faz falta saber ler e escrever no sentido convencional (...) Quem interpreta o faz em relação ao que sabe (...) Interpretações não dependem exclusivamente do texto em si".

Nesses textos, idolatrados por alguns, há asneiras irremediáveis e há conselhos que coroariam um processo de amadurecimento intelectual, quem sabe, em um seminário de doutorado, mas não no ensino inicial. De fato, para jovens iniciando seus estudos, são fórmulas certeiras para uma grande balbúrdia mental em uma idade que pede a consolidação de ideias claras e a compreensão rigorosa e analítica do texto escrito.

Segundo Mortimer Adler, embaçamos o ensino ao pedir aos alunos que "reinterpretem" o pensamento dos grandes cientistas e filósofos. Ou então "pedindo a opinião deles a respeito de tudo". Para que não criemos uma geração de palpiteiros, antes de deixar borbulhar nossa imaginação, precisamos conhecer os saberes consolidados sobre o assunto. Parece uma afirmativa careta e conservadora, mas se desconhecem sucessos em ciência e em outros campos do conhecimento que não estejam lastreados em um sólido manejar da língua e das palavras.

De fato, apesar dessas tiradas incendiárias, até hoje, o cotidiano das ciências se apoia no princípio da causação, ou seja: X causa Y. Todos os nossos modelos mentais se apoiam nesse princípio. Por que o céu está claro? Certamente é porque nasceu o sol. Quando perguntamos por que, estamos à procura de uma causa. Aliás, a física de Newton continua vigente e determinista. Nas melhores escolas, é com ela que se afia a capacidade de análise dos alunos – inclusive na terra dos autores citados.

As ciências sociais adotam um outro determinismo, expresso em distribuições de probabilidades: se X for assim, então aumenta a probabilidade de que Y será assado. Por exemplo, se o diretor da escola for muito fraco, será alta a probabilidade de que seja inadequado o desempenho dos alunos. Não quer dizer que "se o diretor é fraco", então "os alunos não aprendem". Em vez disso, quer dizer, "na maioria das vezes". E tampouco essas ciências podem ser menos rigorosas no uso da linguagem. O princípio é rigorosamente formulado e testado empiricamente. Suas proposições nada têm de vago, ambíguo ou sujeito a interpretações subjetivas.

A filosofia requer ainda mais exatidão no uso das palavras. Elegância e rigor precisam ser conquistados no aprendizado da língua portuguesa, e as primeiras lições precisam ser exercícios de interpretação correta de textos, sem ambiguidades.

Ao enamorar-se das ideias turvas anteriormente citadas, nossos professores desviam as atenções que deveriam colimar a compreensão judiciosa das palavras. Com isso, embrenham seus alunos na indisciplina do relativismo, do subjetivismo e da "criatividade". Obviamente, isso é muito mais fácil. Se cada um interpreta como quer, a vida do professor é menos árdua. O grande desafio dos ciclos iniciais de uma educação é entender as relações entre sons, letras e significados. Precisamos aprender a ler, para que se possa passar a ler para aprender. Vale lembrar a obsessão de George Steiner, sempre à procura do sentido exato que os autores quiseram dar às palavras. Sem dominar tal compreensão, o que vem depois é ruído.

Lembro-me de um episódio, durante meu doutoramento, em que passei dois ou três dias tentando entender duas páginas da teoria do consumidor. Lutei com as palavras e com o que queriam dizer. Em outra ocasião, preparando-me para um seminário sobre Aristóteles, foi-se uma tarde inteira, também lutando contra duas páginas.

Voltando aos testes, por exemplo, o Pisa e a Prova Brasil, cabe lembrar que apresentam questões cuidadosamente formuladas. Nesses testes, há um cuidado obsessivo com as palavras usadas. Em qual quadradinho marcar o "X" depende do exato significado do que está dito na pergunta. Portanto, as respostas, em boa medida, refletem uma correta interpretação do que está escrito. Sem isso, não adiantar saber a resposta, porque não se sabe o que está sendo pedido.

Decolar nas asas da imaginação tem lugar e tem hora. É o que fazemos na poesia, cujo encanto está justamente no uso alegórico ou simbólico das palavras. O voo poético não pode ser ignorado em uma boa educação. Não obstante, é preciso dominar as caretices do pensamento lógico. Toda educação séria começa com o uso exato das palavras, daí a escolha de textos com interpretação unívoca. Neles não há duas interpretações permitidas pelo que está escrito. Só mais adiante é que uma mente já mais adestrada está pronta para lidar com as ambiguidades e os relativismos. É lastimável a grande influência de tais miasmas intelectuais, pois não oferecem os alicerces para uma leitura crítica e produtiva do texto original. Sem isso, os prognósticos são sombrios para uma leitura madura de escritos mais complexos ou ambíguos – tarefa que só pode vir mais adiante. Mesmo a interpretação da letra de uma lei ou do manual do aplicativo requer uma compreensão precisa das palavras.

Ouçamos Wittgenstein: pensamos com palavras; quem não sabe usá-las com rigor, não sabe pensar. As "respostas certas" e únicas fazem parte do processo de aprender a usar palavras. Na maioria das ciências, as perguntas abertas somente aparecem bem mais adiante, algumas só na pós-graduação. Mesmo na história e na filosofia, o relativismo anda com rédeas curtas. Há controvérsias e há certezas. Não sabemos que aparência tinha Tiradentes, mas as teses de que jamais existiu carecem de fundamentação documental.

Quem não sabe ler "no sentido convencional" não entende o manual do computador e apaga os seus arquivos por apertar a tecla errada. Ou assina um contrato que o arruinará. Ou, não conseguindo calcular quanto deve, o meirinho leva sua televisão, para garantir a dívida. Desde a tabuada até os algoritmos de programação em C$^+$, há regras que não admitem subjetivismos: ou está certo ou errado. E no seu uso, adestramos nosso raciocínio.

Não há a mais remota possibilidade de dispensar o ensino "careta", com seu rigor e suas dicotomias abruptas. As melhores escolas do mundo não o fazem. Confundimos os alunos, ao prematuramente pedir-lhes que reinterpretem o pensamento dos grandes cientistas e filósofos. Obviamente, dependendo do assunto e do nível educativo, chega a hora de entrar no cinza e no furta-cor. Na história, começamos cedo a enxergar dúvidas: por que Brutus esfaqueou César? Como foi o início da Primeira Grande Guerra? Por que Jânio Quadros renunciou? Porém, por um ponto, passa apenas uma paralela a uma reta dada. Ficamos travados com essa versão até o doutoramento, quando surgem as geometrias não euclidianas.

Não obstante, desde o início, o aluno deve praticar a arte de aplicar as teorias ao mundo real. Nos projetos individuais, as respostas podem ser múltiplas, ambíguas, vagas ou até inexistentes. O aluno deve experimentar, construir coisas e testar ideias. Nesse território, há infinito espaço para a imaginação, mas qualquer que seja o princípio científico que irá usar, tem que ser formulado de maneira meridianamente clara.

O ensino começa rígido. Regra é regra, nada de relativismos ou subjetivismos. Progressivamente, aparecem temas voláteis. É e não é. Certo, mas não tanto.

É um crime contra a educação relaxar antes da hora as regras rígidas de interpretação do que está escrito no papel. Criatividade, sem o lastro do rigor, pode dar samba, mas é só. Ainda assim, vejam que Noel Rosa, Chico Buarque e Vinicius de Morais dominaram a língua com maestria. A ditadura da palavra existe por boas razões e tem seu território bem delimitado e inexpugnável. A educação para o século XXI não pode atropelar a do século XIX. A imaginação sem o prévio domínio do rigor lógico não passa de devaneio.

Multa por excesso de velocidade?

 *Para aprender muito, é essencial que se ensine pouco, pois, na volúpia dos currículos sobrecarregados, não se pode esperar senão superficialidade na aprendizagem.*

Deu na *Tribune de Genève*: pilotando a sua Ferrari, um certo senhor cruzou um vilarejo a mais de 200 km por hora. Foi multado em três mil francos suíços e preso sem direito a fiança. Proponho penas ainda mais terríveis para autores de currículos e ementas de curso que são longos demais, obrigando os alunos a percorrerem os programas em excesso de velocidade. Multa e prisão para tais escribas. Segundo o meu guru, A. N. Whitehead, não importa tanto o que ensinar, mas que seja sempre em profundidade. Concluo, então, que para aprender muito é preciso ensinar pouco. O excesso de velocidade é fatal.

A abundante pesquisa hoje disponível nos permite entender que se aprende pela repetição, seja o saque do tênis, a ortografia, os verbos irregulares ou a elegância no escrever. Se é assim, aprendizagem é função do tempo dedicado a praticar. Sem a repetição, apenas pensamos que aprendemos, mas continuamos sem saber. É a diferença entre ouvir falar e realmente dominar algum conhecimento. Esse princípio nos leva a uma aritmética inelutável: se há coisas demais para aprender, por importantes que sejam, o tempo será repartido e insuficiente para cada uma. Assim, o grande inimigo da educação é o excesso de velocidade com que avança a Ferrari curricular.

A situação é pior, pois gostamos do que entendemos e nos sentimos frustrados com o que não entendemos. Portanto, como ideias novas não entram instantaneamente na nossa cabeça, a primeira reação é negativa. Se batalhamos com elas, começamos a entender e – eureca! – começamos também a gostar. Para que isso aconteça, é preciso que haja tempo. Se o ensino roda com excesso de velocidade, passamos ao tema seguinte sem haver entendido o anterior. Portanto, este é abandonado antes de começarmos a gostar dele. Chegamos ao fim do ano sem gostar de nada e, também, sem aprender nada.

Deveria ganhar uma medalha o professor que arrostasse o sistema e ensinasse cuidadosamente apenas um terço da ementa de sua disciplina. Seus alunos lucrariam mais do que os outros. Por que a Fórmula 1 dos currículos e ementas? Parece que os seus fabricantes pensam que o aluno só tem o assunto dele para estudar. Ademais, faz parte da nossa cultura acadêmica propor cursos para gênios, não para alunos comuns, como se faz no Japão ou nos Estados Unidos. Não havendo dúvidas de que essa corrida vertiginosa é um dos problemas do nosso péssimo ensino, vale insistir na multa e prisão por excesso de velocidade para quem cometer esse crime de lesa-pátria.

Tenho mais uma sugestão (politicamente incorreta): embora os atuais não tenham participado da sua feitura, o ministro da Educação e o presidente do Instituto Nacional de Estudos e Pesquisas Educacionais Anísio Teixeira (Inep) deveriam se submeter oficialmente ao Enem e ter as suas notas postadas na porta do seu gabinete e na internet. Dessa forma, experimentariam em primeira mão o turbilhão de matérias que se enfia goela abaixo nos alunos do ensino médio. Quem sabe, isso aumentaria a motivação deles para multar os infratores?

Vacinas contra *fake news*

Fake news *é um anglicismo que rebatiza um vício antigo: a notícia mentirosa. Neste ensaio, são exploradas várias estratégias para desvendar a mendacidade de notícias, seja na internet ou em outras mídias.*

Em um texto escolar centenário, o filho pergunta ao pai o que é "plebiscito". Não querendo revelar sua ignorância, o pai desconversa. Hoje, antes de perguntar ao pai, o filho já estaria no Google. No passado, faltava informação. Hoje somos inundados pelo seu excesso. O desafio agora é descobrir o que conta e o que merece confiança.

Vejamos alguns conselhos simples. De início, quem não sabe nada do assunto é presa fácil de mentiras ou bobagens de boa-fé. Cultura é a primeira linha de defesa. Por exemplo, quem estudou um pouquinho de física sabe que o moto perpétuo é uma impossibilidade, portanto, ignora inventos desse tipo. Na prática, deixa de viralizar bobagens. Para se prevenir das *fake news*, uma regra útil é conhecer a identidade do autor. Anônimo na internet ou nas redes sociais é mentira instantânea e impunidade eterna. Portanto, sem autor, nem vale a pena prestar atenção.

Havendo autor, se for mentira, rola alguma cabeça? Perguntemos: o autor é conhecido, respeitado e achável? O seu currículo atesta a sua competência no assunto? Pelé entende de bolas, mas não de pilhas. Padre entende de *junk bonds* ou de Fundo Monetário Internacional (FMI)? Quem publica sofre as consequências se uma inverdade é revelada? *Folha*, *Estadão* e *Globo* exibem o nome do redator responsável. *Veja* é um para-raios para ações por difamação. Portanto, todos têm bastante cuidado com o que publicam.

Edições voltadas para gente mais educada têm que ser mais cuidadosas. Por isso, merecem mais confiança. Boas editoras de livros, antes de publicar, selecionam os manuscritos com cuidado, inclusive consultando especialistas. Em revistas científicas, os artigos são revisados por acadêmicos que não são identificados e não sabem quem é o autor. Na hierarquia da confiabilidade, as revistas científicas consagradas estão no topo – e por boas razões.

Nada disso garante 100% a veracidade ou a seriedade do que é publicado. Por exemplo, Alan Sokal redigiu um ensaio que foi publicado em uma revista acadêmica considerada séria. Em seguida, o próprio denunciou a revista, afirmando que o artigo era propositadamente um punhado de asneiras, totalmente sem sentido. Apesar de tais casos pitorescos, quanto mais exigente a publicação, mais confiança merece. Tanto é assim que a revista se viu forçada a introduzir critérios muito mais rígidos para a aprovação das matérias submetidas à publicação.

Conforme o assunto, temos que nos precaver ainda mais. O que dizem aqueles que pensam diferente? Há consenso entre os entendidos no assunto? Para quem trabalha o autor? Quem financiou o estudo (pesquisas associando cigarro e câncer, se financiadas pelas fábricas, merecem pouca confiança). Como disse Upton Sinclair, é difícil fazer uma pessoa entender quando o emprego dela depende de não entender.

É preciso admitir que desmascarar mentiras dá trabalho. Se quisermos verificar tudo, nossa vida se esvai nessa empreitada. Portanto, é preciso ser seletivo. Diante de uma bobagem ingênua ou inverossímil, sorrimos, nada mais. Outras afirmativas podem ser sérias, mas não merecem maior gasto de tempo. Por exemplo, será que Colgate é a escolha dos dentistas? Se não somos dentistas ou especialistas em produtos de higiene, não vale nosso tempo descobrir se é verdade. Porém, receber uma gravação com a voz do Cristovam Buarque dizendo que já estava combinada a tomada de poder por um grupo de militares, como aconteceu comigo, é algo sério. Enviei um *e-mail* para ele, que me respondeu em seguida: totalmente falso, era um impostor.

Conselho final: se não merece confiança, nada de passar para a frente. A viralização das *fake news* ocorre justamente porque as pessoas repassam tudo, sem perguntar se merece confiança. "Recebi, achei interessante e repassei": eis o caldo de cultura das *fake news*.

As duas matemáticas

A matemática nasce no mundo real, fruto da necessidade de lidar com quantidades. Progressivamente, vai se tornando uma ciência abstrata, cujo desenvolvimento se distancia dos assuntos práticos. Não obstante à suprema utilidade dos resultados dessa crescente rarefação intelectual, no processo de aprender, nossa cabeça requer que a matemática seja apresentada no bojo de situações reais, do mundo em que vivemos.

Seja no Pisa, seja nas provas tupiniquins de matemática, os resultados são igualmente lastimáveis. Os alunos dominam menos de 10% do esperado. Diante de tal situação, abundam diagnósticos. Com toda modéstia, aí vai o meu.

Ao longo de muitos séculos, convivemos com duas matemáticas. Primeiro, nasce a prática de contar e medir. Quantos cântaros de vinho? Quantas barricas de trigo? Cobram-se impostos, expressos em números e proporções. Tudo muito concreto e visual, mas, no curso do seu desenvolvimento histórico, a matemática foi ganhando estrutura e notações próprias e, ao mesmo tempo, tornando-se mais abstrata. A invenção do zero foi um grande salto da imaginação: um número para medir uma quantidade ausente! Aos poucos, a abstração matemática ganhou vida própria. Não precisa lidar com entes concretos para ter sentido. Soma-se 5+7, não importa serem laranjas ou inimigos abatidos.

Mediu-se que o quadrado da hipotenusa é igual à soma do quadrado dos catetos. Logo, o achado se metamorfoseia no teorema de Pitágoras, expresso por símbolos e demonstrado formalmente. A sua comprovação dispensa a fita métrica, pois é um exercício de lógica. Cada vez mais, abstração e formalização se distanciam do mundo real. Desencarnada do concreto, a matemática ganha asas e voa pelos espaços do intelecto humano. Suas formulações são de uma beleza indescritível. Um teorema elegante é uma obra de arte; e a resolução de uma equação, um deleite. Mas atenção: abstrato não quer dizer inútil. A matemática se revela cada vez mais poderosa no mundo real.

Ainda assim, os lindos roseirais matemáticos têm espinhos pontiagudos. O fato de que a matemática pode prescindir do mundo real para desabrochar e crescer não significa que a maioria das pessoas consiga aprendê-la longe dele. De fato, pesquisas mostram que são poucos os que conseguem aprender e tirar proveito de uma matemática despida das suas aplicações práticas; nos Estados Unidos, menos da metade dos alunos do ensino médio entende essa matemática elegantíssima e abstrata. No entanto, também se descobriu que o caminho para dominá-la começa com a velha matemática, lidando com coisas que se contam e medem; encarnada no mundo real, os alunos a entendem. É a chamada contextualização.

Vamos substituir o quadro que está em péssimo estado. Ótimo, vamos comprar um painel e uma moldura para dar um certo acabamento. Não poderia ser uma situação mais concreta, mas quantos metros de alizares serão necessários para a moldura? E quantos metros quadrados deverá ter o painel? Esse exemplo simples é uma forma de contextualizar o ensino de perímetros e áreas. Pensando nos problemas práticos de comprar madeira, nosso intelecto se prepara para entender os dois conceitos.

Infelizmente, ensinamos a matemática abstrata, e não a aplicada. Um levantamento do Instituto de Matemática Pura e Aplicada (Impa) mostrou que nenhum livro de ensino médio brasileiro contextualizava a matemática. Em vez disso, todos expunham a versão abstrata – incompreensível para a maioria dos alunos –, deixando de trabalhar com a matemática de resolver problemas quantitativos do mundo real – compreensível para quase todos. Ainda que o objetivo final deva ser a segunda matemática, o caminho passa pela primeira. Ao contrário do que se faz nos países de primeira linha, nossos livros de matemática não contextualizam e são inexpugnáveis para a maioria. Decoram-se as fórmulas sem saber como usá-las ou para que servem.

A matemática nasceu no mundo real, para resolver problemas concretos, e é somente assim que a maior parte dos alunos consegue aprendê-la. A matemática abstrata não é inteligível para a maioria antes de aprendê-la contextualizada. A tragédia mostrada nos testes, pelo menos em parte, deve-se a esse equívoco pedagógico.

Agora inventaram a "aula ativa"!

Ouve-se muito falar de aula ativa, que contrasta com a passiva, na qual os estudantes meramente ouvem o professor. Este ensaio explora as origens dessa forma de ensinar, bem como os seus méritos.

Era o computador, depois veio o *tablet*, agora a moda é a "aula ativa". Outra novidade efêmera? Ouçamos seus profetas. É preciso "abandonar os métodos formais e verbais do passado, que enfatizam a absorção passiva de conhecimentos aprisionados em livros". De fato, "os currículos se tornaram congestionados, com cada vez mais materiais factuais". A nova ideia é "aprender por meio de atividades (...) os jogos fazem parte da educação". "As escolas não usam suficientemente o tato, a visão e o sentido muscular (...) as aulas consistem em ouvir e memorizar, um processo aborrecido e que prejudica a aprendizagem". "A escola deve ser viva, desafiadora, em vez de aborrecida, como uma prisão monótona". "Os alunos devem crescer naturalmente, aprendendo pelo fazer, e não encabrestados às carteiras". Isso porque "quando uma criança está usando uma serra ou uma plaina, não é necessário inventar maneiras artificiais de manter a sua atenção". "As crianças devem ser livres para investigar, perguntar e experimentar". Igualmente, "a curiosidade deve ser despertada por problemas que tentará resolver por conta própria". Nesse processo, "o papel do professor é selecionar experiências significativas para os alunos, escolhendo problemas que despertem a sua curiosidade, estimulando-os a investigar e desafiando-os a olhar para o mundo à sua volta".

Aula ativa é pôr em prática isso tudo. De fato, é o que precisa hoje a nossa educação. Só há um detalhe: as citações no parágrafo anterior são de Pestalozzi, Froebel, John Dewey e outros. Ou seja, são todas do século XIX!

O bom é que temos ideias sólidas para nos orientar, afinal, elas sobreviveram mais de um século. O ruim é que não foram adotadas nesse ínterim. De fato, a escola caminhou em direção oposta, abandonando a realidade concreta e os contatos diretos com ela. Um século de hibernação! Culpa de quem, diante de ideias tão poderosas?

Na tentativa de atender a um número cada vez maior de alunos, a escola encolheu nas suas ambições e foi engolida pela mediocridade das rotinas mortas e burras. Não vicejou a aula ativa de Dewey. Atolamos na mesma aula passiva, bem ao estilo medieval e tão claramente denunciada por ele. Anísio Teixeira bem que tentou, mas encontrou ouvidos moucos. A grande diferença desde então é o aumento exponencial das pesquisas rigorosas, avaliando a eficácia de cada método proposto, velho ou novo. Hoje sabemos o que funciona e o que não funciona. Estão ressurgindo algumas dessas práticas velhas, agora respaldadas por boa pesquisa. Vivas!

Ainda bem que há uma leve brisa trazendo de volta essas ideias, por tanto tempo hibernadas. Porém, não passa de um sopro, um sussurro, ainda frágil. Seja como for, são ideias persuasivas. Aposto nelas. Apenas fazendo o que mandam as citações anteriores, já provocaremos uma revolução na sala de aula. Na versão de hoje, é a aula invertida, *problem based learning* (PBL), *peer learning*, pré-aula, método da descoberta e outras fórmulas. As novas tecnologias digitais podem entrar na equação: são bem participativas, mas sem a força de mobilizar todos os sentidos.

Contudo, temos um desafio adicional. Não basta criar um par de escolas experimentais e fazer funcionar tudo que sonhamos. O difícil é fazer isso para 50 milhões de alunos. É possível, sim, mas é preciso concentrar as atenções nessa hercúlea tarefa e não perder tempo esgrimindo contra os espíritos de porco de plantão.

NOTA

1. Disponível em: www.ted.com/talks/ken_robinson_says_schools_kill_creativity?language=en.

#6
E os professores?

A educação é para os alunos, mas sem bons professores jamais será minimamente eficaz. Portanto, não são poucos os cuidados que devem merecer os assuntos ligados àqueles que estão nas salas de aula preparando as gerações que estão a caminho. Infelizmente, muitos dos assuntos docentes estão eletrificados. Há sensibilidades à flor da pele. Há um sindicalismo espinhoso e muitas vezes distanciado do objetivo central, que é fazer os alunos aprenderem. E flutuam no ar alguns mitos que teimosamente não morrem, embora sejam hoje negados pela boa pesquisa.

Neste capítulo, alguns desses temas são retomados, sem intenção de polemizar, mas não fugindo dos seus aspectos mais delicados. Como denominador comum está a tentativa de tornar o debate mais próximo do reinado da razão e dos números, porém mais distanciado das ideologias extremas e das emoções ebulientes.

Impeachment para professores?

Em uma sociedade democrática, todos são avaliados, até presidentes. Surpreende, portanto, a existência de uma categoria profissional isenta de avaliação: os professores das redes públicas. Sem qualquer tipo de avaliação, como conhecerão suas forças e suas fraquezas? Este ensaio discute várias possibilidades de melhor conhecer o desempenho dos professores em sala de aula. Note-se bem, não é uma cruzada punitiva, mas o desenvolvimento de ferramentas visando a melhorar o desempenho deles em sala de aula.

Robinson Crusoé fazia de tudo. Em contraste, vivemos em sociedades infinitamente mais complexas, pois cada um tem pouquíssimas tarefas, enquanto bilhões de pessoas cuidam do resto. E, nesse resto, a variedade é estonteante. Diante dessa cacofonia de gente produzindo e consumindo, como fazer para que tudo aconteça a tempo e a hora? Como fazer para que a minha marca favorita de sabonete esteja na prateleira do supermercado que frequento? Ou que o pé de moleque feito pela senhorinha prendada seja consumido por quem o aprecia?

A fórmula comunista de planificar tudo foi um fracasso onde quer que tenha sido aplicada. Sobrava aqui ou faltava ali. Tamanha é a escassez que, quando havia sapatos na sapataria, comprava-se o número existente, qualquer que fosse o tamanho do pé. Previsível era apenas a qualidade deplorável do que quer que fosse. Em contraste, o mercado se revela bem mais eficaz. Entre bilhões de outros acertos, encontro meu sabonete preferido.

Não cabe repetir como o mercado funciona, apenas adicionar um complemento essencial: depois de feito o serviço, seja limpar o chão ou gerir uma multinacional, alguém precisa decidir se foi bem-feito. Se não foi, há que se tomar providências. Se falham os remédios benignos, tanto o faxineiro como o CEO podem ser despedidos. Em geral, basta o temor da dispensa para melhorar os resultados. Os níveis de qualidade de vida de que desfrutamos seriam impossíveis sem o poder de tais *feedbacks* – suaves ou truculentos. Sabemos que na União Soviética o clima ditatorial impedia a existência de *feedbacks* eficazes. Durante décadas, o Lada teve problemas com as suas juntas homocinéticas e nada acontecia.

Em um Estado minimamente funcional, quase sempre há *feedback* para a satisfação com produtos e serviços. Se meter os pés pelas mãos, no limite, até o presidente pode perder o emprego. É o *impeachment*. Curiosamente, há uma categoria que se considera acima de qualquer apreciação do seu desempenho: os professores das redes públicas. Presidente pode ser avaliado, professor não pode. Aliás, Cuba é o único país em que professor ruim é despedido. Será por coincidência que tem a melhor educação da América Latina? E o que dizer desses mesmos professores que avaliam suas empregadas domésticas e as dispensam, se o seu desempenho está aquém do esperado?

Usar a avaliação para premiar ou punir, apesar de ser tema litigioso, costuma dar bons resultados. Contudo, o foco aqui é em outro uso, até mais relevante. Não se trata de *impeachment*, mas de conhecer as forças e fraquezas de cada professor e tentar mitigar as suas deficiências. Com isso, torna-se possível melhorar o seu próprio desempenho. Sem que alguém o diga, como ele vai saber o que faz certo ou errado? Alguma coisa sabemos sobre nosso desempenho pela introspecção e pelo sentido de autocrítica, mas, no fundo, dependemos dos outros para nos dizer onde fomos bem e onde pisamos na bola. Quantos equívocos de nossa parte já foram detectados e anunciados por nossos amigos?

Antes de um concerto, todos os grandes pianistas se apresentam para colegas ou antigos professores para ter uma opinião externa e mais isenta. Por que não os professores? Se a minha profissão é descarregar caminhão de brita, ao medir o tempo que levo para fazê-lo, fico plenamente autoavaliado. Contudo, um professor interessado no seu desempenho não tem as ferramentas para se autodiagnosticar, porque é preciso saber se o aluno aprendeu, se ficou motivado, se saberá usar o aprendido, e assim por diante. Nada disso aparece a olho nu para o professor, somando-se a essa opacidade as interferências do ego e das vaidades humanas. Mais ainda, nas áreas sociais, não há fitas métricas. Tudo é medido por comparação com outras pessoas.

Essencialmente, há três formas principais de conhecer o desempenho dos professores. A primeira é verificando o quanto seus alunos aprenderam.

Se aprendem mais e, por isso, tiram boas notas, deduzimos que seus professores foram melhores. Não são poucos os meandros estatísticos para gerar resultados confiáveis. Além disso, como os conhecimentos prévios dos alunos alteram o seu desempenho, há que isolar esse efeito, pois queremos medir apenas a influência do professor. De fato, os métodos são complexos, mas há como lidar com os desafios.

A segunda maneira de avaliar o desempenho dos professores é verificando a percepção dos próprios alunos. O que eles acham da aula, o que acham da didática e do professor? Nesse particular, há bons questionários para captar o julgamento deles.

A terceira é a observação da aula por mestres preparados para tal, munidos de protocolos apropriados. Um complemento interessante desse método é filmar a aula, permitindo ao professor ver seu próprio desempenho. Nem sempre uma imagem vale por mil palavras, mas, nesse caso, não há descrição verbal que dê ao professor uma ideia mais veraz dos seus talentos didáticos do que assistir ao vídeo da sua própria aula.

Nossos colegas captam falhas no nosso desempenho: quem sabe a apresentação está confusa e desorganizada? Quem sabe saltamos para o próximo tópico sem dar tempo aos alunos de entender? Ou até meros cacoetes de linguagem, como dizer "tipo assim" a cada minuto. Será que o som das nossas palavras é monotônico, sem entonação, pausas e ênfases?

Há mudanças nos ares. Mesmo no Brasil, pipocam tentativas de diagnosticar os pontos fortes e fracos dos professores. E, quem sabe, a moda pega? Como citado no próximo ensaio, pesquisas da Bill and Melinda Gates Foundation sugerem que o terreno é fértil. Vale a pena explorar as maneiras de ficar sabendo o que vai bem e o que claudica na aula. Por exemplo, viu-se que os observadores em sala de aula têm percepções bastante semelhantes às dos alunos. Ou seja: aqueles que são considerados bons mestres pelos alunos tendem a sê-lo também pelos profissionais treinados para avaliá-los. Ainda mais importante, tanto observadores quanto alunos tendem a julgar favoravelmente aqueles que promovem mais aprendizagem. Apontando falhas e acertos na aula, é possível ajudá-los a melhorar sua *performance*. Ainda que cada indicador possa falhar em certos casos, o seu conjunto gera resultados robustos.

Em suma, começam a se consolidar técnicas relativamente simples para diagnosticar o que o professor faz certo e o que faz errado na sala de aula. Não é uma excelente notícia?

O Programa Descoberta descobre?

Dando sequência ao tema da avaliação de desempenho dos professores, aqui apresentamos um caso concreto de avaliação por meio da observação da sala de aula. Observadores assistem à aula do professor e anotam o que viram em uma planilha. Alunos também dão nota aos seus professores. Demonstrou-se que as notas obtidas pelos professores são altamente correlacionadas com o que testes subsequentes mostram do nível de aprendizagem dos alunos. Ou seja, professores bem avaliados têm alunos que aprendem mais. Igualmente, os alunos são também capazes de avaliar corretamente os seus professores. Detalhando a análise, a pesquisa também permite identificar as práticas mais eficazes em sala de aula.

Sempre deslumbrado com as elegâncias da Apple, eu torcia o nariz para William Henry Gates III, com suas máquinas feias, deselegantes e complicadas. Porém, ele largou sua empresa e passou a dedicar-se à filantropia, mirando na saúde e na educação. Levou sua inteligência e os dividendos da Microsoft para decifrar grandes problemas e ajudar a resolvê-los. Fiz as pazes. Virei seu fã. Na educação, ele tenta entender o que faz um bom professor; assunto crítico, nebuloso e espinhento. Sua fundação montou uma grande pesquisa, e resultados interessantes começaram a aparecer.

Naturalmente, como não é o único fuçando nesses territórios, há muitos achados convergentes. Uma das conclusões compartilhadas por muitos pesquisadores é a identificação dos fatores que não se associam a um nível superior de aprendizagem dos alunos. São os chamados resultados negativos, muito importantes, pois limpam a área.

Idade e experiência do professor têm pouco a ver com a aprendizagem do aluno. Tampouco o seu nível de escolaridade se associa ao sucesso na sala de aula (óbvio, atrapalha se for semianalfabeto). Em particular, mestres e doutores não trazem mais rendimento do que professores com nível de graduação. Não deveria ser surpresa, pois são cursos que preparam o profissional para fazer pesquisa, e não para batalhar na sala de aula. No geral, cursos de reciclagem são perfeitamente inócuos. Entre outras razões, geralmente versam sobre teorias rarefeitas, autores da moda e ideologia requentada. Dar aula é o que menos se ensina nesses cursos.

Um mito que não morre é o sacrossanto princípio de reduzir o tamanho das turmas. Mais uma pesquisa demonstrando que o número de alunos não altera nada a aprendizagem? Na verdade, menos alunos na sala tem a consequência previsível de aumentar os custos, com certeza absoluta, mas, exceto em situações particulares, verificou-se que não melhora a qualidade. Em Harvard, uma das mais destacadas universidades do mundo, os alunos de primeiro ano têm algumas aulas em salas com 300 colegas.

Abandonando esses falsos caminhos, a pesquisa da Bill and Melinda Gates Foundation encontrou um promissor: como os professores dão aulas? A Universidade Positivo inspirou-se nos estudos da Fundação, adaptou seus métodos e os está replicando no Brasil por meio do Programa Descoberta. Os primeiros resultados da versão brasileira começam a pipocar e foram apresentados em um ensaio por Marcia Sebastiani e por mim. Como foi feita a pesquisa? Um pequeno grupo de professores foi capacitado para observar as aulas de outros docentes. Ao assisti-las, foram anotando como estes se desincumbiam, mediante uma planilha de itens considerados relevantes. Deram notas ao desempenho em cada item. Em paralelo, os alunos receberam um questionário no qual avaliavam o desempenho dos seus professores segundo critérios parecidos. No fim do ano, foi aplicado um teste semelhante à Prova Brasil e ao Programa Internacional de Avaliação de Estudantes (Pisa). Mediu-se, assim, quanto aprenderam os alunos nesse período.

As hipóteses da pesquisa foram as seguintes:

1. As práticas do professor na aula, anotadas pelos observadores, são relevantes para determinar quanto aprendem os alunos. A se confirmar essa hipótese, os professores com escores

maiores no questionário de observação terão alunos com melhor rendimento acadêmico.

2. Igualmente, terão notas maiores no teste os professores identificados como aplicando as regras e práticas que os próprios alunos identificam.

A pesquisa realizada confirma ambas as hipóteses. Professores mais bem avaliados, seja pelos seus alunos, seja pelos observadores, têm turmas com melhor desempenho. Do ponto de vista estatístico, são associações particularmente robustas. A pesquisa da Universidade Positivo mostra o êxito do professor que adota certas práticas. Ou seja, não interessa a quantidade de diplomas, se leu os livros de Piaget ou memorizou os mantras de Vygotsky, há quanto tempo dá aula ou quantos cursinhos completou. O que conta é se aprendeu e usa nas suas aulas as técnicas consideradas eficazes. No caso, revelaram-se como variáveis críticas: passar deveres de casa inteligentes, corrigi-los e depois dar *feedback* ao aluno. E, também, explicar, insistir e repetir até que o aluno aprenda. Não se busca nada de muito vago ou nebuloso, é o feijão com arroz de sempre, adotado pelos bons professores.

Não se trata de um interrogatório para castigar os perdedores. Pelo contrário, a pesquisa permite a identificação cirúrgica do que o professor faz certo ou errado na sala de aula. E aponta para intervenções relativamente simples. Se não ensinaram ao professor a valer-se dessa ou daquela técnica, ainda está em tempo de aprender. De fato, estão sendo preparados materiais para corrigir as lacunas dos docentes, precisamente focalizados no que o estudo mostrou sobre cada um. Como os problemas são concretos, os ensinamentos também devem ser.

A pesquisa mostra um cenário otimista. Que desastre se fosse necessário um doutorado para ser bom professor, se houvesse idades certas e erradas ou se fosse necessário entender de psicologia sócio-histórica. Que alívio! Basta aprender a dar aula. Todos podem melhorar.

O professor ganha pouco e o Estado gasta muito. Como é que pode?

Mostramos aqui um paradoxo do nosso ensino. O Estado gasta muito pagando seus professores, mas, ao mesmo tempo, os salários não são nada encorajadores. Explorando o tema, verificou-se que a carreira do magistério é regida por regras que criam tais distorções. Leniência com faltas, aposentadoria precoce e outros equívocos explicam a situação.

Se a pergunta é errada, dificilmente teremos uma resposta certa. Diante de uma indagação vaga sobre a remuneração dos mestres, as muitas respostas geram imensa cacofonia. E, com isso, pouco avança nossa compreensão. Penetremos nesse pantanal.

Primeiro, em que níveis de ensino? E que professores, onde? As variações são enormes. O salário inicial no Estado do Rio de Janeiro é maior do que o de outras profissões. Em outros lugares, é miserável. E, na verdade, não há relação clara entre o salário do professor e o que aprendem os alunos. O Amapá tem um dos salários mais altos e uma das piores *performances*. Minas Gerais paga abaixo da média e está entre os melhores. No geral, os salários desapontam e, sobretudo, não atraem as melhores cabeças para ensinar em escolas públicas, cujo astral tende a ser péssimo. Comparações com outras profissões mostram resultados ambíguos. Por exemplo, os salários são competitivos, se tomamos a remuneração por hora, uma vez que a jornada de trabalho dos professores é menor.

O outro lado da equação é o custo dos professores para o erário. Em termos internacionais, gastamos bastante. Ajustando os dados de acordo com as diferenças de custo de vida, entre 35 países ricos ou quase ricos, estamos ligeiramente abaixo da média. Há também sete com salários mais baixos e melhor desempenho no Pisa.

Curioso: gastamos muito e pagamos pouco! Por que será? O mistério é desvendado percorrendo a coleção de burrices nas fórmulas de remuneração, que, até certo ponto, também prejudicam outras carreiras públicas. No passado, após trabalhar 25 anos, os brasileiros não estavam muito longe do fim da vida, mas, aposentando-se com 50 anos ou menos, como acontecia até recentemente, os professores tinham uma esperança adicional de vida da ordem de 25 anos. Ou seja, na média, passavam tantos anos aposentados quanto ensinando. E, ao contrário do que ocorre na maioria dos países, aposentam-se com o mesmo salário. Em alguns Estados com sistemas mais antigos, como São Paulo, Rio de Janeiro e Rio Grande do Sul, a conta dos aposentados já é maior do que a dos ativos. Aumentando a idade da aposentadoria e fazendo o seu valor mais modesto, esses Estados poderiam dobrar os salários com o mesmo orçamento dedicado à educação.

Durante os seus 25 anos ensinando, os professores estão sob regras aparentemente generosas, mas, no fundo, perversas. Dos 45 dias de férias, somados, subtraem-se 37,5 meses do total de dedicação às aulas. As licenças-prêmio, a cada cinco anos, tiram mais 12 meses. Os 25 recessos natalinos reduzem a carreira em 8,3 meses. Dez faltas anuais por saúde somam 8,3 meses. Em comparação com um emprego pelo regime da Consolidação das Leis do Trabalho (CLT), são seis anos a menos de trabalho, ou seja, os professores trabalham o equivalente a 19 anos.

Quem fizer mestrado e doutorado pode se ausentar da aula por 72 meses. Duas gestações rendem 12 meses. Quatro candidaturas a vereador dispensam da aula por mais 12 meses. Ou seja, quem usar todas as dispensas legais deixa de ensinar por 13,5 anos. Esse seleto grupo, capaz de usar todos os privilégios, trabalha 11,5 anos na sala de aula e recebe durante 38,5 anos (= 13,5 + 25 anos). Ótimo para eles, mas quem paga a conta? Obviamente, os contribuintes, na forma de impostos. E são penalizados os outros professores, na forma de salários mais baixos. Pelo menos na teoria, alguém tem que substituir os faltantes. Isso é custo e, no total, não é pouco dinheiro.

Durante a carreira, mestres e doutores ganham salários mais altos, apesar de estar cabalmente demonstrado que tais diplomas não melhoram o rendimento dos alunos. Entre outras razões, eles não foram pensados para isso, mas para formar pesquisadores. Ser um professor eficaz em sala de aula não traz promoções nem salário. Em contraste, como os professores são estáveis, com completa impunidade, é possível ter um péssimo desempenho a vida toda.

Porém, ainda que aceitemos a vitaliciedade do cargo, as regras da carreira prescrevem dois anos de trabalho experimental. Ou seja, estritamente dentro da lei, os docentes podem ser excluídos durante esse prazo e, como confirmará qualquer diretor, ao fim do segundo ano já se sabe quem não nasceu para a sala de aula e por quê. Esses mestres malsucedidos poderiam ser eliminados, mas ficam praticamente todos. Por que será?

Some-se a isso o excesso de professores pendurados nas burocracias das secretarias. Há também os muitos perdidos em outras secretarias, fantasmas e falecidos. E as greves? Pouco se logra medir desses vazamentos, mas são enormes. Como acumulam-se repetências, gasta-se mais. Se todos aprendessem na hora certa, os salários poderiam aumentar com o mesmo orçamento. Temos 20 a 30% de repetência, que, se fosse eliminada, os salários poderiam aumentar rigorosamente nessa proporção.

Somando todos os desencontros, terminamos com o paradoxo do docente ganhando pouco, o governo gastando muito e a injustiça dos ótimos ganhando o mesmo que os péssimos. Pergunto aos professores: é esse o sistema que vocês querem? Se fosse professor da rede pública, eu não gostaria nada do sistema descrito aqui. E se também não gostam, onde estão as reclamações? Por que não se queixam aos sindicatos?

Quem representa os professores?

Algumas lições são aprendidas docemente. Outras, de forma truculenta. Recentemente, entendi melhor a natureza de algumas representações sindicais dos professores, mas foi pelo método mais áspero. Publicado na revista **Veja**, *o ensaio anterior provocou uma reação furibunda do sindicato docente do Amapá. Na discurseira do seu presidente, fui insultado e criou-se uma grande confusão. Contudo, em momento algum discutiu-se por que o ensino é tão fraco naquele Estado, apesar dos elevados salários. Ou seja, os sindicalistas preferem esconder o problema e tentar ofender quem os denuncia. Contrasta-se a situação com a Alemanha, que, ao receber uma nota no Pisa considerada baixa, promoveu uma enorme discussão pública durante anos. Resultado? O Pisa seguinte mostrou números bem melhores.*

Ao saber que eu daria uma conferência, o sindicato dos professores do Amapá exigiu que me desconvidassem, ou seria vaiado. Nem os organizadores nem eu próprio admitimos um recuo. No auditório, placidamente sentavam-se os participantes, quase todos professores. Subitamente, irrompeu um grupo de sindicalistas, que tomou lugar de pé em um lado da plateia. Enfurecidos e brandindo cartazes, me vaiaram demoradamente. É óbvio, não gostei nada daquele momento. Meu instinto animal sugeria usar as competências que me trouxeram uma faixa roxa de caratê. A razão prevaleceu, fiquei imóvel, de pé.

Entrou a polícia e armou-se a confusão. Finalmente, um negociador hábil permitiu ao líder um discursinho de cinco minutos em troca da debandada de sua tropa. A plateia permaneceu silenciosa, pois só urraram aqueles que se diziam seus representantes. Terminado o patético incidente, dei minha aula para uma plateia de professores interessados e com boas maneiras. Não faltaram aplausos ao fim. Os representados não mostraram solidariedade aos representantes. Curioso, pois não?

O conteúdo do discursinho vociferado é uma aula sobre o sindicalismo dos professores de lá. Um professor de português não deveria aceitar um dirigente que erra repetidamente a concordância dos verbos, sobretudo na presença das máximas autoridades educacionais do Estado. Afinal, não é o sindicato dos catadores de papel. É o daqueles cuja missão é educar nossa juventude. Tanto quanto entendo, ainda é papel dos professores ensinar conjugação de verbos. O mais revelador é que, em momento algum, foi discutido o que escrevi no ensaio. Desde Platão, com seus diálogos, sabemos que é a troca de argumentos logicamente bem construídos que faz evoluir o nosso pensamento. É a sua celebrada dialética. É missão da escola ensinar a ler ou ouvir um texto e contrapor a ele os argumentos cabíveis, com igual rigor. Portanto, não se pode esperar menos de quem representa os professores. Todavia, nada, nada foi dito sobre meus argumentos ou mesmo sobre o ensaio. Nem um só contra-argumento, só insultos: "Fora Castro! Fora *Veja*".

O texto do ensaio culposo é complexo, pleno de números e interpretações delicadas. Há estimativas, hipóteses simplificadoras e conjecturas. Portanto, não é difícil de ser contestado. Será que os loquazes sindicalistas não são capazes desses duelos lógicos? Ou acham insultar mais fácil ou mais eficaz? Seja como for, se são professores, sua missão não é ensinar a dizer impropérios, mas a pensar de forma escorreita e competente.

Faltou tocar no aspecto mais delicado do ensaio, no caso daquele Estado. Escrevi ser o segundo que mais paga aos professores e um dos últimos nas avaliações do Ministério da Educação e Cultura (MEC). A liderança sindical tinha duas alternativas diante de si. Ou fingir que não leu aquele parágrafo ou escancarar o assunto. A primeira alternativa é confortável para todos. A segunda machuca, confronta, traumatiza. Mas e as consequências? Escancarar o desastre traz um grande mal-estar, crises e mudanças, tudo incerto e penoso. Contudo, esconder o problema é assegurar que não será resolvido no futuro. Os sindicalistas escolheram o silêncio.

Ao aparecerem os resultados do Pisa, a Alemanha levou um susto, pois se saiu muito pior do que esperava. Boca no trombone, crise, ranger de dentes, brigalhadas infindas, conferências e atos de contrição. O resultado foi um conserto sério e um grande salto nas avaliações dos anos seguintes.

É a Alemanha que nos ensina a boa lição: a coragem para enfrentar o problema de peito aberto e buscar um reparo. Os sindicalistas preferem fingir que não é grave estar no topo dos gastos e na lanterninha dos resultados. É uma lástima ver uma classe sofrida e vital para o futuro do país representada por quem não pauta seu discurso pelos interesses da educação.

#7
Como se aprende uma profissão?

Este capítulo trata da formação profissional, do ensino técnico e também dos cursos superiores e superiores de tecnologia. Na nossa terra, todos esses cursos ainda precisam ser melhor decifrados. Se já temos alguma clareza nas variedades tradicionais de educação acadêmica, na preparação para o trabalho paira uma penumbra deveras opaca, impedindo que vejamos a realidade e entendamos o que se pode esperar desses segmentos. Pior, ideologias simplistas e populismo embaçam ainda mais as discussões, mas uma coisa sabemos: não há países bem-sucedidos que não tenham um sistema de preparação para o trabalho sólido, caro e operando sob boas regras – o que inclui financiamento público. Dessa constatação tão poderosa não podemos escapar, e tudo mais que se diga toma isso como ponto de partida. É verdade, temos segmentos muito competentes e até brilhantes, mas há alguns com problemas crônicos e outros que ainda tateiam na busca das boas fórmulas.

O capítulo prossegue discutindo diferentes cenários de evolução do mercado de trabalho. Somos bombardeados com visões catastrofistas: as máquinas destruirão os empregos! As profissões se desqualificam! Somem profissões, novas virão nos surpreender. Há pelo menos um fundo de verdade em cada uma dessas previsões, mas muito do pânico não se justifica.

Uma das diferenças entre educação e formação profissional é a necessidade, nesta última, de uma excelente pontaria, para que o graduado em um curso encontre um emprego que corresponda ao que aprendeu. Esse tende a ser o maior desafio.

Alguns ensaios tratam de assuntos que dizem respeito a quaisquer modalidades de preparação profissional. Há também outros mais voltados para cada uma das grandes modalidades de formação: aquelas independentes do ensino acadêmico, como o Serviço Nacional de Aprendizagem Industrial (Senai) e o Serviço Nacional de Aprendizagem Comercial (Senac); e cursos técnicos, superiores de tecnologia e de engenharia, nos quais a profissionalização é combinada com diplomas oficiais.

Educação ou mero treinamento?

Educadores frequentemente contrastam a educação com o treinamento, reservando certo desdém para o segundo, tipicamente a formação profissional. Na verdade, a distinção é tola, exceto em casos extremos. Na educação acadêmica, deve haver muita prática para fixar a aprendizagem, e na formação profissional é necessário dominar as teorias, para entender a prática profissional.

Proclamam alguns educadores que na Educação (com E maiúsculo) aprende-se a pensar e a descobrir a beleza das ideias. Assim acontece estudando filosofia, física, biologia molecular ou lendo os clássicos. Em contraste, há o reles treinamento (com t minúsculo), no qual se aprende a reproduzir atos e gestos de uma atividade ou profissão. Assim é aprender corte de cabelo ou costura industrial: pode ser muito útil, mas é um empreendimento intelectualmente pobre.

Nada errado com as definições ou os seus exemplos. Não estão errados justamente por serem casos extremos, mas, na hora de dizer o que é educação e o que é treinamento, as derrapagens são frequentes, pois o mundo real é complicado e nebuloso. No mais das vezes, as duas alternativas vêm misturadas. Grande parte do que aprendemos tem um lado mais mecânico, que sugere a palavra "treinamento", e também um lado mais abstrato, que querem que seja intitulado de "educação". No limite, o que é apresentado como educação pode trazer poucas consequências para promover nossa capacidade de usar a cabeça, e mesmo ser inútil. Por outro lado, o que parece apenas treinamento pode ser, também, excelente educação.

Sem boas razões, a palavra treinamento adquiriu um tom pejorativo. Virou algo como: "Educa-se a cabeça e treinam-se as mãos". Essa conotação é frequentemente usada por educadores de esquerda para desonrar a preparação para os ofícios. Segundo eles, é adestramento, meras práticas, em vez da pureza da verdadeira educação. A acusação tende a ser tola, pois, na quase totalidade dos casos, a formação profissional não substitui os estudos acadêmicos, uma vez que é realizada por meio de cursos curtos e precedidos de muitos anos na escola regular. De mais a mais, os próprios cursos profissionais tendem a incluir assuntos da escola acadêmica, como matemática e ciências. De fato, exceto para ocupações muito simples, não se "treina" sem que os alunos tenham também uma boa dose de educação convencional antes ou durante o curso. Fica aqui a advertência: "treinar" é uma palavra inocente de crimes, mas contaminada por acusações de fundo ideológico. É até melhor evitá-la.

Antes de prosseguir, consideremos: muito do que passa por educação é educação que não serve para nada. Muito do que acontece, mesmo no ensino superior, não passa de memorizar nomes, datas, fórmulas e enunciados. Decorar o manual do vendedor não é vender. Memorizar leis é apenas isso. É diferente de articular as ideias para um parecer jurídico. Lembrar-se do nome de capitais, efemérides, ossos, plantinhas, elementos da tabela periódica e sua valência pode ser matéria-prima para o que vem depois, mas e se o depois não vier, como acontece? Com currículos congestionados, raramente há tempo para a aplicação. Essas memorizações iniciais não são uma verdadeira educação. De fato, como não se avança além delas, não servem para coisa alguma. O que vale decorar a fórmula de uma lei da física se nem foi entendida e nem sabemos usá-la no mundo real?

Confrontemos o que chamamos de educação com o desdenhado treinamento de ofício. Desenhar e construir uma mesa abarca um longo percurso, rico de dificuldades, abstrações e teorias. Qual o estilo? Como ficará o equilíbrio visual e real das formas e dos volumes? Há que se preparar um desenho do que se pretende construir. Quem sabe o desenho é feito por meio de desenho assistido por computador (CAD, do inglês, *computer-aided design*)? Que propriedades mecânicas e estéticas deverá ter a madeira da mesa? Que tipo de encaixes? Como lidar com a contração do tampo, no sentido lateral da fibra? Qual a precisão das medidas? Que ferramentas usar? Qual o melhor acabamento, considerando o uso da peça? E por aí afora.

Um torneiro, para substituir o mancal desgastado de uma máquina, começa tomando medidas com precisão de centésimos de milímetro.

Em seguida, desenha a peça. Tem que prever a folga de dilatação. Precisa escolher o metal ou a liga a ser usado. No torno, dado o diâmetro da peça e a dureza do metal, qual é o ângulo de corte aconselhado para afiar as ferramentas? Qual é a velocidade de avanço do carrinho e a agressividade do passe? Muitas dessas especificações estão em livros ou manuais de serviço. Nessas tarefas, o tempo todo, sucedem-se pequenas e grandes decisões. É vasto o espectro de teorias, técnicas e práticas a serem aprendidas. Vão das leis da física à estimativa do preço a ser cobrado. Isso tudo com uma informatização cada vez mais ubíqua e que precisa ser dominada. A cabeça é usada em permanência, para dizer às mãos o que fazer. De acordo com a minha máxima favorita, fazer é pensar!

Em um livro recente, um doutor em ciência política pela Universidade de Chicago conta que foi trabalhar em um *think tank* de pesquisas de opinião. Não gostou e mudou de atividade. Abriu uma oficina de consertos de motocicletas velhas. Segundo ele, na sua segunda encarnação profissional, tem que pensar muito mais, o tempo todo (CRAWFORD, 2009). Do ponto de vista pedagógico, é muito mais eficaz aprender a teoria no bojo das suas aplicações práticas. Segundo uma corporação de ofício francesa, "o conhecimento mora na cabeça, mas entra pelas mãos". Faz sentido negar que tarefas como as duas citadas sejam também uma boa educação? É importante reconhecer e valorizar o componente educacional de muitos cursos profissionais. Em contraste, precisamos ser muito mais cuidadosos antes de exaltar um curso pela nobreza do seu título, e não pelo que realmente acontece nas salas de aula. Cabe denunciar uma pretensa educação em que a memória é a única faculdade utilizada.

Como regra geral, em um curso acadêmico, a teoria deve ser seguida de uma aplicação prática, para que seja melhor entendida, mas a motivação é aprender a teoria. Em um curso profissional, o objetivo é aprender a realizar alguma tarefa bem prática e específica, mas para que isso aconteça, é preciso estudar a teoria subjacente. Ou seja, em ambos os casos, é preciso lidar com a teoria e com a prática, ainda que seja por razões diferentes. Em suma, na boa educação e no bom treinamento, mesclam-se teorias e aplicações práticas. A distinção é tola; e o preconceito, injustificado.

Dando nome aos bois, na manada da preparação para ofícios

 *Antes de discutir ou discordar, é necessário ter clareza acerca do que são as muitas modalidades de preparação para o trabalho. Aqui caracterizamos os principais tipos de formação profissional e ensino técnico.*

Ao discutir a preparação para o trabalho, o primeiro cuidado é entender que esse processo pode acontecer de formas muito díspares. Se não tivermos um mínimo de precisão nas palavras, a discussão se embaralha, dificultando qualquer racionalidade nas políticas públicas. Por exemplo, mesmo pesquisadores reconhecidos confundem escola técnica com formação profissional. Para que essa Babel faça algum sentido, é preciso criar categorias de análise. Uma primeira e óbvia é separar os grandes setores da economia: manufatura, agricultura e serviços, mas isso não nos leva muito longe, pois dentro de cada um continua a Babel.

Para começar a entender, veja-se o contraste entre formação profissional e a educação acadêmica. Nesta última, desde o início da escolarização, há um único caminho para todos: ensino fundamental I e II, seguido do ensino médio e superior. Isso é tudo. Nada de puxadinhos, gavetinhas ou desvios.

Já na preparação para o trabalho, desconsiderando-se o ensino superior, para cada uma das dúzias de ocupações "clássicas" há um curso sob medida. É o carpinteiro de formas, eletricista industrial, o fresador, e assim por diante. E dentro de cada ocupação, há vários níveis. É o pedreiro, o pedreiro "meia colher" e o mestre. Daí para cima, há as muitas especialidades dos cursos técnicos e cursos superiores de tecnologia.

Como se vê, há um ciclo acadêmico com apenas três categorias, alinhadas uma atrás da outra. E há a multidão de modelos e versões da formação profissional.

Na antiga União Soviética, na preparação de mecânicos, havia da ordem de cem cursos diferentes! Claramente, era um exagero, resultante do fato de que a formação profissional era oferecida pelos quarenta e tantos ministérios; cada um tinha os seus burocratas formulando os cursos e ignorando os dos outros.

Talvez o corte analítico mais útil seja esse mesmo, o grau de institucionalização do curso. Nesse ponto de vista, podemos distinguir os dois grupos já mencionados: de um lado estão os cursos embutidos dentro dos ciclos acadêmicos – os cursos técnicos e superiores de tecnologia (e os cursos superiores, não considerados aqui); do outro lado está a multidão de cursos que nem sequer são considerados pela legislação. Tradicionalmente, são os cursos preparando para ofícios manuais qualificados, mas há também cursos de poucas horas, dentro e fora das empresas. Chamar isso tudo de "ensino técnico" é um convite para embaralhar coisas bem diferentes.

/// Educação e formação profissional

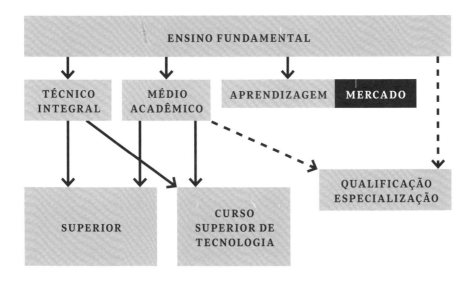

Como a lei limita muito a flexibilidade dos cursos atrelados ao ensino acadêmico, a classificação apresentada na figura da página 193 parece ser a mais conveniente.

No lado direito da figura estão os cursos desatrelados dos ciclos acadêmicos. Em geral, são cursos para ocupações manuais qualificadas. No caso brasileiro, podem ser oferecidos para candidatos com níveis diferentes de escolaridade formal.

Quando foram criados, recebiam alunos com não mais do que um par de anos de escolaridade. Hoje, o mesmo curso pode ter uma maioria de alunos com o ensino médio completo. Essa flexibilidade é uma das suas forças, pois permite adaptar-se a diferentes sociedades, bem como ajustar-se ao aumento de escolaridade do local em que opera.

Uma característica relevante desses cursos é que seus certificados de conclusão não têm valor legal e não criam reservas de mercado. Isso não é uma falha, mas apenas uma característica do nosso sistema (ou não sistema). Se o mercado valoriza e contrata, que mais precisamos? Em geral, nessa categoria estão os cursos clássicos de preparação para os ofícios, chamados de Qualificação, do Senai e do Senac (atenção para não confundir com uma grande variedade de outros cursos oferecidos pelo Sistema S, dos mais simples até a pós-graduação). Há também um conjunto de redes estaduais de centros vocacionais de tecnologia (CVTs). São cursos mais básicos do que os do Senai e voltados para uma clientela mais carente.

Note-se que o nosso marco regulatório se parece mais com o norte-americano do que com o da Europa, de onde importamos os modelos de cursos e onde há uma legislação rigorosa quanto à certificação para o exercício das profissões manuais qualificadas. Por exemplo, quando morava na França, na fronteira com a Suíça, comprei um fogão usado. Para ligá-lo, não havia na França a base de tomada, pois era um modelo suíço. Fui a uma loja de material elétrico e lá me informaram que, sem ter licença de eletricista, estava proibido até de comprar a dita tomada.

Em contraste, nos Estados Unidos, a regulamentação existe apenas para umas poucas profissões, como a de eletricista. Compartilhamos com os americanos a mesma ausência de exigências legais para exercer atividades manuais qualificadas tradicionais, como as de marceneiro e mecânico, além de outras ocupações mais novas e variadas, sobretudo no setor terciário.

Um caso intermediário, do ponto de vista da institucionalização, são os programas de aprendizagem. Inicialmente, eram limitados a jovens de até 18 anos, mas hoje avançam até 24 anos. São programas que preparam para as profissões manuais clássicas, oferecidas nos cursos de Qualificação. A diferença é apenas na idade e no contrato de trabalho dos aprendizes, mas são altamente regulados pela legislação – em boa medida, leis que, no afã de proteger os aprendizes, tiraram desses programas qualquer atrativo para as empresas. Assim, essa é uma modalidade em crise. Os fiscais do Ministério do Trabalho assediam as empresas para preencher a sua cota de aprendizes, e as empresas, por boas razões, tentam escapar do péssimo negócio oferecido, pois os trâmites e os custos não são justificados pelo pouco que trazem de benefício a elas.

Em geral, os cursos sérios que preparam para ocupações manuais qualificadas costumam ter um bom mercado de trabalho. Contudo, seu *status* é consideravelmente mais baixo do que aqueles atrelados a diplomas acadêmicos. Essa é uma diferença considerável diante do que acontece nos países mais avançados, onde a hierarquia de *status* é menos pronunciada. Uma curiosidade que revela o maior *status* atribuído às ocupações manuais é dado pelo catálogo telefônico de Genebra, na Suíça. Nele, muitos dos nomes listados são complementados pela profissão do assinante: Pierre Dummont, pedreiro (ou mecânico ou pintor).

A segunda vertente é formada pelos cursos que combinam um currículo acadêmico com a preparação para o trabalho. O mais tradicional é o ensino técnico, que, até a década de 1990, estava integrado ao ensino médio. É um curso que chegou ao Brasil por meio da influência francesa. As escolas técnicas federais (ETFs) foram pioneiras nesse tipo de curso. Em anos mais recentes, foram criadas algumas poucas redes estaduais, como a Paula Souza, em São Paulo. Na última década, o setor privado redescobriu essa modalidade e está crescendo.

Um degrau acima estão os cursos formando tecnólogos. São considerados legalmente de nível superior e permitem acesso à pós-graduação. Podem durar entre dois e três anos. Ficam entre os cursos técnicos e os cursos de engenharia. Levaram muito tempo para serem criados no Brasil e seu porte ainda é pequeno. Alguns deles são excelentes, outros nem tanto. Em boa medida, são uma evolução natural das ETFs.

Na prática, o mercado não faz distinções muito claras entre cursos técnicos, cursos superiores de tecnologia e, por vezes, a própria graduação. Os cursos superiores de tecnologia deveriam ser uma versão mais prática dos cursos de engenharia. Mas, na maioria dos casos, são uma graduação de quatro anos encolhida em dois. Ou seja, correm o risco de ter pouca teoria e pouca prática.

Cada uma dessas vertentes tem virtudes e problemas bastante distintos. Em particular, a convivência da formação acadêmica com a profissionalização, no mesmo curso, cria dilemas e perplexidades, assunto a ser tratado mais adiante neste capítulo.

Um aspecto importante nos cursos superiores de tecnologia são as reservas de mercado promovidas pelas associações de classe. Em certas áreas, como a construção civil, há restrições ao que podem fazer os técnicos. O mesmo acontece com os tecnólogos em outras áreas, como é o caso da Petrobras, que não reconhece cursos voltados para a indústria do petróleo.

A falta de pontaria

A educação acadêmica não tem uma conexão unívoca com as profissões, em contraste com as diferentes modalidades de preparação para o trabalho. Nestas, o que se aprende está voltado para um desempenho profissional bem definido. Logo, alguma coisa vai mal se o graduado não exerce a profissão. De fato, essa falta de "pontaria" é o maior problema encontrado pelas escolas e pelos centros de formação.

Preparar para o trabalho é um processo complexo, bem mais intricado do que a educação acadêmica. Muito mais do que no ensino acadêmico, os menores detalhes podem virar obstáculos incontornáveis.

No ensino acadêmico, os equipamentos e suprimentos vão pouco além do quadro e do giz. E é até possível ministrar uma aula sem eles. Já na formação profissional, são muitas centenas de ferramentas e suprimentos requeridos ou mesmo essenciais. Se falta eletrodo em um curso de solda, simplesmente não há aula. Se queima uma correia na máquina, ela não dá sinais de vida e não pode ser usada. Apesar dessa pletora de vulnerabilidades e uma logística capenga, há um problema que se sobrepõe a todos os outros: a falta de pontaria.

Sabemos que cursos profissionais podem mostrar resultados esplêndidos. De fato, quando tudo dá certo, podem se constituir nos investimentos com retorno econômico imbatível. Todavia, mesmo que o curso seja de alta qualidade, se não há emprego para o graduado ou se o graduado não se interessa pelos empregos oferecidos, estamos diante de um fracasso quase total. Alguém paga o custo, e o resultado é mais um desempregado ou extraviado de sua formação.

Para ilustrar, imaginemos um exemplo bastante artificial. Monta-se um curso de manutenção de elevadores. Selecionam-se bons alunos e os melhores instrutores. Os materiais didáticos e as oficinas são de ótima qualidade. É um curso perfeito, graduando profissionais excelentes, mas se estiver localizado em uma cidade onde todas as edificações só têm um andar, reflete uma total falta de pontaria. Nenhum graduado conseguirá emprego na ocupação aprendida.

Podemos expandir o exemplo para ilustrar um outro aspecto do mercado para cursos profissionalizantes. Imaginemos uma outra cidade ao lado, em que foi construído um imenso conjunto pelo programa Minha Casa, Minha Vida, onde todos os edifícios têm elevadores. Se lá fosse oferecido um curso semelhante, os graduados conseguiriam emprego na sua manutenção. Em conjunto, as estatísticas de empregabilidade nas duas cidades mostrariam um mercado em que metade encontra emprego, e a outra metade, não. Na média, há 50% de aproveitamento, mas esse é o perigo da agregação. A realidade é zero emprego na primeira cidade e pleno emprego na outra.

É impossível exagerar a gravidade dessa falta de pontaria que atinge uma proporção assustadora de programas pelo mundo afora. Se fizermos um giro pelo Terceiro Mundo, veremos a enorme frequência com que os graduados dos cursos de formação profissional não encontram emprego ou não querem se empregar na ocupação. De resto, como dito, não há outro problema que ocorra com tanta ubiquidade.

Em minha trajetória profissional, dirigi um grupo de políticas de formação profissional na Organização Internacional do Trabalho (OIT), em Genebra. Passei então para o Banco Mundial, onde cuidei do mesmo assunto. Finalmente, me transferi para o Banco Interamericano de Desenvolvimento (BID), onde meu campo de trabalho incluía a preparação da mão de obra. De tudo que vi nesse assunto, nada me impressionou mais do que a falta de pontaria dos cursos. E o Brasil não escapa dessa sina. Não é desprezível a proporção de cursos cujos benefícios são inexistentes, ou quase. Avaliações sérias demonstraram que isso aconteceu dramaticamente com o Plano Nacional de Qualificação do Trabalhador (Planfor). O lado positivo é que o programa foi seriamente avaliado, o que não aconteceu com os vários outros que vieram depois.

O Senai e o Senac tendem a ter boa pontaria ao oferecer os seus cursos. São exceções, pelas razões soletradas mais adiante neste capítulo.

Outro tipo de falta de pontaria ocorre com as ETFs, que viraram Centros Federais de Educação Tecnológica (Cefets) e, depois, faculdades de tecnologia. Oferecendo gratuitamente cursos de excelente nível, são fortemente procuradas por alunos buscando aprovação em um vestibular altamente competitivo. Assim, em vez de ir para o mercado, eles vão para um curso superior, pois foram bem preparados nas disciplinas acadêmicas. O esforço de ensinar uma ocupação é perdido. E quem gostaria de se preparar para essa ocupação não consegue entrar, pois os "vestibulinhos" se tornaram difíceis – alguns com uma relação de 15 a 30 candidatos por vaga. Considerando que o curso foi concebido para formar técnicos para trabalhar nas empresas, vão-se quase todos para o ensino superior, trata-se de uma flagrante falta de pontaria.

Como não há mecanismos para acompanhar os egressos e penalizar os cursos cujos graduados não exercem as profissões aprendidas, o aproveitamento do ciclo profissional das escolas técnicas tende a ser mínimo. O problema é agravado pelo alto grau de autonomia dos cursos federais e por uma governabilidade claudicante. Portanto, inexistem maneiras de fazer os cursos descolados da demanda serem repensados.

Visitei Cachoeiro do Itapemirim, Espírito Santo, onde há a maior concentração de indústrias voltadas para rochas ornamentais. Lá existe um curso técnico federal, mas, segundo informado pelos próprios industriais, as mais fortes demandas são por cursos que ensinem a usar as máquinas de cortar e polir as pedras. Igualmente importantes seriam cursos que ensinassem a planejar o local dos cortes, nas jazidas, para otimizar o aproveitamento dos veios. Não obstante, o curso federal não ensina nem uma coisa nem outra. O que quer que ensine, não tem mercado.

Vale mencionar a existência de outras exigências legais que contribuem sobremaneira para o desajustamento dos cursos. No caso das disciplinas profissionais, as exigências de diplomas formais dos professores são totalmente descabidas. De fato, é muito grande o número de situações em que é vazio o conjunto daqueles que têm experiência profissional prática e também os diplomas exigidos. Pensemos em um instrutor de solda com eletrodo revestido. Para ensinar suas técnicas – que podem atingir níveis muito elevados de exigências – são necessárias cerca de 500 horas queimando eletrodo. Não há nenhum curso superior de tecnologia ou engenharia no qual seja possível enfiar tantas horas em uma atividade única. Portanto, para ensinar esse ofício, serve apenas quem fez um curso de formação profissional. Contudo, perante a legislação, esse diploma é insuficiente.

Há hoje um bom crescimento da rede privada de escolas técnicas. Pelo fato de os alunos terem que pagar, cria-se um mecanismo de *accountability* para os donos das escolas. Parece razoável supor que, se não houver empregos, será maior a relutância dos alunos – ou de suas famílias – em matricular e pagar as mensalidades.

Diante de todas essas advertências, vale a pena mencionar um aspecto que atenua os problemas de falta de pontaria. Um bom curso de formação profissional voltado para a manufatura oferece as competências muito especializadas da ocupação escolhida. À primeira vista, se os graduados não conseguem emprego nela, configura-se um grande desperdício de tempo e recursos. Contudo, a boa formação profissional para essas mesmas profissões oferece um conjunto de habilidades básicas que se revelam úteis em praticamente qualquer ocupação.

Medir, pesar, usar instrumentos de medida, ler plantas, usar ferramentas de mão, converter medidas, redigir boletins e relatórios são conhecimentos de uso geral. De mais a mais, têm um conteúdo abstrato ou teórico que pode ser considerável. Isso sem falar da experiência de estudar em uma instituição séria, sob supervisão competente, criando bons hábitos de trabalho. Tanto é assim que pesquisas demonstraram uma frequência inesperadamente alta de troca de ocupações pelos profissionais formados no Senai.

Um exemplo curioso, que ilustra essa mobilidade ocupacional, é dado pelos profissionais formados em padaria no sistema dual alemão. Alguém verificou que são contratados com grande frequência pelas fábricas da Volkswagen – apesar de não haver padarias dentro de seus muros. Como uma pessoa com boa iniciação profissional pode dominar rapidamente muitas das ocupações em uma montadora, as habilidades que os aprendizes desenvolveram fazendo pão são úteis para a sua rápida conversão em operários industriais.

Nada disso é argumento suficiente para abandonar uma preocupação obstinada com a pontaria, mas, pelo menos, mostra que os cursos com boa combinação de competências gerais e específicas não são inúteis quando o emprego correspondente à formação fracassa.

O ensino técnico: um casamento turbulento

Neste ensaio são abordados os desencontros do ensino técnico – já levemente alinhavados no ensaio anterior. Em boa medida resultam de um querer uma coisa, outro querer outra. Também, gestores do sistema ignoram o poder da cultura e do preconceito. No fundo, é uma discussão que se distancia do tema concreto de preparar alguém corretamente para uma profissão que deseja e para a qual existem empregos. No final das contas, os problemas custam a ser resolvidos, quando o são.

De todas as modalidades de educação, a escola técnica é a mais enredada em conflitos e problemas estruturais. O resultado de todos esses desencontros é que, entra ano, sai ano, nossa educação técnica permanece atrofiada. Governos e oráculos propõem o ensino superior como o elixir mágico para todos os jovens, mas isso é vender um sonho que, além de irrealista para muitos, não corresponde às necessidades da economia.

Vale notar que, nos Estados Unidos, apenas 20% da força de trabalho necessitam de um bacharelado de quatro anos. Em contraste, é muito maior a proporção dos que necessitam de algum tipo de formação técnica ou profissional. Não sabemos como é no Brasil, mas não pode ser muito diferente. Nos Estados Unidos, essa formação é predominantemente oferecida nos cursos de dois anos dos *community colleges*, cujos formandos são mais numerosos que os bacharéis de quatro anos.

Na Europa, a proporção média de jovens na idade do ensino médio que cursam formações técnico-profissionais é de 50%, mas pode chegar a 70%. Quando morava na Suíça, soube que o presidente da União de Bancos Suíços havia feito apenas um curso de aprendizagem. Nem diploma de ensino médio tinha. No Brasil, dos que se formam no ensino médio, somente cerca de 10% cursaram escolas técnicas.

Naturalmente, há razões explicando o porte diminuto do ensino técnico. Quando combinamos um diploma de ensino médio com a preparação para o trabalho, estamos oferecendo ao aluno um cardápio mais completo e atraente. O diploma de ensino médio dá acesso imediato a empregos de colarinho branco, além de ser o caminho necessário para o ensino superior, ainda muito prestigioso em nosso país. Já a profissionalização leva ao mercado das profissões ditas técnicas, manuais ou não. É ótimo que o aluno tenha tantas opções, mas, ao mesmo tempo, estamos mesclando coisas diferentes, com objetivos distintos e até conflitantes.

Em diferentes situações, o mercado de trabalho pode ser mais tentador em certas direções, atraindo os graduados para se empregar nelas, como esperado. Contudo, se as ocupações administrativas forem mais interessantes, como acontecia em um passado não muito distante, a profissão aprendida tornava-se um gasto sem retorno econômico, pois os graduados optavam por um empreguinho bancário. Essa situação se repetiu pelo mundo afora, em países de baixos níveis de escolaridade. Os poucos que atingiam o fim do ensino médio encontravam melhores oportunidades nas ocupações administrativas e nas burocracias públicas. Ou, gloriosamente, no ensino superior, como é o nosso caso.

Se o lado acadêmico do curso for muito fraco, isso compromete a formação técnica e passa a atrair alunos pouco preparados, fechando o círculo vicioso de empregos ruins. Porém, se o lado acadêmico do ensino for superlativamente bom e gratuito, o curso passa a atrair alunos que somente se interessam pelos vestibulares mais competitivos. Estão lá apenas pelo diploma acadêmico. Assim, vão por água abaixo todos os esforços de profissionalizar.

Por muitas décadas, foi isso que aconteceu nas ETFs. Ao oferecerem um ciclo acadêmico de ótima qualidade, atraíam alunos que não iriam exercer a profissão, pois estavam lá para ser bem preparados para os vestibulares. Ou, então, iam ser técnicos apenas para financiar seus estudos superiores. Minhas pesquisas do início dos anos 1970 já captavam essa distorção.

Em meados dos anos 1990, houve uma mudança nas regras, permitindo aos alunos cursar só o ensino acadêmico ou só o técnico (nesse caso, se já tivessem o diploma do ensino médio) ou ambos simultaneamente. Isso diversificou bastante o cenário das escolas federais – e das outras, obviamente.[1] A mudança teve uma rejeição muito acentuada em certos segmentos mais politizados das

ETFs, inspirados pelos ideólogos de orientação gramsciana. Para tais grupos, é uma questão de fé que a preparação para o trabalho seja simultânea e integrada ao ensino acadêmico.

No setor privado, a mudança trouxe incerteza e turbulência. "Especialização prematura! Adestramento! Onde está a formação humanista?" A essas críticas tolas, cabem duas respostas. Primeiro, o currículo técnico equivale apenas a um ano de estudos em uma escolaridade de 12. Ou seja, é menos de 10% do tempo. Segundo, assim se faz nos países de melhor educação e com mais fortes preocupações de equidade.

Tais argumentos não cortam a espessa camada de ideias e meias ideias legadas por Gramsci. Segundo os sacrossantos princípios da "politecnia", é preciso que todos estudem tudo, dos diálogos de Platão até marcenaria. Das guerras púnicas até as oxidrilas. Com a pequenez da nossa carga horária e quase 50% do tempo de aula perdido em atividades sem conteúdo educativo (na prática, perda de tempo), essa avalanche curricular significa que não se aprende nada direito, nada em profundidade. Como só gostamos do que entendemos e como não dá tempo para entender quase nada, é inevitável o que mostram as pesquisas: os alunos não acham qualquer graça no que lhes é ensinado. Daí a alarmante evasão no ensino médio.

Por que será que, após quase um século, nenhum país adotou as ideias de Gramsci? O mais próximo delas são os Estados Unidos, com sua *comprehensive high school*, oferecendo desde cálculo avançado até *babysitting*. Vale considerar que, mesmo lá, o que existem são opções, e não uma indigestão curricular, na qual todos estudam de tudo. Além disso, a partir do pós-Segunda Guerra Mundial, as disciplinas profissionalizantes acabaram por adquirir uma conotação pejorativa diante da maioria acadêmica do corpo docente. A solução foi criar escolas fisicamente separadas para quem se interessa pelas artes industriais – o que não é tão diferente do que ocorre na Europa. Seja como for, jamais ouvi um prócer da "politecnia" admitir qualquer semelhança de suas ideias com o sistema de um país ideologicamente tão pouco palatável quanto os Estados Unidos.

Ao abaixar a poeira, o sistema e sua separação se ajustaram para melhor. O ciclo técnico separado do acadêmico passou a receber alunos interessados em se profissionalizar. Como já era esperado, são alunos de perfil socioeconômico mais modesto. Ou seja, o ramo profissionalizante passou a receber alunos das camadas sociais que se interessam por um emprego de técnico. Aos poucos, as novas regras foram sendo digeridas e adotadas. Porém, no governo seguinte, foi reinstituída a fórmula dita integrada, voltando-se a ter, nas escolas federais, um ensino técnico gratuito, frequentado em boa medida por alunos de famílias que poderiam arcar com um ensino privado de qualidade equivalente. Voltou a regra que levava a ocupar as vagas nas oficinas e nos laboratórios com alunos despidos de qualquer intenção de exercer a profissão aprendida.

Pela lei, todos os cursos federais passaram a ser integrados. Na prática, a solução desagradava aos alunos que queriam fazer vestibular, pela perda de tempo nas oficinas. Desagradava aos professores acadêmicos pelas mesmas razões. E os professores de ofício percebem a falta de motivação dos alunos somente interessados no vestibular. Assim, a volta à integração foi parcial. A prática da separação vingou, pelas preferências de alunos e professores. As escolas deixaram o barco correr, fingindo que nada havia acontecido.

Uma razão poderosa para o sucesso da separação entre os dois ramos era a carga horária excessiva do programa. Isso porque a lei não permite reduzir a carga acadêmica para acomodar o ciclo profissionalizante, então este acaba sendo um curso com mil horas adicionais. Na prática, aqueles que buscam a profissionalização primeiro terminam o ensino médio e, depois, fazem o ano adicional técnico. Dado o impedimento de origem, tal opção é muito mais razoável. Ou seja, embora não fosse o objetivo colimado, consolida-se um curso técnico pós-secundário. Diante de uma carga horária incompressível no lado acadêmico, é até uma solução boa, à espera da reforma do ensino médio.

Neste momento, não é possível oferecer uma avaliação confiável do desempenho da rede privada de ensino técnico, que se expande. Não chama atenção a sua criatividade ou a excelência dos cursos. Contudo, tampouco há evidências de disfunções notáveis. Diante da inércia do setor público, as escolas privadas respondem abrindo cursos onde percebem haver demanda.

Em linha com a estagnação da indústria manufatureira, observa-se um crescimento muito lento dos cursos para o setor industrial. Em contraste, expandem-se mais rapidamente os cursos para os setores de serviços e saúde. Na verdade, esses novos mercados se prestam mais a um atendimento pelo setor privado, dados os menores custos de operação. No fundo, o grande mercado em expansão é a saúde, com imensas necessidades de técnicos em enfermagem e operadores de equipamentos médicos.

Antes de passar ao próximo tópico, cumpre advertir: não obstante esses percalços e essas fragilidades, o Brasil tem alguns cursos técnicos de excelente qualidade, oferecendo a formação que o País precisa para um mercado ávido de profissionais bem formados, mas, no todo, persiste o diagnóstico de se tratar de um desempenho irregular e mal estudado, seja no setor público, seja no privado.

O escopo deste ensaio não permite o exame detalhado de duas iniciativas importantes. A primeira é a linha de cursos técnicos do Sistema S. Nos cursos integrados que ele opera, não se pode afirmar categoricamente que escapa das críticas feitas à rede federal. Contudo, seu maior foco no mercado de trabalho provavelmente leva a um maior aproveitamento dos graduados nas profissões aprendidas. Obviamente, os seus cursos técnicos em regime pós-secundário não padecem do mesmo problema. Há que se mencionar também a rede Paula Souza, de grande porte e em ritmo de expansão. Ao que indicam seus próprios estudos, os resultados são bastante positivos, e os custos por aluno, menores do que na rede federal.

A grande novidade, há um par de anos, foram os abundantes recursos do Programa Nacional de Acesso ao Ensino Técnico e Emprego (Pronatec), financiando o ensino técnico e profissional em todos os níveis. Apesar da relutância inicial, passou também a financiar amplamente o setor privado. Esse fundo, certamente, constitui-se em um grande incentivo para a expansão dessas modalidades de educação. O grande senão é a ausência de mecanismos premiando a "boa pontaria" e penalizando aqueles cursos cujos alunos não conseguem os empregos esperados. Trata-se de um sistema que teve pressa de mostrar resultados e pouca preocupação com os ajustes finos que esse tipo de programa requer. Assim, fica difícil defender o seu orçamento de um dramático corte.

Em suma, o ensino técnico ainda é um setor turbulento e mal resolvido. As respostas não parecem tão difíceis, mas a dinâmica do setor não responde a contento.

O curso superior de tecnologia: é necessário, mas sabemos fazê-lo?

 *Paira uma penumbra na identidade das nossas escolas técnicas, a opacidade é ainda maior nos cursos superiores de tecnologia. Não obstante, essa é uma modalidade gigantesca de preparação para o trabalho nos países industrializados. O que será um curso superior de tecnologia?*

A formação oferecida nesse curso é um pouco mais recheada de teoria do que a do técnico e mais prática do que nas engenharias. Fica no meio do caminho. E assim deve ser.

É fácil prever que as fronteiras são porosas. Pode-se imaginar que haja muitos tecnólogos fazendo o trabalho de engenheiros, e vice-versa. Essa afirmativa, naturalmente, pressupõe que alguém sabe o que é o trabalho de um ou do outro, mas esse não parece ser o caso. A mesma promiscuidade acontece entre os técnicos e tecnólogos. Não há e não pode haver clareza ou fronteiras nítidas entre as tarefas próprias de um ou de outro. Obviamente, isso cria tensões e tentativas de criar reservas de mercado para este ou aquele curso.

Vale um exemplo do mundo real, que não prova nada, mas ilustra a opacidade dos postos de trabalho. Em uma fundição de aço com cerca de 100 funcionários, exerceram a chefia profissionais com os mais variados perfis de formação. Vários eram engenheiros de minas e metalurgia da Universidade Federal de Ouro Preto (Ufop). Outros eram apenas técnicos. Apareceram alemães com doutorado. Houve até um chefe que não tinha mais do que um curso incompleto de perito contábil. Pois bem, o recorde de produção foi atingido sob a gestão desse último.

Tal como nos técnicos, a matrícula nos cursos superiores de tecnologia está aumentando bem mais do que nos outros níveis educativos. Isso não pode surpreender, considerando estar o Brasil abaixo dos padrões internacionais, mesmo comparado com os países da América Latina – Argentina, Chile e Venezuela formam uma proporção de técnicos três vezes superior ao Brasil. Já nos países industrializados, esse tipo de curso equivale em porte às graduações de quatro anos.

Sendo cursos novos e na contramão da cultura brasileira, não há bons modelos locais. Como observado em outros lugares, o perigo é fazer dos cursos superiores de tecnologia uma miniatura das graduações de quatro anos. Para reduzir de quatro para dois anos, encolhe-se a teoria, mas encolhe-se também a prática. Ora, esse é o pior dos mundos, fazendo do tecnólogo um profissional inferior ao engenheiro, seja no desenvolvimento conceitual, seja no manejo prático.

Para que esses cursos dominem seu mercado com êxito, é preciso que ofereçam uma formação prática muito mais substancial do que os de graduação. Para abrir espaço, é necessário encolher a teoria, ensinando apenas o que vai ser usado na profissão. Isso se faz com êxito em outros países, não levando ao empobrecimento do curso. Pelo contrário, produz graduados capazes de tarefas impossíveis para um engenheiro.

Um aspecto muito atraente dos bons cursos superiores de tecnologia é sua maior afinidade com a experimentação e a inovação, se comparados com as escolas de engenharia. De fato, muitos desses cursos têm um desempenho muito destacado, gerando patentes e inovações adotadas pelas empresas.

A formação profissional: como é isso?

A formação profissional descolada dos diplomas acadêmicos é um mundo em si. Ao longo do tempo, fórmulas diferentes foram se desenvolvendo, criando um mosaico de soluções. Alguns ofícios não requerem uma preparação longa, sendo aprendidos informalmente, no próprio local de trabalho. Outros, mais complexos ou requerendo abstração, dificilmente podem ser dominados pela via do "aprenda fazendo". No entanto, há um número muito grande de ocupações permitindo uma aprendizagem pela prática, ao mesmo tempo que são também ensinadas em centros de formação. Este ensaio oferece um guia para entender as diferentes alternativas.

Tendo como pano de fundo a discussão anterior sobre ensino técnico, este ensaio passa em revista a preparação para o trabalho que está fora do ciclo acadêmico. Ou seja, nada tem a ver com cursos técnicos, superiores de tecnologia ou de graduação, modalidades altamente reguladas por lei e atreladas a diplomas que concedem privilégios e reservas de mercado. Nas ocupações clássicas da formação profissional, falamos de mecânicos, marceneiros e eletricistas, mas há uma multiplicidade de ofícios, novos e velhos. É curioso tratar-se de um campo bastante desconhecido daqueles que lidam com educação. Portanto, é preciso soletrar detalhes que podem parecer óbvios para alguns.

A Figura ilustra as diferentes possibilidades de preparação para o trabalho. As caixas da direita descrevem duas situações comuns. A última seta da direita refere-se àqueles que vão do ensino fundamental ou médio diretamente para o mercado de trabalho, lá aprendendo a sua profissão. Aprendizagem em alternância refere-se aos cursos de aprendizagem, tradicionalmente voltados para menores de idade, nos quais se combina uma experiência de trabalho em uma empresa com alguma modalidade de ensino profissional ou acadêmico que tenha sido realizado em centros de formação ou escolas.

/// Preparação para o trabalho

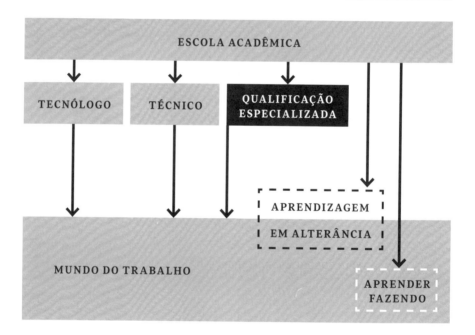

Há uma infinidade de tarefas que podem ser aprendidas em cursos de variedade ilimitada. Na figura, esses cursos são denominados Qualificação e Especialização, modalidades geralmente oferecidas pelo Senai. No limite, analfabetos podem aprender a lidar com extintores de incêndio. Não obstante, há também cursos preparando para usar um novo modelo de microscópio eletrônico. A lógica desses cursos é simples: há a necessidade de certo perfil de competências, então monta-se um curso preparando as pessoas para desempenhar as funções correspondentes. Busca-se ensinar o que é preciso saber.

O objetivo do curso é ensinar a fazer alguma coisa, ou seja, é a prática. Porém, sem saber as teorias subjacentes, pode não ser viável a aprendizagem. Por essa razão, cursos de certa duração incluem uma combinação de teoria e de prática. Quanto de teoria? Depende da ocupação e da escolaridade prévia do aluno. Para trocar pneus, praticamente zero de teoria. Para consertar um computador, quanto mais, melhor, começando com circuitos digitais e portas lógicas.

As ocupações clássicas, como mecânica, eletricidade, marcenaria e outras, requerem, além do gesto profissional, competências básicas, tais como medir, ler plantas, matemática básica e muitas outras. E, cada vez mais, é preciso saber usar um computador. Se chamamos isso de teoria ou base conceitual, é irrelevante.

No Brasil, com ínfimas exceções – como solda de oleoduto –, não há certificações legais ou exigências assemelhadas. Basta criar o curso que atende ao perfil profissional desejado. Nas empresas modernas, o certificado do Senai funciona como o diploma que assegura um limiar de competência profissional. Nossas exigências legais de diplomas se concentram no nível superior.

Na Europa, rígidas certificações quase sempre são exigidas para o exercício profissional. Eletricista, mecânico de automóveis e dezenas de outras profissões requerem uma licença oficial. Nesse particular, somos mais parecidos com os Estados Unidos, com sua quase completa liberdade de exercício profissional.

/// Aprender fazendo ou em um curso?

Preparando-se por conta própria, só pessoas fora do comum conseguem dominar os conhecimentos descritos nos currículos acadêmicos oficiais. Assim, a pior educação é melhor do que nada. Portanto, a escola formal é uma solução inevitável, com todas as deficiências que possa ter. Sendo boa ou má, oferece uma educação insubstituível. Ninguém se atreve a imaginar que possa desaparecer nos próximos anos – apesar dos crentes nas soluções tecnológicas.

Contudo, inúmeras profissões podem ser aprendidas na prática, no próprio local de trabalho. Observando, sendo ajudado por colegas mais experientes e executando tarefas mais fáceis, é possível ir aprendendo até chegar a níveis muito satisfatórios de desempenho. De fato, a Revolução Industrial inglesa e o início da nossa versão tardia se deram antes de consolidados os respectivos sistemas de formação profissional. E, até hoje, há centenas de ocupações em que o "aprenda fazendo" predomina. Pode ser assentar tijolos, tornar-se barista ou elaborar uma tese de doutorado.

Duas observações procedem para melhor entender a situação. Em primeiro lugar, em cada vez mais ocupações, o progresso tecnológico aumenta a carga de abstrações e a necessidade de dominar conhecimentos simbólicos. Assim, o que podia ser feito por um analfabeto agora requer bem mais escolaridade, mesmo que o miolo do trabalho seja o mesmo. Se as ordens de serviço são por escrito, o trabalho mais trivial passa a exigir leitura. O clássico caixa de banco ilustra a evolução de uma mesma ocupação. Há meio século, o funcionário tinha o ginásio, lidava com dinheiro, somava e conferia as contas dos clientes. Pouco a pouco, um diploma superior passa a ser a norma. Foi-se a "cartolina". A máquina conta o dinheiro, e o caixa tem que ser proficiente diante do computador. Progressivamente, vai se tornando um consultor financeiro. "Doutor, compro Petrobras ou Vale?"

O mesmo acontece com muitas profissões que exigiam pouca escolaridade e agora exigem muita. Há que ler mais, escrever mais, usar mais números e conhecer a base científica e tecnológica do ofício. Olhando as bielas e os pistões, um aprendiz de mecânico acabava entendendo o funcionamento de um motor, mas quantos anos é preciso passar na escola para ser capaz de atrelar um computador ao motor do carro e conversar com ele, perguntando qual é o defeito? Aliás, ninguém aprende como funciona uma CPU de computador olhando para aquele minúsculo quadradinho de fibra verde e rodeado de pinos.

Como essas, há várias limitações à aprendizagem no local de trabalho. Uma fábrica não é uma escola. Não é economicamente viável deixar um iniciante queimando eletrodos por dezenas de horas antes de ser autorizado a soldar os componentes na linha de montagem. Tampouco tem sentido arriscar a integridade de um torno CNC caríssimo pondo-o em mãos de quem está aprendendo. Nesses casos, os centros de formação se revelam mais apropriados. A simulação de um torno CNC é uma forma mais rápida e segura de se iniciar nas artes de tornear por meio de um computador.

Em segundo lugar, quanto mais longa e melhor a escolaridade formal, mais ocupações podem ser aprendidas na prática. Além da base científica adquirida, a capacidade de autoaprendizagem é função do nível de escolaridade. No limite, podemos dizer que a escola nos prepara para aprender com a experiência vivida – como elaborado no primeiro ensaio deste livro. No próprio exemplo do caixa de banco, não há cursos para isso. Os empregos administrativos e gerenciais podem ser rapidamente aprendidos se a base de educação formal for adequada.

Feitas essas advertências, passemos a um dos temas centrais desta seção: o desafio da formação profissional é conseguir ser uma melhor alternativa à tradição de aprender fazendo. Como sabemos, no trabalho são poucos os custos de aprender, e os milênios mostraram que o método funciona. Em muitas situações, é possível aprender fazendo, tanto quanto em um curso formal. Não obstante, é razoável supor que uma das alternativas deve ser mais vantajosa. Assim, quando consideramos oferecer uma formação profissional, ela sempre deverá ser cotejada com a alternativa do "aprenda fazendo". Para justificar os custos, a formação profissional precisa dar resultados melhores ou mais rápidos do que a mera aprendizagem no trabalho.

Chamamos atenção: pode ser o caso de se colimar um nível superior de qualidade ou produtividade. Ou, então, de aprender mais rápido, o que é uma vantagem óbvia de um processo voltado apenas para a aprendizagem. Os antigos métodos de aprendizagem sob a supervisão de um mestre levavam sete anos. Hoje, nos países germânicos, a duração do chamado Sistema Dual de aprendizagem é de três anos e meio. Séculos de experiência demonstraram que aprender com um mestre é mais do que possível. Os resultados podem ser até muitíssimo melhores, amplamente justificando o esforço de organizar um programa bastante complexo, pela multiplicidade de atores envolvidos. No início, os processos de industrialização eram lentos. Por isso, funcionava bem o aprendizado sob a supervisão de um mestre. Já nos processos mais abruptos, como a Revolução Industrial brasileira, os centros de formação se revelaram indispensáveis. Ademais, não haveria mestres com o perfil de competência desejado.

Como já sugerido, o aprendizado no local de trabalho é muito artesanal, seja informalmente, seja em esquemas oficiais de aprendizagem. Dependendo do ofício, um mestre pode tomar não mais do que uns poucos aprendizes. Portanto, não é possível aumentar a produção industrial além do que permite o estoque de operários altamente qualificados e que podem ensinar. Uma conclusão equivalente vale para a gastronomia. Na França, um lavador de pratos pode subir na hierarquia da cozinha até virar *chef*. A densidade de conhecimentos e experiência dentro dos restaurantes garante o sucesso de tal trajetória. Contudo, em um país que deseja dar um salto na sua culinária, o que existe nas cozinhas apenas reproduz a mediocridade que se quer superar. Será mais vantajoso criar uma escola de gastronomia, trazendo *chefs* do Culinary Institute of America ou da Le Cordon Bleu.

O sistema mestre-aprendiz reproduz as excelências do mestre. Se este é exímio, o seu aprendiz também o será, mas se é medíocre ou cheio de vícios profissionais, não há como evitar transmiti-los ao seu aprendiz. Em contraste, a formação em centros de treinamento permite trazer instrutores com o conhecimento desejado, mesmo que tenham que ser buscados em outro país. Ou seja, o que pareceria ser apenas um treinamento pode servir para transferir tecnologia e conhecimento de um lado para o outro. Os contratos do Senai com escolas em outros países fazem justamente isso. Aprender em um centro de formação é mais rápido. Um curso típico do Senai dura de 200 a 400 horas. Pode ser completado em alguns meses, e os resultados não deixam a desejar. Portanto, a pressa costuma fazer a escolha pender para o aprendizado em centros de treinamento.

Em suma, para uma boa escolha, cotejamos duas alternativas. Ambas podem ser respeitáveis e bem consolidadas. Nem sempre é fácil decidir. Há muitos cursos que não apresentam resultados que justifiquem os seus custos. Daí a pertinência de apontar os erros possíveis e frequentes com as soluções de sala de aula. Na outra alternativa, sem bons profissionais que possam funcionar como mestres, a improvisação resultante não dá bons resultados.

O Senai e seus irmãos: a velha fórmula ainda funciona

Criado na década de 1940, o Senai serviu de modelo para outras organizações similares, como Senac, Serviço Nacional de Aprendizagem Rural (Senar), Serviço Brasileiro de Apoio às Micro e Pequenas Empresas (Sebrae) e Serviço Nacional de Aprendizagem do Transporte (Senat). Igualmente, o modelo foi exportado para quase toda a América Latina. Trouxe, desde o princípio, inovações notáveis, como o financiamento via tributo na folha de salários e o fato de pertencer ao patronato industrial, escapando dos pecados usuais do serviço público. Ademais, trouxe para a América Latina as séries metódicas, uma das fórmulas mais eficazes de organizar a formação profissional. Por essa razão, merece destaque especial.

Ao contrário da educação acadêmica, que, em suas linhas gerais, é muito parecida de país a país, as formas de organizar a formação profissional diferem muito, de acordo com a cultura e as tradições locais. Curiosamente, quase todos os países da América Latina adotaram a fórmula inventada pelo Senai em 1942. No entanto, se aderiram quase integralmente ao modelo, não ousaram copiar o seu aspecto mais radical e inovador.

De fato, o Senai é um sistema privado de formação, financiado com fundos públicos. Essa fórmula traz três vantagens:

1. Por ser manejado pelas federações de indústrias, tem assegurada uma eficiência de gestão mais próxima das empresas privadas.

2. Ao contrário do que afirmam repetitivamente alguns economistas de viés neoclássico, não é realista imaginar que as empresas irão financiar a formação profissional dos seus quadros. Não faz sentido econômico elas investirem na formação inicial de um jovem, durante vários anos, considerando que não têm como retê-lo após adquirir competências valorizadas pelo mercado. De fato, com algumas exceções, as empresas apenas oferecem uma formação complementar para quem já dominou o básico das ocupações correspondentes. Isso é assim nas maiores e nas menores empresas, em países ricos e pobres. Ou seja, oferece a formação inicial que qualquer sociedade necessita para ter bons profissionais.

3. Sendo as federações as "donas" do Senai, isso significa que quem manda nele é quem consome o seu produto. Isso permite escapar da falta de pontaria, a crônica maldição do treinamento. De fato, se os empresários mandam no Senai e também empregam quem ele forma, é fácil entender que zelarão para que tenham suas necessidades de mão de obra corretamente atendidas. Se isso não acontecer, está em perigo a cabeça do dirigente ou do diretor de escola.

No geral, esse robusto mecanismo de *feedback* funciona a contento. Se há tropeços, isso tende a acontecer nos estados de pouca industrialização e naqueles cujas federações são mais politizadas – no mau sentido. Ou seja, o Senai é tão bom quanto a federação das indústrias do seu Estado. A cada ano, passam pelos cursos do Senai cerca de 3 milhões de alunos, entre jovens e adultos. O Senac, a instituição correspondente no setor de serviços, recebe cerca de 2 milhões. No todo, é um sistema bem-sucedido, mercê da sua boa lógica de funcionamento e das suas lideranças iniciais.

Em um país de tradições coloniais e escravocratas, as profissões manuais sempre tiveram baixo *status*. Apesar disso, foi possível criar cursos de alta qualidade e que geravam um alto grau de profissionalismo nos seus graduados. Esse foi um dos grandes sucessos do Senai. Contudo, observa-se uma tendência recente e algo preocupante: cresce a rejeição às ocupações clássicas por parte das novas gerações. Ou não há ou há pouquíssimos candidatos a pedreiro, encanador, marceneiro, caldeireiro e outras ocupações desse tipo.

Há possíveis explicações. Uma delas é que, com o aumento progressivo da matrícula escolar no ensino médio, cada vez mais jovens têm escolaridade próxima do que se requer para o ensino superior – com todo o seu charme e *status*. Com o crescimento do ensino superior, financiado pelo Fundo de Financiamento Estudantil (Fies) e pelo Programa Universidade para Todos (Prouni), a tentação do vestibular aumenta. O crescimento do setor terciário também cria outros atrativos, tornando menos desejáveis as velhas ocupações. Esse é um assunto que merece atenção.

Após o sucesso do Senai, foram criados sistemas equivalentes para o comércio (Senac), para o setor rural (Senar), para os transportes (Senat) e para a pequena empresa (Sebrae). Formam o chamado Sistema S. Nele, todos usam um tributo sobre a folha de salários para financiar os seus programas. E a operação está em mãos das federações correspondentes de cada estado. No todo, é um sistema bem-sucedido, mercê da sua boa lógica de funcionamento e das suas lideranças iniciais – inspiradas nas melhores tradições de formação profissional da Europa, em particular, da Suíça e da Alemanha.

Educação do futuro
e o futuro da educação

 *Está na moda afirmar que as tecnologias digitais estão varrendo o mundo e que acabarão com as profissões existentes. Em seu lugar, outras serão inventadas. Além disso, não sabemos como preparar as novas gerações para a avalanche de novas tecnologias e profissões que estão a caminho. Os mais alarmistas pensam que é ainda pior: são os empregos que encolherão dramaticamente, criando multidões sem chances de encontrar trabalho. Esses são os temas aqui tratados. Não há dúvidas de que haverá terremotos, e é limitada nossa capacidade de prever sua magnitude, mas alguma coisa sabemos desses assuntos, e o pânico é mau conselheiro.*

/// A tecnologia digital vai criar uma onda de desempregados?

Vale lembrar, nada tem de nova a ideia de que a tecnologia destrói os empregos. É um tema persistente, desde o início da Revolução Industrial. O desaparecimento dos empregos, substituídos pelas máquinas, é uma ameaça que assusta há muito tempo. O exemplo icônico é o movimento Ludita, que culminou com os artesãos ingleses quebrando os teares mecanizados. Mais adiante, os cocheiros temeram que os automóveis criariam um desemprego alarmante na categoria.

É mais do que visível, as máquinas podem destruir empregos, mas, até agora, as perdas têm sido compensadas pela criação de posições em outras tarefas ou outros setores. No geral, o desemprego não é maior hoje do que na época dos luditas. Não obstante, nada assegura que as posições eliminadas serão compensadas pela criação de outras no futuro. Apenas sabemos que inexiste o precedente histórico.

Construir uma tabela com uma calculadora Facit de manivela é mais difícil, mais lento e mais árduo do que montar uma planilha Excel. Lembro-me de entrar em um escritório do Instituto Brasileiro de Geografia e Estatística (IBGE) e deparar-me com um exército de funcionários rodando a manivela das suas calculadoras mecânicas. Nenhum tinha cara feliz. Para o bem ou para o mal, esses empregos foram destruídos irremediavelmente. Contudo, não houve uma crise de desemprego de operadores de calculadoras mecânicas.

O que acontecerá no futuro é objeto das mais desencontradas opiniões e pesquisas. Algumas estimativas de destruição do emprego, feitas por respeitados economistas, mostram números cinco vezes maiores do que outras, feitas por economistas igualmente celebrados. No mínimo, as previsões são inconsistentes. Aliás, os economistas são notórios pela sua incapacidade de prever o futuro.

Mas o quadro de emprego está longe de tranquilizar. Antes, algumas máquinas destruíam empregos, aqui ou acolá, em setores muito específicos – vinha uma máquina arrasadora de empregos, como as centrais telefônicas que dispensavam telefonistas, ou os robôs nas linhas de montagem de automóveis. Agora, a substituição ocorre simultaneamente em uma extraordinária gama de atividades. É difícil pensar em um setor bem vacinado contra as incursões da mecanização, da inteligência artificial e dos robôs. Já está nas lojas brasileiras o robozinho (Roomba) que varre a casa.

Porém, essa substituição do homem pela máquina não é como uma enxurrada que avança impiedosamente, levando de roldão tudo o que está no caminho. Pelo contrário, cada troca de máquina ou de processo é uma decisão econômica individual, bem pensada por quem paga a conta. O que faz sentido na Noruega, com uma renda *per capita* de 70 mil dólares, pode não se justificar em Bangladesh. Lá, o robozinho que varre a casa mal e porcamente custa mais do que o salário de um funcionário doméstico que faz tudo.

Há outro aspecto pouco lembrado. Muitas soluções automatizadas exigem uma escala de operação que somente empresas muito grandes têm. Máquinas fazem embrulhos ótimos, mas não são um investimento viável na venda da esquina. O departamento de expedição da Amazon é espantoso, mas só se justifica com o porte da empresa. Quantas outras há com o mesmo volume de vendas? Em outras palavras, a incidência e a velocidade de troca do homem pela máquina serão muito diferentes de um lugar para outro e de uma empresa para outra.

E, como dito, cada caso resulta de um cálculo econômico. No passado, cada empresa que trocou suas Facits por um computador pesou custos e resultados antes de tomar uma decisão. Não embarcou só por que estava na moda. Portanto, a velocidade de introdução de máquinas que economizam trabalho é modulada por outros fatores.

Podemos fazer uma generalização útil. Algumas tecnologias baixam vertiginosamente de preço. Outras, não. Um automóvel de um século atrás não tinha um preço muito diferente dos de hoje. Pelas mesmas razões, o preço de um robô não vai despencar. Ambos dependem de soluções mecânicas de alta precisão e cujo custo de produção, se cai, não é dramaticamente. O tradicional relógio de corda e balancim não tem como cair muito de preço. Em contraste, o relógio digital, comprado no camelô da esquina, tem mais capacidade de computação do que máquinas IBM de alguns milhões de dólares de meio século atrás.

Ou seja, as tecnologias da eletrônica e do *software* baixam de preço em ritmos espantosos. São vorazes destruidoras de empregos. Mas o que depende de mecânica, se cai, não é muito. Portanto, na eletrônica e na informática, os preços despencam e varrerão o setor em que aterrissarem.

Já o que depende de fundir, moldar, tornear, fresar e soldar não terá seu custo reduzido no mesmo ritmo, se é que vai cair. Mesmo a substituição do metal por plástico injetado não tem o mesmo impacto avassalador sobre os custos. As primeiras impressoras matriciais não eram tão mais caras do que as atuais de jato de tinta e construídas de plástico – a da Apple custava 250 dólares na década de 80.

Que algumas mudanças estão no horizonte, não temos dúvidas. Porém, é difícil imaginar que se alastrem pelo mundo afora, como a peste bubônica ao fim da Idade Média. O avanço será passo a passo, local a local, oferecendo alguma previsibilidade aos agentes econômicos. Em outras palavras, haverá algum tempo para os operadores se ajustarem à nova realidade. E tampouco sabemos a velocidade em que os novos empregos serão criados; nesse particular, nuvens carregadas estão no céu, mas o catastrofismo não parece se justificar.

/// A tese da desqualificação do trabalho

Outra assombração que andou na moda é a desqualificação do trabalho, produzida por máquinas que exigem cada vez menos preparação dos seus operadores. Certamente, isso acontece o tempo todo. Um exemplo pitoresco são as máquinas registradoras das lojas de *fast-food* que têm impressas nos botões uma imagem de cada alimento. Para operá-las, nem saber ler é necessário.

Adam Smith, em sua famosa descrição de uma fábrica de alfinetes, já sugere que, com a divisão de funções, os operários precisam conhecer apenas uma pequena parte do processo produtivo: não mais do que as suas tarefas, as quais ficam mais simplificadas. Assim, torna-se mais rápida e barata a sua preparação, pois cada um precisa saber cada vez menos. O grande atrativo dessa estratégia é que, com a redução nas exigências de qualificação, a fábrica será muito mais produtiva; e o alfinete, mais barato. De fato, com as máquinas existentes, 5 mil vezes mais alfinetes poderiam ser produzidos!

Entre as poderosas ideias de Frederick Taylor, uma das mais centrais é a simplificação do trabalho. Por meio da análise inteligente de cada pedacinho de uma tarefa, é possível desenvolver métodos que tornam os processos mais rápidos, mais fáceis e menos penosos. Ademais, requerem menos tempo de preparação dos operadores. É a mesma ideia de Adam Smith, levada mais longe.

Nada disso é novo, mas, na década de 1980, Harry Braveman formalizou a tese da desqualificação em um tom alarmista. Encantou muitos pesquisadores e assustou outros. De fato, por tudo que se sabe, os avanços tecnológicos confirmam as tendências percebidas por Adam Smith e Taylor; e tendem a tornar muitas tarefas mais fáceis, permitindo que sejam realizadas por mão de obra menos qualificada. Daí a conclusão de que, progressivamente, menos treinamento para operar a maioria das máquinas será necessário. Em exemplo centenário, cortar uma tábua em uma serra circular fixa é muito mais fácil do que fazê-lo no serrote. Grande parte do aprendizado é ensinar a não cortar fora o dedo. Em geral, incluindo o tempo de preparação, a máquina desqualifica o trabalho de serrar.

Tomada isoladamente, a conclusão é verdadeira: muitíssimas tarefas atingidas pela revolução tecnológica se desqualificam, mas, ao mesmo tempo que isso acontece, a tecnologia pode aumentar a complexidade de outras. Por exemplo, agora o vendedor de rapadura tem que registrar a venda em um computador. E ocorre outra evolução paralela: cria-se o emprego de ensinar a usar e a consertar o computador.

Em nível agregado, a economia requererá menos preparação para o trabalho, como pregaria a tese da desqualificação? Estamos longe de poder responder de forma rigorosa e quantitativa a essa pergunta. Não se trata apenas da falta de números, mas da complexidade das mudanças e das dificuldades intrínsecas de definir comparações apropriadas. Possivelmente, com mais frequência do que ocupações que se desqualificam, enquanto outras se tornam mais complexas, há mudanças dentro de cada ocupação.

Um mecânico de automóvel precisava de muitos conhecimentos e de muita experiência para identificar um defeito. Agora, o computador de bordo diz a ele exatamente onde está o problema, basta trocar a peça. Mas saber operar um computador que oferece informações crípticas e de extrema complexidade será mais qualificado ou desqualificado do que tocar com a mão o bloco do motor e perceber uma vibração anômala? Não há uma resposta do tipo "sim" ou "não". Portanto, não podemos afirmar que a profissão de mecânico está se desqualificando. Algumas tarefas do mecânico se tornam mais fáceis, outras desaparecem. Contudo, há outras que adquirem mais complexidade e requerem mais manipulação simbólica.

Esse é um tema recorrente. Parece que, como tendência geral, a parte manual da ocupação torna-se mais fácil, com exigências mais reduzidas de coordenação motora. E, quase sempre, é menos penosa. Vejamos outro exemplo, enfiar uma tábua em um desengrosso estacionário é fácil, aprende-se em uma hora. Fazer o mesmo serviço com uma plaina de mão requer anos de experiência. Mas trocar a navalha da máquina exige ler no manual as instruções de como fazê-lo.

Fritar uma batata na frigideira, artesanalmente, requer mão firme e alguma experiência, incluindo a avaliação visual da temperatura do óleo. No McDonald's, basta seguir o protocolo. A temperatura da fritura é controlada por termostato e não pela fumacinha. O mesmo acontece com a duração do processo e outros detalhes críticos. Do ponto de vista da experiência requerida, a operação desqualificou-se, mas olhar reloginhos, operar cronômetros, ler e seguir protocolos requerem outra família de competências. Podemos dizer que a ocupação de fritar batatas foi desqualificada?

No exemplo do mecânico, as normas americanas prescrevem 14 anos de escolaridade para essa categoria. É um número pouco compatível com a tese da desqualificação. No passado, os carros eram consertados com plena competência por milhões de mecânicos analfabetos. Até o momento, em nível macroeconômico, não há indicações de desqualificação alarmante da mão de obra. Dito de outra forma, não parece que o crescimento das posições que se tornam mais fáceis e simples ultrapasse a criação de outras mais exigentes em qualificação. De fato, o exercício destas últimas requer cada vez mais tempo em bancos escolares. Não é razoável dizer que uma ocupação exigindo mais escolaridade se desqualificou. Ademais, há a geografia. Quanto tempo para a novidade da Califórnia chegar ao Piauí? E chegará mesmo? Na prática, o tema da desqualificação morreu de inanição, como muitos outros.

De fato, tudo o que foi dito aqui mostra que, até agora, não aconteceram as catástrofes previstas pelas pitonisas do desemprego e da desqualificação. Em nível de desemprego, estamos mais ou menos como sempre estivemos, em que pesem as fortes alterações nos perfis da força de trabalho. Na qualificação, troca-se menos competências de bancada, penosamente adquiridas, por mais anos de bancos escolares, exigidos para o domínio de conteúdos simbólicos nas tarefas.

De vez em quando, voltam ao primeiro plano as teses de que as exigências de escolaridade são excessivas. Menos tempo na escola seria suficiente para um desempenho satisfatório. Não é bem a tese da desqualificação, mas uma prima dela. Contudo, discutir tema tão nebuloso e controvertido nos afastaria do foco deste ensaio.

Citemos um contraexemplo extremo: ao aproximar-se um *tsunami* de uma praia no Oceano Índico, uma inglesinha lembrou-se do que havia aprendido na escola sobre esse fenômeno e alertou a família. Logo buscaram local seguro, salvando-se todos. Talvez, nunca mais em sua vida esse conhecimento se revele útil. Mas bastou uma. Isso sugere como é difícil medir o efeito de mais escolaridade em ocupações que não a exigem no seu núcleo duro.

/// As ocupações estão desaparecendo?

Fala-se muito do desaparecimento de ocupações. Seria gigantesco o cemitério dos ofícios falecidos, mas, quando pedimos exemplos de quais desapareceram, nos citam muito poucos: linotipista, telefonista, taquígrafo, o que mais?

Segundo a McKinsey, nos Estados Unidos, 5% das ocupações desaparecerão na próxima década. Não é um número alarmante. Afinal, antes das tecnologias digitais, ocupações desapareceram. Onde estão os cocheiros e os carvoeiros? Por que o susto agora?

As profissões mais vulneráveis são aquelas que combinam baixos níveis de qualificação com tarefas muito repetitivas. São um prato cheio para a criação de automatização mecânica, uma velha conhecida. Quanto mais rotineira, mais risco de falecimento. No lugar de um monte de gente, instala-se uma máquina.

Curiosamente, na linha do cadafalso estão ocupações exigindo diploma de ensino superior, mas que são repetitivas. Advogados que se previnam: a guilhotina vem por aí. O computador faz uma petição em segundos e sem erros de português! A área médica não passará incólume. Por exemplo, um computador interpreta um raio-X com menor frequência de erros que um humano. E lá se vão décadas que o aplicativo que escolhe o antibiótico, de acordo com a infecção e o perfil do paciente, é imbatível.

Em contraste, ainda segundo a McKinsey, seguem as ocupações que melhor resistirão à robotização:

- // Com exigência de ensino médio: lanternagem e trabalhos com vidros, reparação de veículos pesados.

- // Com exigência de dois anos de pós-secundário (equivalente ao nosso tecnólogo): reparação de caminhões e ônibus, reparação e instalação de linhas de alta tensão.

- // Com exigência de curso superior: professor, terapeuta ocupacional, professor de educação especial, engenheiro aeronáutico, enfermeiras, escritores e autores.

Contudo, o que realmente acontece com mais frequência é uma mudança no conteúdo das ocupações. Há um século, uma estrada era construída com pá, picareta e carrinho de mão. Hoje, temos escavadeiras e *bulldozers* que substituem os exércitos de cavadores. Em breve essas máquinas serão operadas por inteligência artificial e GPS. No entanto, ainda há situações em que pá e picareta persistem, sendo a única solução. A construção do puxadinho não justifica mais do que isso e pode até não haver espaço para as máquinas. A destreza no seu uso continua valendo. Porém, os números mudaram, são bem menos os que ainda brandirão uma pá e muitos os que vão operar os sistemas de navegação por GPS das novas máquinas. Alfaiates ainda existem, não estão fazendo ternos, mas alargando as calças de quem engordou. Ainda assim, o seu número encolheu dramaticamente. Em suma, muitos ofícios não morrem, mas reduz-se o número de posições neles.

Ao mesmo tempo, mantendo o mesmo nome, as mesmas ocupações passam a ser compostas por um cardápio diferente de tarefas. Parece que essa é a tendência mais ubíqua e poderosa. Parte das mudanças, segundo a McKinsey, consiste na substituição de 30% do tempo de trabalho por máquinas dentro da mesma ocupação. Assim, a furadeira de impacto substituiu a marreta e o punção do pedreiro. Isso não significa 30% de desocupação, mas outras tarefas sendo incorporadas ao seu desempenho. Por exemplo, espera-se que o profissional leia corretamente as plantas, para não quebrar a parede ou o chão no lugar errado.

Um exemplo muito próximo são as secretárias. Com os computadores sendo usados pelos chefes, deixaram de ser datilógrafas e taquígrafas. Seu trabalho é cada vez mais em atividades administrativas. E os números mostram que seu mercado encolheu, mas que está longe de desaparecer.

É mais do que comprovada a redução na demanda por certas profissões e a criação de novas. Contudo, parece que o mais frequente é a modificação no conteúdo de um enorme número de ocupações, mudem ou não de nome. Com efeito, poucas escaparão dessa sina. Até agora isso não trouxe crises catastróficas.

No fundo, turvando o ar, temos um problema de definição. Quanto precisa mudar uma ocupação para que ganhe um novo nome? Soldador de Mig é uma profissão diferente de soldador de Mag?

Um caso quantitativamente importante é o das ocupações cujo núcleo duro permanece o mesmo, mas passam a requerer novas competências em operações acessórias. Comecemos com um caso pitoresco em uma pousada na Chapada Diamantina, na Bahia. A dona, uma norte-americana, resolve criar um sistema de comandas, penduradas na entrada da cozinha, em uma espécie de carrossel. Algo semelhante havia visto em sua terra. Cada pedido das mesas gerava uma comanda que ia sendo pendurada, na ordem correta para o cozinheiro executar. Infelizmente, o sistema fracassou porque o cozinheiro não sabia ler. Naquela cozinha, nada mudou, e a competência no núcleo duro permaneceu a mesma: produzir uma gastronomia de qualidade no ritmo exigido. A fracassada comanda pertencia a uma operação acessória. É o mesmo caso do vendedor de rapadura que passa a usar computadores.

Quando a economia russa começou a se abrir, na década de 1990, muitos hotéis de luxo foram inaugurados. Apareceram então anúncios procurando camareiras. A especificação era bizarra: arrumar os quartos – o núcleo duro da ocupação – seria aprendido em um único dia, no próprio hotel, mas o emprego exigia saber usar computadores e falar inglês. Traduzindo, as operações acessórias eram infinitamente mais exigentes do que fazer camas. Segundo me foi contado, a maioria das candidatas aceitas era formada em engenharia eletrônica, pois elas tinham as duas qualificações exigidas.

Do ponto de vista da formação profissional, discutida neste capítulo, não se justifica o pânico; somem algumas tarefas e aparecem outras. E alguns perfis de mão de obra podem estar com os dias contados. Neles, pode haver crises sérias de desemprego – e pouco sabemos da velocidade com que tais transformações ocorrerão. Em Belo Horizonte ainda há carroceiros, apesar de a cidade haver sido invadida por veículos motorizados há bem mais de um século, mas consertar relógios é um ofício cuja demanda caiu abruptamente.

/// Como preparar mão de obra para profissões que ainda não existem?

Afirma-se que, daqui a tantos anos, a metade dos empregos será em ocupações que não existem hoje. Se for assim, como vamos preparar mão de obra para profissões que ainda não foram inventadas? Assim, torna-se ainda mais turvo o que precisamos ensinar hoje para preparar mão de obra das futuras ocupações? Será necessário fechar os cursos profissionais hoje existentes e criar outros radicalmente diferentes? Antes de prosseguir, perguntemos: o que é uma nova ocupação? Será realmente nova ou uma mera derivação de outra já existente? O que fazer com o funcionário que aprendeu a tecnologia velha e nada sabe da que está chegando? Irá se tornar um dinossauro imprestável?

Esses não são falsos problemas. De resto, temos que continuar perguntando como preparar mão de obra para as ocupações que existem hoje, pois faltam certezas. Com os inexoráveis avanços no conteúdo tecnológico de tudo que nos cerca, continuamos atrapalhados com as necessidades e opções oferecidas no presente. Essas dúvidas se materializam na afirmativa frequentemente repetida: poucos anos após se formar, a metade dos conhecimentos de um engenheiro terá se tornado obsoleta. O problema com essa pergunta está na própria pergunta. Para lançar luz sobre o assunto, a pergunta é outra. E, ao responder à pergunta certa, facilitamos o entendimento acerca do que fazer diante de ocupações que ainda não existem – e também com as que existem.

Vamos supor um engenheiro encarregado de instalar relés. É obrigatório: ele precisa conhecer as especificações desse componente. Na escola de engenharia, pode haver aprendido a lidar com relés eletromecânicos. Porém, se os novos são de estado sólido, seu conhecimento está obsoleto e ele não dá um passo à frente. Nem sabe que fio vai onde. Essa pareceria uma boa ilustração da tese da obsolescência dos conhecimentos. O que ele aprendeu não é suficiente para realizar o seu trabalho.

Mas não é bem assim, tal raciocínio é uma tolice. Em uma escola de engenharia séria, ele terá gasto enorme tempo estudando os princípios da eletricidade e da eletrônica. Se o relezinho agora é com tiristores e se ele entendeu os fundamentos da eletrônica clássica, aprender a lidar com o novo componente é quase trivial. Basta ler o manual ou fazer um curso rápido.

Eu era um apaixonado pela eletrônica e pela montagem de rádios e amplificadores. Quando aprendi, por correspondência, era tudo com válvulas. Antes que migrasse para outros *hobbies*, apareceram os transistores. Ora, vejam, são bem diferentes, mas a adaptação foi imediata e nada traumática. Os amplificadores passaram a ser montados com transistores, e não válvulas. Um transistor e uma válvula fazem exatamente a mesma coisa, só que usam soluções diferentes.

Em outras palavras, a preparação para a maioria das ocupações requer uma base teórica e conceitual e também a formação de atitudes e percepções apropriadas. Tudo isso exige um longo tempo de maturação. Em contraste, há os detalhes da aplicação dos novos modelos disso ou daquilo, cujo aparecimento é incessante. A afirmativa acerca da obsolescência se refere a esse segundo aspecto, as técnicas e os produtos. Na ordem geral das coisas, é uma mudança epidérmica. Se a formação de base é sólida, o resto vem fácil. É sem sentido dizer que é a metade que se tornou obsoleta; foi o detalhe que mudou.

Leva-se tempo aprendendo a ver o mundo como um engenheiro. Porém, passar da válvula para o transistor não chega a ser uma revolução mental. Passar da eletrônica analógica para a digital é um salto modesto. A internet das coisas vai requerer alguns conhecimentos adicionais de circuitos e técnicas, mas quem dominava o que havia antes não terá dificuldades em lidar com as novidades. Tais argumentos preparam o terreno para algumas conclusões. Não sabemos bem o que vem por aí, seja no caso a caso das ocupações que nascem ou nas que se transformam, mas algumas inferências gerais são possíveis.

São cada vez mais críticas as exigências genéricas de ler com fluência e precisão, usar matemática e estatística para resolver problemas do mundo real, lidar com computadores e ter uma base cultural sólida, incluindo bons alicerces nas ciências naturais. E não nos esqueçamos, as humanidades e as ciências sociais nos ajudam a entender a vida e o mundo que nos cerca.

Lembremo-nos sempre que não basta estar no currículo. É necessário realmente haver incorporado os fundamentos no repertório de conhecimentos que estão disponíveis para serem usados. A diferença é abismal. Não basta haver "visto" isso ou aquilo; é preciso dominar aquilo que foi aprendido.

Faz uns tantos anos, conversando com M. Gonthier, o diretor da escola técnica de Ste. Croix, na Suíça, perguntei-lhe como era essa história de preparar para as novas tecnologias. Lembro-me ainda de sua resposta simples e convincente. Segundo ele, antes um técnico precisava gastar tempo aprendendo a ler, a escrever e a usar a matemática. Com as novas tecnologias, simplesmente é preciso gastar muito mais tempo em aprendizados desse naipe.

Sobre as ciências naturais, vale abrir o leque um pouco mais. Falamos da formação de engenheiros, mas o que foi dito vale também para profissões mais simples, como mecânicos e eletricistas. É preciso entender como o mundo funciona. Isso é completamente diferente de decorar fórmulas da física. Só se aprende aplicando os conhecimentos. Portanto, os cursos nessas direções precisam aplicar tudo que se ensina, de preferência, usando as mãos. A nova moda dos projetos STEM (*science + technology + engineering + mathematics*) revelaram-se uma boa fórmula.

Afirma-se que a única maneira de aprender ciência é tornando-se um cientista, ou seja, realizando em um nível suficientemente elementar aqueles projetos de pesquisa que aplicam a essência do método científico. Temos uma hipótese, um palpite, sobre o que vai acontecer: se fizermos isso, vai acontecer aquilo. Montamos então um experimento para ver se acontece mesmo. Mas essa montagem segue protocolos rígidos. Por esse método, confirmamos ou rejeitamos nossa hipótese inicial. Entender a essência do método científico é um alicerce sólido para o que quer que venha depois.

O programa televisivo *Destruidores de mitos* é uma boa introdução para o que é o método científico. Nele, os dois protagonistas tomam um mito do cotidiano e testam a sua validade. Por exemplo: um automóvel trafegando com as janelas abertas gasta mais gasolina? Para chegar a uma conclusão, estabelecem-se com rigor as hipóteses e a maneira de testá-las.

Em quaisquer ocupações, há conhecimentos genéricos que são de imensa importância. Saber buscar informações, encaminhar a solução de problemas e trabalhar em grupo são competências indispensáveis. Nada disso é novidade, a diferença é que tais competências ganham proeminência diante da complexidade da sociedade moderna. No fundo, a tese aqui defendida é muito simples: quanto mais complexa for a ocupação considerada, mais é preciso caprichar nas competências de base. O especialista puro é um imbecil, se é que existe.

Feito isso, as carências de conhecimentos específicos são resolvidas *just in time*. Ou seja: quando aparecerem as necessidades, que esteja disponível um curso para supri-las. Não se pode estudar tudo! Se é internet das coisas, que se crie um curso sobre as formas de fazer uma máquina conversar com a outra.

Não faz sentido imaginar que todos vão ter que aprender a fazer tudo antes de ter uma pista concreta dos seus rumos profissionais.

De fato, as estatísticas de graduados desta ou daquela especialidade que exercem a profissão escolhida mostram uma tendência clara. Cada vez mais, distancia-se o nome do diploma do que faz o seu detentor. Assim é nas sociedades modernas. Portanto, os conhecimentos específicos das tarefas não podem ser antecipados. Como resultado, é preciso preparar gente capaz de mover-se rapidamente de uma ocupação para a próxima. E isso acontecerá muitas vezes na vida. E não nos esqueçamos: quanto mais bem preparada a pessoa estiver, mais terá competência para aprender sozinha ou com mínima ajuda.

Portanto, a fórmula é relativamente simples. Particularmente quando é turvo, o mercado futuro requer uma formação de base, bem digerida e abrangente. Ao se definir melhor o rumo profissional, aí então vêm os cursos específicos para os assuntos correspondentes. É claro, essas fórmulas simplificam excessivamente o assunto. No mundo real, há uma infinidade de decisões concretas e complicadas, mas, no fundo, não são muito diferentes disso.

Nos últimos tempos, uma série de competências socioemocionais vem sendo discutida e proposta. Por tudo que se sabe, são traços de extrema relevância tanto no desempenho educativo quanto profissional. A seguir, encontra-se uma das muitas versões que circulam sobre elas, mas esta vinda de uma instituição prestigiosa. O gráfico apresenta competências tanto no campo cognitivo como no não cognitivo (não é o caso de entrar em detalhes, pois é um assunto muitíssimo divulgado).

Voltando às profissões que não existem, como preparar-se para elas? Na verdade, é difícil imaginar uma profissão nova que não seja uma derivação de alguma já existente. Soldadores com eletrodo revestido passaram para Mig e Mag sem traumas. Engenheiros de turbinas hidráulicas se ajustam à energia eólica. O piloto de avião facilmente vira piloto de drone. Quem trabalha em informática não faz outra coisa senão ajustar-se a novas linguagens e novos métodos.

Tomemos um exemplo moderno: a exotérica nutrigenômica permitirá a qualquer pessoa consultar seu mapa genético e decidir o que não deve comer. Ainda, no entanto, é uma profissão praticamente inexistente. No fundo, é uma derivação da genética e oferecerá desafios que um profissional da área pode aprender a enfrentar. E assim por diante.

Esse raciocínio nos leva a propor as mesmas ideias alinhavadas anteriormente para lidar com as misteriosas e evanescentes ocupações que estão por vir. O que se requer é uma base sólida nas ocupações mais próximas, que servirão de alicerce para dominar as novas. De tudo que foi dito neste ensaio, esse problema é o menos preocupante.

Talvez a grande novidade seja a maior necessidade de competências interdisciplinares. Mas que se entenda, não faz sentido aprender várias ciências ou várias profissões ao mesmo tempo. O que funciona é aprender uma, muito solidamente. Na prática, a interdisciplinaridade tende a se resolver com o praticante de uma delas aprendendo os rudimentos da outra ou das outras. O eletricista troca ideias com o mecânico sobre estratégias para diagnosticar uma pane na máquina. Demonstra-se tudo? Faz-se um teste antes? Os exemplos são muitos.

Vale a pena olhar como é no topo da pirâmide científica. Era biólogo um dos autores da Double Helix, que deu ensejo a um prêmio Nobel na física. Há um prêmio Nobel na medicina formado em engenharia. Na economia, três agraciados são psicólogos.

Diante do novo, temos que nos preparar para a mobilidade; e isso se faz caprichando na solidez inicial da formação. Ao aprender a manejar-se com maestria em uma ocupação, vai rápido o aprendizado de outra.

/// TOP 10 Skills 2020

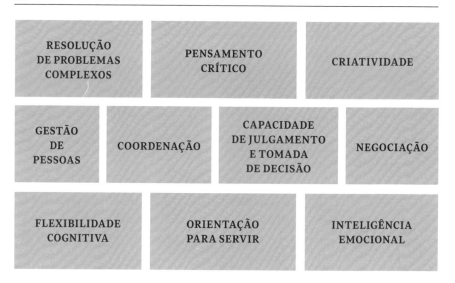

Fonte: Future of Jobs Report, World Economic Forum.

/// Pânico? Otimismo?

O mundo do trabalho está mudando, e a velocidade é maior do que no passado. As máquinas engolem empregos com um apetite voraz. Um desemprego incontrolável nos espera? Será possível aprender a operar um equipamento em cada vez menos tempo? Caminhamos para uma epidemia de desqualificação da mão de obra? Como formar para ocupações que nem sequer sabemos como serão? Cada uma dessas perguntas captura alguma coisa que está acontecendo no mundo ou cujos prenúncios são claros. Mas não parece que o pânico seja uma reação compatível ou inteligente diante do que sabemos de cada uma dessas tendências.

Possivelmente, a mais preocupante é a destruição de empregos pela introdução de robôs, inteligência artificial, drones e muitas outras maquininhas. No entanto, mesmo nesse assunto, os melhores analistas chegam a números radicalmente distintos. E se os que sabem não se põem de acordo, perderemos tempo ruminando cataclismos. Preocupação, sim. Catastrofismo, não.

A desqualificação do trabalho tem um fundo de verdade. É uma tese da década de 1980. Contudo, desde então, não parece que a epidemia de desqualificação tenha sobrepujado a crescente complexidade de muitas outras ocupações. Ou seja, se uma ocupação fica mais simples, outra se torna mais complicada. De mais a mais, muitos ofícios cujo núcleo é simplificado adquirem exigências maiores em tarefas complementares. Não parece que a desqualificação deva merecer tanta insônia.

O que parece pouco controvertido é uma tendência muito marcada de mudanças dentro de cada ocupação. Como regra geral, as profissões passa a exigir menos destreza manual e mais conhecimentos abstratos e teóricos e, portanto, requerem mais tempo na escola para adquiri-los. Por exemplo, marceneiros estão usando programas de CAD para criar seus móveis. É um desafio, pois trata-se de competências diferentes daquelas requeridas para plainar uma tábua com as fibras arrevesadas.

No geral, quando se domina uma base sólida, as novidades são rapidamente aprendidas, mas essa já é uma percepção bem antiga e não parece que o futuro ofereça desafios diferentes ou intransponíveis.

O temor de não saber lidar com uma enxurrada de ocupações que não existem hoje tampouco parece se justificar. O que quer que apareça, acaba sendo parente próximo de outras ocupações, para as quais já temos certa tradição de preparar. Basta fazer os ajustes necessários. À guisa de conclusão: preocupação, sim; insônia, não.

REFERÊNCIA
CRAWFORD, M. *Shop class as soulcraft:* an inquiry into the value of work. New York: Penguin, 2009.

NOTA
1. Vale o registro de que a mudança nasceu de uma sugestão minha ao ministro Paulo Renato Souza. Nessa época, eu era técnico do BID e, nessa capacidade, assessorava o ministro. A ideia vinha de épocas anteriores, quando fiz a sugestão ao ministro Bornhausen, que não a acolheu. Esse fato mostra o ridículo do escrito de uma educadora, parcialmente copiado em um documento oficial do Ministério da Educação. Nele, a autora denuncia a ingerência cultural do Banco Mundial, pois, por meio de um empréstimo, havia imposto uma solução alienígena ao nosso país. Porém, sendo eu o autor e a solução anterior à minha presença no BID, a acusação de ser uma solução imposta externamente perde o sentido. Além disso, a autora não se deu ao trabalho de verificar de qual banco se tratava. Era o BID. De resto, o Banco Mundial jamais teve um projeto de formação técnica ou profissional no Brasil.

#8
No reino do socioemocional

A primeira onda de pesquisas rigorosas sobre educação privilegiou o que se sabia medir, como anos de educação, *status* familiar e aproveitamento escolar. Os resultados apontaram para os fatores críticos determinando sucesso e fracasso. Nos últimos anos, torna-se possível atribuir números a fatores ditos não cognitivos, tais como valores, atitudes e cultura, permitindo uma nova onda de pesquisas. A grande novidade é que esses fatores, hoje batizados de socioemocionais, mostram-se tão relevantes quanto os cognitivos. Os ensaios deste capítulo tocam em alguns temas em que valores, emoções, atitudes e cultura têm um protagonismo importante.

Nas últimas décadas, avançou de forma extraordinária a pesquisa empírica sobre educação. A queda de preço dos computadores e suas interfaces cada vez mais amigáveis estimularam uma onda de estudos quantitativos que não dá sinais de amainar. Nessa primeira onda, predominaram as pesquisas que incluíam as variáveis de mais fácil quantificação, tais como anos de estudo e, naturalmente, níveis de aprendizado, medidos por testes. E, para divertir os economistas, o nível de remuneração dos formados. Variáveis categóricas, como raça e classe social, também entraram, pois algumas delas têm forte poder de explicação estatística.

Em seu conjunto, tais estudos permitiram um salto espetacular na nossa compreensão dos fenômenos educacionais. De uma forma ou de outra, as mesmas ideias sempre foram contempladas, só que, com a precisão e a confiabilidade dos novos estudos, deixaram de ser palpites baseados apenas na autoridade do pesquisador. Em sua esmagadora maioria, esse grande volume de pesquisas lidou com os aspectos que chamamos de cognitivos. Os testes medem a capacidade cognitiva para resolver problemas constantes dos currículos. As variáveis explicativas também tendem a estar no domínio cognitivo: anos de escolaridade, custo da educação e muitas outras.

Ainda na linha dos estudos quantitativos, nos últimos dez anos, observa-se um novo despertar metodológico. Além das variáveis quantitativas, começa a ser possível lidar estatisticamente com aquelas que tentam capturar elementos não cognitivos. São as diferenças de cultura (no sentido antropológico), as emoções, as atitudes e os valores. Mais recentemente, essas dimensões não cognitivas foram rebatizadas de "socioemocionais".

Para surpresa de uns e satisfação de outros, as pesquisas mostraram que a força explicativa das variáveis socioemocionais é, pelo menos, tão grande quanto a das outras. De fato, quem somos, como reagimos diante do mundo e que atitude temos diante desta ou daquela situação acabam por determinar muito do que conseguimos realizar na escola e no trabalho.

Do Magnum .357 para a pesquisa

De malfeitor contumaz, Roland Fryer vira um eminente pesquisador. Em uma iniciativa recente, toma como ponto de partida pesquisas mostrando como os filhos de pobres e ricos se distanciam na sua competência linguística. Monta, então, um programa para levar as mães de classe baixa a interagir de forma mais ativa e deliberada com seus filhos muito jovens. O programa, descrito a seguir, é um grande sucesso.

Roland Fryer morava com a avó quando ela e outros parentes foram presos e condenados por fabricar e distribuir *crack*. Assistiu ao pai estuprar uma mulher. Com seu primeiro salário, pagou a fiança deste, quando ele foi preso e condenado. Aos 15 anos, vendia maconha e não saía de casa sem o seu revólver Magnum .357. Dos seus 10 parentes mais próximos, oito foram assassinados ou presos. Por pouco, deixou de participar em um assalto no qual seus amigos foram presos e condenados. Assustou-se e decidiu mudar de vida. Entrou para a Universidade do Texas e formou-se em economia em dois anos e meio. Fez o doutorado em três anos e meio na Universidade da Pensilvânia e hoje é professor assistente na Universidade Harvard. O homem é irrequieto e curioso. Com dois economistas da Universidade de Chicago, criou uma escola para aplicar ideias novas que flutuam por aí.

O ponto de partida para tais intervenções foram as pesquisas de B. Hart e T. Risley, que examinaram longamente como os bebês aprendem a falar. Amostra, pesquisa de campo, gravadores e tudo mais. E, grande surpresa: ao chegar aos três anos de idade, uma criança de classe alta ouviu 30 milhões de palavras a mais do que uma pobre (as mesmas ou diferentes). Mais ainda, ouviu muitas palavras de encorajamento, enquanto a pobre ouviu mais frases curtas, do tipo "cala a boca", "não mexe nisso" ou "fica quieto". E tem mais: as mães mais escolarizadas perguntam e esperam respostas. As pobres, além de falar pouco com as crianças, apenas dão ordens, com pouca interação. Como resultado, o desenvolvimento linguístico dos dois grupos se distancia. Isso afeta a inteligência e a capacidade de aprender a ler na escola, já que dependem do número de palavras conhecidas e da competência para emendá-las umas às outras.

A professora Dana Susskind, da Universidade de Chicago, foi uma das precursoras dos implantes cocleares. Essa cirurgia permite que certas crianças nascidas surdas passem a ouvir. Ao longo de seu trabalho, ela notou um fato surpreendente: as crianças submetidas ao procedimento logo ao nascer têm um desenvolvimento normal da fala. Em contraste, nas que somente recebem o implante após alguns anos de vida, a aquisição da fala é morosa ou nula. Ou seja, quem perdeu o bonde de uma interação linguística precoce estará prejudicado para o resto da sua vida escolar. A idade do mais prodigioso desenvolvimento do cérebro é quando se aprendem as palavras e seus usos.

O terceiro fato que chama atenção dos três economistas são os estudos de James Heckman, que mostram com números a importância do que hoje chamamos de traços socioemocionais, como a autoconfiança, a persistência e a organização. Sem isso, nada feito. Aliás, esses foram os estudos de maior peso para dar aos elementos socioemocionais a preeminência que têm hoje.

Com estudos desse tipo em mãos, os três conseguiram um dinheirinho de uma fundação e criaram uma escola. O raciocínio deles foi simples: se esses são os eixos do sucesso, é preciso inseri-los na escola e na família.

Chama muita atenção no programa de Fryer a estratégia de educar os pais para que passem mais tempo conversando com os filhos, desde muito jovens. Que estimulem o diálogo. Que turbinem sua autoestima e evitem dizer "não pode". Que promovam os bons traços socioemocionais. Em linha com experimentos prévios de Fryer, deram prêmios em dinheiro para os pais cumprirem a terapia prescrita. Educadores costumam ter faniquitos diante dessa "mercantilização" da paternidade, mas, na linha da educação baseada em evidências, é experimentar para ver se dá certo. A conversa sobre as justificativas filosóficas fica para depois.

Deu certo? No todo, espetacularmente. O programa aumenta o rendimento escolar de forma muito significativa. Com custos baixos, consegue o mesmo que outros programas caríssimos. Mas deu também uma zebra. O programa melhora o aprendizado dos pobres hispânicos e brancos. Em contraste com

Vila Sésamo, não melhora em nada o rendimento dos negros, embora Roland Fryer seja negro! Lições:

1. Vivas para um país que consegue pescar no fundo do tacho talentos como Roland Fryer.
2. A educação evolui nas mãos de gente imaginativa e corajosa tentando novas soluções.
3. É possível melhorar a competência linguística das crianças ensinando as mães a interagirem com elas de maneira diferente.
4. Mas e os negros? Com eles, o programa falhou. Em pesquisa é assim. Acerta aqui, erra acolá. O próximo passo é consertar o programa, sempre com experimentos rigorosos, avançando passo a passo.

Às vezes, há acidentes de percurso e as dificuldades aparecem onde menos se espera. A pesquisa foi financiada por uma pequena fundação, criada por um casal. Agora que os resultados chegaram, urge fazer algumas correções de rumo, além de descobrir por que o programa não funciona com os negros. Infelizmente, o casal da fundação se divorciou. Dessa forma, secou a fonte de financiamento. Em algum momento, voltará a ser possível entender por que falhou o experimento com esse grupo.

Aluno feliz aprende mais!

Recentemente, passou a ser possível pesquisar o impacto das variáveis não cognitivas ou socioemocionais na escola e na vida das pessoas. Verificou-se que afetam de forma muito significativa o sucesso na escola e na vida. Mais ainda, desenvolvem-se programas para aumentar o nível de bem-estar dos estudantes, e, como mostram estudos rigorosos, alunos felizes aprendem mais. É mais uma porta que se abre para melhorar a qualidade da educação.

Há alguns anos, valores, atitudes e cultura começaram a entrar no radar dos pesquisadores amantes dos números. Não parece haver dúvidas de que estão sendo identificados fatores críticos para explicar o desempenho educacional. Em algumas pesquisas recentes, parece até que o fatores hoje chamados de socioemocionais são tão ou mais importantes quanto as variáveis clássicas associadas ao desempenho educacional.

A palavra felicidade sempre andou muito distanciada dos assuntos concretos com os quais os cientistas lidam. Assim, dizer que aluno feliz aprende mais parece uma afirmativa amalucada e sem crédito na praça da ciência. Quando o monarca do Butão declarou que estava mais interessado em felicidade *per capita* do que em PIB *per capita*, pareceu outro capítulo dos devaneios de governantes abilolados de países misteriosos, mas o mundo muda, e a ciência evolui. O assunto foi progressivamente ganhando foros de realidade.

Por muito tempo, medir quanto os alunos aprendiam na escola pareceu uma heresia das maiores. O grande defensor da avaliação educativa, o Banco Mundial, em plena década de 1970, recusou-se a financiar uma pesquisa na América Latina por considerar os testes educativos um caminho pouco promissor. Não obstante, medir o quanto os alunos aprendem na escola tornou-se uma técnica bem dominada. Os resultados são preciosos, tanto para quem faz política educativa como para quem necessita conhecer o desempenho de escolas e alunos, como os pais.

Em tempos recentes, as avaliações de desempenho tornaram-se uma ortodoxia na cartilha da maioria dos países – em que pesem algumas poucas almas que se recusam a aceitar números nesses assuntos tão sacrossantos. Entre Prova Brasil, Exame Nacional do Ensino Médio (Enem), Exame Nacional de Desempenho de Estudantes (Enade) e Programa Internacional de Avaliação de Estudantes (Pisa), estamos todos rodeados de números medindo as excelências e os fracassos na escola. De certa forma, criou-se uma fronteira na ciência. De um lado, a lógica rigorosa dos testes de desempenho, cercados de suas exigentes técnicas de análise. Com esses armamentos, todos os tipos de malabarismos estatísticos são autorizados.

Do outro lado, havia uma nuvem, povoada de conceitos fugidios que davam a impressão de que deveriam ser importantes, mas que se revelaram resvaladiços e de difícil quantificação. Por falta de melhor nome, eram denominados "não cognitivos". O mero fato de serem definidos por uma negação já sugere o seu *status* ambíguo e subalterno na ciência. Progressivamente, torna-se possível medir alguns deles por meio de questionários. Nesse momento, dá-se a sua maturidade. Inclusive, são batizados de fatores socioemocionais, um nome bem mais respeitável.

Um salto gigantesco foi dado por James Heckman quando correlacionou os chamados *big five* com medidas de desempenho escolar. Para grande surpresa, os fatores socioemocionais se revelaram pelo menos tão robustos previsores de sucesso na vida e na escola quanto os fatores cognitivos. Na verdade, podem até ser superiores. O que não passava de uma coleção de conceitos gelatinosos converteu-se em alguma coisa tangível e poderosa para explicar por que as pessoas dão certo na escola e na vida. De quebra, tais estudos contribuíram para o prêmio Nobel recebido por Heckman no ano 2000.

Como em muitos exercícios desse tipo, começa-se com um grande número de indicadores que são transformados em perguntas de múltipla escolha. Progressivamente, vão sendo abandonadas aquelas que não se correlacionam com nada. Termina-se então com a lista de perguntas vencedoras. No caso, receberam o apelido de *big five* por serem mais eficazes que as outras para explicar o desempenho futuro dos alunos.

A Organização para a Cooperação e Desenvolvimento Econômico (OCDE) vem liderando os estudos sobre o tema, com a colaboração de muitas universidades. No Brasil, em associação com a OCDE, o Instituto Ayrton Senna (IAS) conduz pesquisas muito promissoras. Por trás das pesquisas, estão os seguintes conceitos, adaptados do *big five* e adotados pelo IAS:

1. Responsabilidade.
2. Cooperação.
3. Comunicação.
4. Criatividade.
5. Autocontrole.
6. Pensamento crítico.
7. Resolução de problemas.
8. Abertura.

A nossa reflexão vai um pouco adiante. Falamos da ideia de bem-estar – ou, mais pretensiosamente, de felicidade. Quando o Butão resolveu transformar a busca da felicidade em política pública, tal iniciativa foi vista como uma curiosidade, um cacoete pitoresco do rei. No entanto, com o passar do tempo, um ramo mais otimista da psicologia começa a se interessar pelo assunto. Nessa linha, em vez de curar enfermidades mentais, alguns psicólogos começam a pensar em como promover o bem-estar e, por que não, a felicidade. Esse ramo da psicologia é hoje conhecido como psicologia positiva.

Tal como aconteceu com os testes de desempenho escolar e com os indicadores de nível socioemocional, aos poucos, vão aparecendo maneiras mais eficazes de quantificar os conceitos percebidos ou definidos. Assim, torna-se possível a quadratura do círculo: medir felicidade! Na verdade, o objetivo declarado é um pouco mais modesto, pois fala-se de "bem-estar". E, como no caso dos fatores socioemocionais, algumas das dimensões associadas ao bem-estar são identificadas e melhor decifradas. Como acontece nesses casos, cada pesquisador arruma e rearruma as ideias, de acordo com suas preferências e conveniências. Portanto, não se pode ainda falar de um total consenso e nem em padronização dos indicadores.

Várias classificações foram propostas, como seria de se imaginar em um campo virgem. Para fixar ideias, podemos admitir que o bem-estar resulta da combinação dos seguintes elementos:

Emoções positivas

1. Fluxo, que é uma sensação de viver e estar envolvido com o presente.
2. Relações positivas com quem se convive.
3. Sentimento de propósito ou significado do que se faz.
4. Sentimento de realização diante dos desafios da vida.

Tal como havia feito James Heckman, com seus fatores socioemocionais, o exercício seguinte foi associar as medidas de bem-estar ao desempenho na escola. Ou seja, será que gente mais feliz, além da suprema valia desse bem-estar, também teria um desempenho superior na escola?

Para operacionalizar testes empíricos do impacto do bem-estar sobre o desempenho escolar, foram adotadas várias categorias, cada pesquisa com uma classificação um pouco diferente. Embora sejam todas parecidas, não são as mesmas. Citamos a que foi adotada por Martin Seligman, o pai dessa linha de estudos. Os conceitos são abreviados pela sigla PERMA (do inglês, *positive emotion, engagement, relationship, meaning e accomplishment*), em tradução livre: emoção positiva, comprometimento, relações, significado e realização.

Um número crescente de pesquisas demonstra que pessoas com mais altos escores nessas medidas de bem-estar têm também melhor desempenho escolar. Com esses estudos multivariados, fecha-se o círculo das pesquisas associando fatores socioemocionais e medidas de bem-estar com sucesso na escola.

Até agora, falamos de caracterizar algum conceito abstrato e, em seguida, medi-lo e associá-lo com desempenho na escola. Não se discutia ainda mudar as pessoas, apenas medir suas características, mas o avanço da ciência não fica nesse patamar. A estatura é um fator determinante na probabilidade de sucesso de um jogador de voleibol e não pode ser alterada. Em contraste, bem-estar é uma noção, algo volátil, e não há por que pensar que os seus determinantes não o sejam também. Assim, será possível aumentar o bem-estar de uma pessoa? Em outras palavras, torná-la mais feliz? Será possível inventar o "elixir da felicidade"?

Nesse momento, saímos do reino da mensuração e entramos no território das técnicas de mudança das atitudes, das crenças e dos comportamentos. Por assim dizer, é um ramo da educação. Assim como transformamos uma criança analfabeta em outra alfabetizada, queremos saber se é possível transformar uma criança infeliz em uma feliz. Mais modestamente, podemos aumentar o seu nível de bem-estar?

Na linha de programas iniciada por Seligman, foram desenvolvidos programas escolares de dois tipos. Um deles é uma disciplina adicional que lida diretamente com os conceitos contemplados na pesquisa. O outro tipo consiste em introduzir, tanto quanto possível, esses mesmos assuntos nas disciplinas existentes no currículo. Os dois são aplicados, em paralelo, durante o programa escolar.

Os ensaios foram desenvolvidos em um bom número de países, pobres e ricos. Cada um utilizou programas ligeiramente diferentes de desenvolvimento das capacidades consideradas como indicativas de bem-estar. Para fixar ideias, tomemos apenas o programa de Israel. Nele, os alunos são encorajados e guiados para se desenvolver nas seguintes linhas:

1. Desenvolver a capacidade de regular as emoções (expressão e reforço das emoções positivas a gerenciamento das negativas).
2. Reforçar as emoções de gratidão e apreciação.
3. Cultivar as experiências de fluxo e o prazer de aprender.
4. Reforçar relações interpessoais sadias.
5. Promover atos de generosidade, cuidado e compaixão.
6. Utilizar na vida cotidiana as forças de caráter e suas virtudes.
7. Cultivar resiliência e persistência.
8. Identificar e perseguir objetivos significativos e de acordo com os objetivos pessoais.

Uma característica fundamental do método usado para medir os traços socioemocionais é se diferenciar das pesquisas de opinião ou atitudes. Não se trata de perguntar se gosta ou se considera importante. Pelo contrário, são exercícios práticos de aplicação dos conceitos. Por exemplo, os alunos devem praticar atos de generosidade no seu cotidiano, em seguida prestando contas do que fizeram e de como se sentiram depois. Ou, em desafios concretos, em vez de desistir, são instados a continuar tentando. E assim por diante.

Em todos os países em que foi aplicado, o programa foi introduzido em escolas durante um ano e meio. Naturalmente, foram criados grupos de controle, para comparar os resultados. A primeira aplicação foi no próprio Butão, já que de lá vem o grande interesse pela felicidade dos seus habitantes. Em seguida, foi feita uma aplicação no México e outra no Peru. Sob a supervisão do professor Seligman, da Universidade da Pensilvânia, Alejandro Adler conduziu esses experimentos. Mais adiante, foram replicados em escolas da Arábia Saudita, do Canadá, dos Emirados Árabes, dos Estados Unidos, de Israel, da Inglaterra e da Jordânia. O primeiro resultado logo chamou atenção. A intervenção mostrou-se capaz de aumentar o nível de bem-estar do grupo experimental. Com certa licença poética, admitamos que se criou um curso de felicidade.

Esses resultados, em si, já são um grande sucesso. Mostram que atividades nada mirabolantes em sala de aula são capazes de alterar o grau de bem-estar dos alunos. A pergunta seguinte é se alunos "mais felizes" têm um desempenho acadêmico melhor. Embora o bem-estar tenha muito valor em si, poderia perfeitamente acontecer que pouco colaborasse para o estudante aprender mais. Se fosse esse o caso, criamos mais uma atividade em sala de aula para dispersar atenções que poderiam ir para o núcleo duro dos currículos. Valeria a pena? No entanto, a resposta foi muito clara. Quanto maior o sentimento de bem-estar do aluno, mais ele aprende na escola. De fato, em países como o Butão, os alunos ganham o equivalente a um ano letivo, em termos do seu aproveitamento escolar. Com isso, fecha-se um ciclo virtuoso de mensurações e intervenções. Realmente, aluno feliz aprende mais.

Dessa forma, inaugura-se mais um capítulo promissor da psicologia e da pedagogia. Abrem-se portas para replicar esse modelo. Afinal, se deu certo em países tão diferentes, por que não no Brasil?

# 9

Os duelos da modernidade

Este capítulo descreve os duelos entre a modernidade que emerge em nossa terra e a sociedade atrasada que, teimosamente, ainda não se foi. É o duelo entre o Brasil Novo e o Brasil Velho. Neste capítulo, ilustramos o atraso do Brasil, passando em revista o que escreveram visitantes da Europa que por aqui passaram. Essencialmente, exploramos o caminho árduo que separa um Brasil Velho de um Brasil Novo. O que resta do primeiro puxa o País para trás; o segundo, emergente, exibe segmentos que surpreendem pela sua modernidade, mas o duelo entre os dois está longe do fim.

O Brasil Velho resiste ao Brasil Novo[1]

A ênfase deste ensaio é sobre os valores e a cultura do Brasil Velho. Assim, aqui discutem-se história, cultura e valores. Por assim dizer, é uma análise institucional da sociedade brasileira. Perguntamos: como é o país em que vivemos? Mais precisamente, qual dos muitos Brasis pode trazer o progresso de forma mais sistemática?

A modernidade traz muitas consequências positivas. No marco deste livro está proximamente associada ao que acontece de bom na educação, mas está também profundamente ligada à inovação, tratada no próximo capítulo.

/// O atraso histórico do Brasil

Nesta seção, tratamos da nossa herança histórica e cultural. Falamos de uma sociedade que era homogeneamente atrasada, pobre e pessimamente educada. Assim era o Brasil Velho. Somente na segunda metade do século XIX começa a emergir um outro Brasil. E no século XX toma corpo o Brasil Novo, pujante, até mesmo atrevido, mas ainda sob a sombra do Velho.

O que nos lembramos dos livros de história do colégio? Ao longo de quatro séculos, muito heroísmo e muitas glórias. Porém, entrando no século XX, damos de cara com a República Velha, anticlimática, prenhe de muitas e sucessivas quarteladas. Formamos a imagem de um século cinza, faltando-lhe charme e grandes heróis. No entanto, esta análise propõe virar esse diagnóstico de pernas para o ar. O que tivemos antes foram séculos de grande e modorrento atraso, em quase todos os azimutes. O caminho da glória nos reservava o século XX. Contudo, ainda não nos demos conta dessa reviravolta.

Para entender o atraso, comecemos com a nossa matriz cultural. Fomos descobertos e colonizados pelo país mais atrasado da Europa Ocidental. A extraordinária explosão de arrojo e inovações, identificada com a Escola de Sagres, levou Portugal à liderança mundial nos descobrimentos. Isso aconteceu na segunda metade do século XV. Contudo, esse impulso durou pouco. Duffy (1955), examinando os registros da Carreira das Índias, mostra que, ao início do século XVI, Portugal já vinha perdendo o fôlego demonstrado no século anterior. Em outras palavras, foi fugaz o grande empuxo que levou à expulsão dos mouros e aos descobrimentos.

A bibliografia noticiando as limitações da sociedade portuguesa é mais do que abundante. A título de ilustração, citamos apenas dois exemplos. Gilberto Freyre observa que, com a partida dos mouros, a agricultura portuguesa sofreu um grande baque, pois eram eles que melhor sabiam cultivar a terra. Por exclusão, inferimos que os avanços da época se concentravam nas artes navais (FREYRE, 2003). A nobreza e a Casa Real portuguesa permaneciam muito atrasadas, mesmo no século XVIII. Setenta mil operários trabalhavam na construção do convento de Mafra, mas, quando a família real fugiu para o Brasil, as velas da esquadra portuguesa estavam rasgadas e não havia água a bordo (GOMES, 2007).

Ao tentar mobilizar os índios locais para o trabalho, os portugueses descobriram que as tribos, na sua maioria nômades, não se submetiam às rotinas de trabalho das fazendas e dos engenhos. Os índios mais avançados e sedentarizados, às margens do Amazonas, já haviam desaparecido à época dos descobrimentos. Um estudo antropológico recente, com os índios Munduruku, mostra que eles só conseguem contar até quatro. Daí para frente, são "muitos" (BELLOS, 2011). Em contraste, lembremo-nos do episódio do rei David, mil anos antes de Cristo, contando seus guerreiros. E eram mais de um milhão. Ou dos camponeses ingleses na Idade Média, que tinham o seu próprio sistema de numeração, de base 20, de resto, bastante refinado.

De fato, os índios brasileiros eram muito arredios aos hábitos, à organização e às formas de trabalho urbano ou nas fazendas e engenhos. É enorme seu descompasso, vis a vis os índios andinos, a quem pouco mais faltava que uma linguagem escrita e armas de fogo, para se equivalerem aos conquistadores espanhóis. É precária qualquer estimativa da distância entre os andinos e os nossos. Ainda assim, falar de 4 a 5 mil anos não é completamente fora de propósito.

Diante da inaptência dos índios brasileiros para o trabalho nas cidades ou nas *plantations*, com rotinas e horários, a solução foi importar os escravos africanos, bem mais acostumados a tais estilos de vida. A escravidão foi praticada desde os primórdios do homem. Fizemos como todos os países da época. Porém, note-se, *grosso modo*, a África não havia ultrapassado a Idade do Bronze. Não tinha língua escrita e sua organização social era muito mais rudimentar que a europeia. Ainda assim, estava mais próxima dos níveis europeus do que os índios do Brasil.

Ou seja, a matriz cultural do Brasil é mais distante dos padrões da Revolução Industrial do que a de qualquer outra colônia da América espanhola. Não que os espanhóis fossem tão avançados assim, mas o conjunto de características dessas três culturas nos colocava em grande desvantagem, pelo menos do ponto de vista da organização econômica e da urbanização. Um exemplo chileno atual ilustra as diferenças: ao Norte do país, os descendentes dos índios andinos, próximos do Império Inca, ordeiramente urbanizaram-se e ajustaram-se aos estilos ocidentais. No mesmo país, os mapuches do Sul, primitivos como os nossos, continuam desajustados e são uma fonte permanente de atritos.

Voltando ao Brasil, durante muitos séculos, fomos mais pobres e mais atrasados do que praticamente todos os países latino-americanos. No início do século XX, o Peru tinha uma renda *per capita* superior à nossa. E a da Argentina era 4,7 vezes maior. Mercê de uma abundante migração europeia, em meados do século XIX, com Sarmiento e Varella, a Argentina e o Uruguai iniciaram políticas sólidas para alfabetizar a todos. Por volta de 1870, o Chile já havia alfabetizado próximo de 30% da sua população.

Na Alemanha do século XVI, antes de Gutemberg, estima-se que 30% da população era alfabetizada. Em contraste, em 1900, somente 10% das crianças brasileiras se alfabetizavam (Portugal não era muito melhor). Nossa primeira universidade (Universidade do Brasil, que depois se tornou a Universidade Federal do Rio de Janeiro), na década de 1920, veio quatro séculos depois daquela criada em Santo Domingo (República Dominicana).

Afora uma pequena elite no Rio de Janeiro, a sociedade era muito primitiva. Viajante após viajante narrava com todas as letras o atraso do povo e das instituições. Alguns eram mais brutais, como o jovem e impaciente Príncipe de Joinville. Em Barbacena, desabafa: *"Le vilain pays, le vilain peuple"* ("país maldito, povo maldito!"). Outros eram diplomáticos, mas a mensagem não era mais lisonjeira (FRIEIRO, 1982, p. 106).

Ao fundear-se o Beagle no Rio de Janeiro, Charles Darwin (1989, tradução nossa) empreende uma excursão a Cabo Frio. Fica encantado com a floresta, mas horrorizado com o atraso da sociedade, comentando uma das refeições:

Nossos anfitriões têm maneiras deselegantes e desagradáveis; as pessoas e as casas são imundas. A falta de acomodações e talheres é comum; e tenho certeza de que nenhuma cabana ou casebre na Inglaterra poderia ser encontrado em um estado tão destituído de conforto.

Eduardo Frieiro (1982, p. 62) comenta acerca da precariedade do interior das Minas Gerais: "D. Pedro I e sua comitiva [entre Minas e São Paulo], mais de uma vez, nos ermos em que pousavam, quase passaram fome, em razão do pouco ou quase nada que lhes ofereciam para comer".

Richard Burton (1945), Conde Suzannet (1954) e muitos outros deixaram testemunhos da precariedade de tudo. Em fins do século XIX, a aquarelista inglesa Marianne North sai do Rio de Janeiro e viaja para Nova Lima. Não encontra um só hotel ou estalagem na Estrada Real, que ligava as duas cidades mais ricas do Brasil: Rio de Janeiro e Ouro Preto (NORTH, 2001).

Dickens (1993), em *Pickwick Papers*, descreve seus personagens viajando pela Inglaterra. No início do século XIX, dispunham sempre de linhas regulares de diligências e hospedarias adequadas. Na mesma época, em sua autobiografia, Benjamim Franklin descreve suas viagens pela Nova Inglaterra, facilitadas por respeitáveis redes de transporte e hospedarias.

Saint Hilaire reclama da inexistência de uma só estalagem medíocre em Ouro Preto (FRIEIRO, 1982, p. 75). Aliás, não é essa a sua única reclamação. De fato, aborreceu-se com a ausência de acomodações em Paraíba do Sul, tendo que dormir em um rancho precário e frio, incomodado também com a asfixia que lhe provocava a fumaça do fogo mantido pelos escravos. Reclama dos pesados impostos para passar no registro de Matias Barbosa. Descreve a presença generalizada do bócio na região de Ouro Preto. Menciona que como "[...] a estrada, em certos lugares, passa comprimida entre morros, corre-se o risco de ser atacado, às vezes, por negros fugitivos".

Seus comentários sobre o catolicismo dos portugueses não são nada lisonjeiros:

Sabe-se que Portugal é um dos países da Europa em que a ignorância e a superstição mais alteraram a pureza do cristianismo. Os homens [...] não traziam senão uma ideia obscura e incompleta da religião cristã. [...] já deveriam ter varrido do coração os fracos princípios morais recebidos [...] era fácil

> *perceber que uma vida consagrada à avareza e crueldade em uma região ainda bárbara era pouco capaz de inspirar ideias religiosas. (GOULART, 2013, p. 26, 29, 32, 41).*

Em pleno ciclo do ouro, a vida cotidiana em Ouro Preto era mais do que precária e distante dos padrões europeus. Eduardo Frieiro, ao descrever as casas e a mesa na época, não parece estar falando da cidade cuja mineração de ouro era então a mais pródiga do mundo. Segundo ele, "à mesa só se assenta o dono da casa e, quando muito, os filhos já casados e algum hóspede de consideração. [...] Quase sempre, come-se com as mãos" (FRIEIRO, 1982, p. 66).

Em 1881, são pouco favoráveis os comentários de uma professorinha prussiana de 22 anos, que trabalhava como preceptora da elite brasileira. Ela menciona que, em São João del-Rei, não havia um só hotel. Isso criou um problema durante a visita do imperador. Não teve tampouco boa impressão da mesa dos barões do café: "Não conhecem o bom vinho e não sabem comer". [...] "Não é fácil obter-se dos brasileiros uma refeição quente...". Sobre os cardápios brasileiros, não é menos crítica: "Ando sempre com fome desde que comi pela última vez no navio, pois meu estômago está custando a fazer amizade com a monotonia da comida invariável e com a banha com que ela é preparada aqui". É curioso ver que, em uma fazenda no Vale do Paraíba, serve-se "uma manteiga dinamarquesa, em lata, mole, amarela e salgada" (BINZER, 2004, p. 10, 27). Curiosamente, considera que a marca da civilização é comunicar-se em francês – exceto com os escravos.

Sobre os confortos domésticos, essa professora desabafa: "Quero descrever minha cama e peço-lhe uma lágrima por mim. Imagine um banco rústico de madeira. [...]. Em cima de um estrado, o colchão, cujo enchimento é composto de ervas selvagens, com graciosos galhos e gravetos" (BINZER, 2004, p. 32). Ao mesmo tempo, espanta-se com os sacrifícios requeridos para levar às igrejas de São João del-Rei umas enormes pedras, consumindo a viagem quatro a cinco meses. Admira-se da fé dos brasileiros, mas há um toque de ironia em seus comentários diante da falta de quase tudo no interior das casas.

Falando da educação dessa mesma elite, comenta que "[...] todo brasileiro bem colocado na vida já nasce com esse título [de doutor] e seria estúpido exigir que eles o fossem conquistar à custa de estudos tão difíceis quanto desnecessários" (BINZER, 2004, p. 18). Desabafa: "Não consigo habituar-me a este ensino superficial". Depois de praticar o que havia aprendido em sua formação como professora, conclui que "as crianças brasileiras, em absoluto, não devem ser educadas por alemães; é trabalho perdido, pois o enxerto de planta estrangeira […] não pegará". Para ela,

> *os brasileiros dão ótimos advogados […] dão a vida por falar, mesmo quando é para não dizer nada. […] Tudo é exterior, tudo gesticulação e meia cultura. O fraseado pomposo e a eloquência enfática já são por si próprios falsos e teatrais; mas se você tirar a prova real, se indagar sobre qualquer assunto, não se revelam capazes de fornecer a informação desejada. (BINZER, 2004, p. 95).*

A partir da sua experiência em um colégio do Rio, conclui que

> *as melhores famílias, em definitivo, não mandam as filhas para colégios e, devido a isso, essa sociedade é, em geral, a menos educada ou mais selvagem que se pode encontrar. Exaltam-se, gritam […]. Nessas ocasiões, Mlle. Serôt prende-as dentro de um armário vazio até que se acalmem. (BINZER, 2004, p. 79).*

Fica muito impressionada com o burburinho das ruas do Rio de Janeiro: "cada sacada e cada janela ficam ocupadas por basbaques ociosos. A casa parece não ter força de atração suficiente nem utilidade, pois, em caso contrário, ninguém se divertiria em bisbilhotar, sempre como novidade, o movimento da rua" (BINZER, 2004, p. 67).

> *Só algumas coisas mais, além do barulho ensurdecedor, seriam dispensáveis: a sujeira e a desordem. […] As fachadas das casas, de diversas cores, são interessantes de se ver, mas, em sua maior parte, estão malcuidadas. […] Tudo nos parece negligente, mesmo o próprio povo, não sei como qualificá-lo – creio que indisciplinado seria a melhor palavra. […] O ambiente das bancas tem cascas de laranja, fósforos, papel, pontas de cigarro e outros rubbish disputam entre si o primeiro lugar com a barra do vestido claro da vendedora, varrendo-os de cá para lá, para afugentá-los de novo. (BINZER, 2004, p. 74-75).*

Sobre o comércio, se espanta com o que encontra nas boas lojas:

> *O que se compra é, quase sem exceção, mercadoria europeia, fora das matérias-primas do país, não há nas lojas objetos que não tenham atravessado o Oceano Atlântico: tecidos, sapatos, roupas brancas, artigos de lã, móveis, aparelhos de iluminação, baterias de cozinha, livros, tudo, até papel e alfinetes vêm da Europa. Mesmo os tecidos de algodão chegam à terra do algodão enviados pela Alemanha e França, para onde é remetida a matéria-prima, porque nas raras e deficientes fábricas não existe pessoal habilitado. Quando se deseja comer os alvos pães de açúcar, é na terra da beterraba que o país da cana-de-açúcar manda buscá-los. (BINZER, 2004, p. 75).*

> *Os brasileiros [...] querem ter sem demora todas as novidades no terreno da técnica, mas os engenheiros para a montagem vêm da Europa; quando estes se retiram, se, por acaso, se parte uma das peças das máquinas, nenhum nacional sabe consertá-la. Não se encontra profundidade em parte alguma; e, mesmo que procurem adquirir cultura alemã em todos os campos da ciência, tudo ficará somente em superficial imitação. (BINZER, 2004, p. 95).*

Discorrendo sobre a precariedade da mão de obra local, nota que "o artesanato é pouco comum aqui, sendo raro encontrar entre os brasileiros um artesão. Os poucos disponíveis são alemães, portugueses e italianos". Para ela, a falta de tranquilidade e silêncio explica

> *a razão de não possuírem ainda os brasileiros nenhuma obra notável sobre assuntos científicos; esse mesquinho gênero de vida não permite que se forme o raciocínio lógico. Para se concentrar o pensamento é necessário um espaço fechado, onde não se passam milhares de fatos exteriores. (BINZER, 2004, p. 67).*

Em seus comentários, uma arrogância germânica desponta aqui e acolá, mas, a despeito do toque de empáfia, resta o fato inamovível de que parece ter quase sempre razão. Sobre suas alunas, de 19 a 22 anos, comenta que

> *chegam regularmente atrasadas à aula, de modo que me vi forçada a pedir que comparecessem pontualmente. [...] Desde então, encontro-as sentadas, sérias e mudas. [...] nenhum prazer no estudo. [...] Aliás, essa atitude de superioridade é assumida até pelas crianças, devido à escravidão aqui existente.* (BINZER, 2004, p. 23-24).

A alemã da Prússia fica surpresa com os horários da terra. "No Brasil, quem se revela muito pontual não deve estar regulando bem" (BINZER, 2004, p. 48).

A perspicaz Ina fica muito impressionada com o mau uso da terra. Ainda jovem, percebe uma herança de que ainda não nos livramos; nota também que nada se faz no país para ter boas pastagens:

> *A maior parte da terra não é cultivada. Quando é necessário aproveitá-la, queima-se então o que ali crescia, sendo, às vezes, atingidas sem piedade as mais lindas matas virgens. [...] Não pode haver aspecto mais alucinante do que esse, do milho crescendo viçoso e pujante na selvagem desordem dos destroços sapecados ou inteiramente carbonizados. Em nossa terra, é impossível fazer ideia de tamanha confusão e de tal esbanjamento.* (BINZER, 2004, p. 34).

Citando a viagem de John Mawe a Minas Gerais, em 1809, Frieiro refere-se ao fato de que as senhoras "que por acaso percebiam-se nas casas em que ele entrava, ocultavam-se à sua chegada...". Menciona também que elogiou os doces em uma das casas mais sofisticadas que visitou. Tentando ser lisonjeiro, perguntou à dona da casa se haviam sido preparados sob a sua direção. A senhora "sentiu-se agastada e garantiu que não era assim, que todos os trabalhos domésticos eram feitos por suas escravas. Porque soava quase como uma ofensa dizer-se que uma senhora trabalhava" (FRIEIRO, 1982, p. 66).

Na mesma linha, o viajante Pohl queixa-se da indolência dos brancos: "São todos muito preguiçosos e consideram uma vergonha ou desonra que o branco ou livre trabalhe, mesmo um pouco" (FLEMING, 2011, tradução nossa).

E se assim era Ouro Preto, o resto do país estava mergulhado em trevas ainda mais profundas. O Barão de Capanema, a mando de D. Pedro II, vai ao Ceará, para descobrir o que seria essa província longínqua e desconhecida. Sua descrição do atraso é tão pungente que se vê obrigado a usar um pseudônimo para publicar o seu relato. Escreve as crônicas como se fosse o seu próprio cavalariço (PORTO ALEGRE, 2006).

A precariedade das comunicações é espantosa. Quando o Paraguai invadiu a fronteira Sul do Brasil, transcorreu um mês antes que o imperador D. Pedro II tomasse conhecimento do fato.

Um jornalista, nesse caso, brasileiro, descreve o primitivismo da vida no Nordeste no início do século XX. Em *Os Sertões*, Euclides da Cunha brilhantemente mostra o estado de atraso do sertão em que se trava a Guerra de Canudos. Ao mesmo tempo, descreve um Rio de Janeiro despreparado e ingênuo. Em 1900, o engenheiro J. J. Queiroz Jr. pôs em marcha o primeiro alto forno a obter sucesso comercial na América Latina. Contudo, quem fazia os apontamentos da marcha do forno era dona Laura, sua mulher, pois na fábrica, em Itabirito, Minas Gerais, ninguém sabia ler.

Aos 14 anos, em 1910, Anna Amélia de Queiroz Carneiro de Mendonça escreveu seu primeiro livro de poesias, *Esperança*. Ilustrando a precariedade do parque gráfico, o livro teve que ser impresso em Paris. Lembremo-nos de que Benjamin Franklin, mais de um século antes, começou sua vida como tipógrafo e editor de um jornal. Ao início da guerra de independência dos Estados Unidos, em 1776, os colonos contrabandearam de Boston as máquinas de uma gráfica, remontando a oficina em uma cidade distante. O objetivo era a mobilização e informação dos colonos para melhor conduzirem a guerra iminente. Ou seja, o jornal já se havia convertido em um instrumento poderoso de comunicação.

Em contraste, Tiradentes percorria a província das Minas Gerais a cavalo, tentando recrutar aliados para a revolta planejada. Na época dele, as tipografias estavam proibidas. Na entrada do século XIX, o único jornal brasileiro era produzido e impresso em Londres. Pedro Bial, na biografia de Roberto Marinho, menciona que, quando este começou sua vida profissional, os jornais do Rio tinham mais notícias do interior de Portugal do que do Brasil. Isso porque os jornalistas eram portugueses (BIAL, 2004).

Não precisamos recuar tanto. Em 1932, o crítico literário Peter Fleming (irmão de Ian Fleming) começa em São Paulo sua expedição para descobrir o destino do célebre Coronel Fawcett, desaparecido no Centro-Oeste. Registra, depois de pouco andar: "A região era formada de colinas ondulantes e desabitadas... Os escassos povoados davam a aparência de pobreza, estagnação e de serem incapazes de esperanças ou desesperos". Na verdade, estava nas imediações de Ribeirão Preto. Pelas suas descrições, a situação era ainda muito precária no interior do Brasil. "Corumbá [a maior cidade da região] não tinha bondes e nem era possível alugar uma charrete... Como serviço de ambulância, uma rede era pendurada em uma vara e levada nos ombros de dois carregadores" (CHERRIE; ORNIG, 2013, documento *on-line*, tradução nossa).

Ao chegar a Goiás, fala da vida modorrenta e atrasada na capital: "Não há nada a se fazer [...]. Durante todo o dia, as mulheres sentam-se em suas janelas [...] e espiam as ruas vazias. Durante todo o dia, os homens, com ares de aprendizes de filósofo, sentam-se em cadeiras à frente de suas casas, portando chapéus de palha e pijamas engalonados". Nesta descrição, são igualmente desanimadores seus comentários sobre o Centro-Oeste, para onde se dirigia. "[Em 1932] o interior de Mato Grosso era uma região mais desconhecida do que qualquer outra de igual tamanho, no mundo inteiro" (FLEMING, 2011, p. 77, tradução nossa).

Esse grande Brasil foi desbravado pelos bandeirantes, que saíram de São Paulo. Segundo Darcy Ribeiro, estes falavam nheengatu, e não português. Ou seja, eram descendentes próximos dos índios (RIBEIRO, 1998). Portanto, do ponto de vista dos padrões europeus, pouco tinham a trazer para a ocidentalização cultural dos territórios desbravados.

Enfim, não faltam exemplos de atraso, registrados pela pena de inúmeros viajantes. Acho que mais não precisamos para sugerir o espantoso nível de atraso do país. Quem quer que ousasse fazer um prognóstico para o futuro do Brasil dificilmente teria acertado. O País tinha tudo para não dar certo. Depois de redigir esses trechos, li o livro *1822*, de Laurentino Gomes, cujo grande tema é a improbabilidade de o Brasil escapar da situação sombria e confusa em que se encontrava na primeira metade do século XIX (GOMES, 2010). O País de então era o Brasil Velho.

/// A Belle Époque Tropical e a fundação do Brasil Novo

Na segunda metade do século XIX, os próprios brasileiros mais próximos da Corte e com algum contato com a Europa se davam conta do atraso do Brasil. É curioso terem decidido empreender um empuxo civilizatório. Achavam que, diante de tanto atraso, não se justificavam esperanças para o País, mas podiam almejar a criação de um cartão de visitas no Rio de Janeiro, para que não passássemos tanta vergonha.

Na virada do século XX, ao tomar corpo um surto de prosperidade, as elites cariocas empreenderam um esforço deliberado para aprender os modos e estilos da "civilização". Na sua percepção, tinham que aprender com a Inglaterra e a França, mas, pelas afinidades culturais, o modelo acabou sendo mais a França. Essa cruzada é magistralmente descrita no livro *Belle Époque Tropical*, do brasilianista Jeffrey Needell (2010). É curioso registrar que, no que mais tarde ganhou o nome de Colégio Pedro II, com exceção de geografia, história e língua portuguesa, todos os livros e todas as aulas eram em francês. Aliás, dos escritores da época, necessariamente, se esperava que versejassem também nessa língua.

Ao mesmo tempo, estava começando a acontecer um processo que andou na contramão do que era fácil prever. O pesquisador Angus Maddison, da Organização para a Cooperação e Desenvolvimento Econômico (OCDE), estima que, entre 1870 e 1987, em termos absolutos de crescimento, nenhum outro país do mundo alcançou a velocidade do Brasil. Em medida *per capita*, Estados Unidos e Japão nos superavam, por sua demografia mais contida.

Temos recursos naturais, mas outros países também os têm. Portanto, não se trata de um favorecimento generoso do Criador. Na verdade, não se encontram boas explicações para o que podemos, com justiça, chamar de milagre brasileiro. Como foi possível uma sociedade tão tosca crescer mais do que todas as outras? Não era isso que um observador racional e frio de então poderia esperar. O Brasil saiu amplamente melhor do que a encomenda. Espero sinceramente que esse mistério atormente os nossos historiadores pelo futuro afora.

Esse início é contemporâneo ao ciclo do café, mas isso não parece uma explicação convincente, pois não se trata de uma cultura diferente ou superior às outras ou que tivesse uma abrangência geográfica tão extensa. A colonização alemã se deu sobretudo no Sul do país e, por muitas décadas, não apresentou qualquer dinamismo. A prosperidade e a industrialização datam da segunda metade do século XX. Como descreve Emílio Willlems, no início do século XX, até a aparência física dos colonos era deplorável, com verminoses e bichos-de-pé (WILLEMS, 1980).

Na imigração italiana, bastante volumosa, os do Norte, mais desenvolvidos, foram para o Sul do Brasil e tiveram o mesmo desenvolvimento glacial dos alemães, com quem compartilhavam territórios próximos. A enorme migração para São Paulo veio do Sul da Itália, região que os próprios italianos consideram irrecuperável. O grande paradoxo foi a sólida contribuição desses imigrantes para a Revolução Industrial de São Paulo. Ou seja, até no perfil dos imigrantes reaparece o enigma. Os mais avançados do Norte vegetaram por muitas décadas no Sul do Brasil. Em contraste, a grande arrancada industrial de São Paulo teve a colaboração daqueles italianos do Mezzogiorno, identificados com o atraso e o banditismo. Em poucas palavras, não somos capazes de explicar o milagre do grande dinamismo da nossa economia a partir do fim do século XIX. Mistério!

Em um livro recente, Jorge Caldeira aproveita-se de novas fontes históricas e de um manejo mais sofisticado das estatísticas para explicar o surto de crescimento do Brasil a partir da segunda metade do século XIX (CALDEIRA, 2017). Segundo ele, houve um grande dinamismo no pequeno comércio e na fabricação, não sendo correta a explicação anterior que dava muito peso às atividades de exportação. A sua pesquisa confirma os números de A. Madison: o grande salto do país a partir desta época.

A Crise de 1929 e a Segunda Guerra Mundial estimularam uma substituição de importações espontânea, dando início a uma industrialização pujante no pós-guerra. Avançaram as indústrias de base, bem como a infraestrutura viária e de energia. São Paulo tornou-se o centro econômico do país, iniciando também um processo que levou à sua liderança científica e cultural. Contudo, podemos falar de um segundo milagre: como foi possível obter um crescimento tão espetacular com uma educação deveras limitada e pobre de qualidade? De certa maneira, foi a economia que começou a puxar a educação. Durante a primeira metade do século XX, o sucesso foi muito limitado, mas, daí para a frente, os números foram espetaculares. Isso é mais espantoso quando consideramos o atraso de nossa sociedade.

Nos últimos anos, seja no nível de escolaridade, seja na qualidade do ensino, nos aproximamos muito rapidamente dos melhores do continente. Considerando ser uma região de desempenho educacional medíocre, pode não parecer tanta vantagem assim. Contudo, estávamos entre os mais fracos e avançamos com grande velocidade. Em todos os níveis, reduziram-se as diferenças.

Os brasileiros com mais de 40 anos têm hoje níveis de escolaridade inferiores aos de Paraguai e Peru. Ou seja, há menos de meio século estávamos atrás desses dois países. Da Argentina, do Uruguai e do Chile nem se fala. São países de imigração europeia mais recente. Portanto, já começam com culturas e valores mais condizentes com uma sociedade moderna. Tivemos uma situação mais favorável com a imigração alemã e italiana no Sul do Brasil – bem como com a japonesa e a libanesa, mais espalhadas –, mas, no quadro demográfico brasileiro, são modestos os números de imigrantes oriundos de sociedades mais avançadas.

A rápida expansão das estradas de rodagem, da indústria automobilística e dos transportes aéreos – civis e militares – foi um forte elemento de integração nacional. Na década de 1960, iniciou-se um processo interessante de descentralização. Talvez o elemento mais crítico tenha sido a expansão das universidades federais, passando cada Estado a ter pelo menos uma. Isso parece ter tido um enorme impacto no alargamento da classe média e, em particular, de uma classe média educada. Foi notável o impacto da Escola de Direito do Largo de São Francisco, no vilarejo que era São Paulo, no fim do século XIX. Igualmente, a nova leva de universidades abriu horizontes e criou pontes para o resto do Brasil e do mundo. Nelas se formou uma nova classe de empresários e quadros administrativos, sem os quais a monumental diferença entre o eixo Rio-São Paulo e o resto do país não teria sido reduzida (MARCÍLIO, 2005). Elas fizeram pelas capitais o que o sistema privado fez posteriormente para as cidades menores, já no fim do século XX.

De forma muito mais democrática, a expansão do rádio e, depois, da televisão foi outro instrumento de modernização e consolidação de uma identidade brasileira – em contraste com a segmentação da América espanhola. Considerando o tamanho do território, o Brasil é extraordinariamente homogêneo nesse particular. As diferenças de sotaque não passam de um detalhe pitoresco. O que conta é o conjunto de percepções e valores que dão ao Brasil uma personalidade própria e forte – ao contrário de muitos países, fracionados por todo tipo de diferenças e conflitos, mesmo na Europa. Citando Hélio Barros (em correspondência pessoal),

> *o "sentimento" de classe média atingiu uma porção gigante de nossa população, em princípio, todas as pessoas que têm um trabalho fixo qualquer. Os peões, nas fazendas do Ceará,*

sentem-se parte da sociedade brasileira, comemoram aniversários, viajam, querem divertimento e trabalho, entendem o valor do dinheiro e querem conforto.

Voltando à educação, talvez o salto mais espetacular esteja na ciência e tecnologia. Somente na década de 1920 aparecem universidades, de resto, nada impressionantes. E pesquisa só na Universidade de São Paulo (USP). Foi feito um levantamento das publicações internacionais indexadas originárias do Brasil. Na década de 1950, nem um só *paper* foi publicado. Essa estatística contrasta com os quatro prêmios Nobel da Argentina, bem antes disso.

O salto subsequente no volume de pesquisas é fenomenal, a partir dos anos 1960. Resulta da criação de boas universidades, de programas de envio de brasileiros para as melhores universidades do mundo e da criação da pós-graduação. Hoje somos o 13º país em volume de publicações indexadas. Nossos pesquisadores assinam cerca da metade das publicações originárias da América Latina.

O desempenho na tecnologia se presta a julgamentos muito desencontrados. Pesando para uma visão negativa, é flagrante a desproporção entre o respeitável volume de publicações científicas e o baixo número de patentes, mas isso não é diferente em praticamente todas as partes do mundo. As barreiras para produzir pesquisas sérias são bem menos árduas do que as encontradas na geração de tecnologia. Não obstante, as estatísticas de 2013 mostram que estamos em 29º lugar em número de patentes registradas nos Estados Unidos. Empatamos com a Malásia e estamos à frente de todos os países da América Latina (quase o dobro do México e quase quatro vezes as da Argentina). Ultrapassamos todos os países de mesmo nível de desenvolvimento que o nosso e também a Polônia, a Hungria e a República Checa. Obviamente, em termos *per capita*, nosso desempenho é bem pior (60º lugar) (TEMÁTICOS E..., 2015, p. 5).

Um resultado curioso veio de um levantamento que realizei com Hélio Barros (então no Ministério de Ciência e Tecnologia). Começamos com uma pergunta simples: dos dez maiores produtos na nossa pauta de exportação, quantos dependiam de tecnologia brasileira para garantir o volume obtido ou mesmo para viabilizar a venda? No momento em que olhamos os dados, no ano 2000, dos dez, oito tinham tecnologia brasileira embarcada. Foi uma surpresa. Quem diria? (CASTRO, 2000).

No entanto, isso tudo empalidece quando consideramos a Revolução Verde Brasileira, assim chamada por Borlaug, pai da primeira Revolução Verde. A esse respeito, vale recuar um pouco e fazer algumas comparações. Estados Unidos, Canadá, Austrália, Nova Zelândia, Argentina e Uruguai foram predominantemente colonizados por europeus que para lá se transladaram, levando sua cultura, seus conhecimentos, suas tecnologias e as mesmas colheitas que praticavam em suas terras. Como tinham o mesmo clima e a mesma terra, quase tudo dava certo. Sua agricultura era um mero transplante da que tinham na Europa.

Em contraste, no Brasil, como país tropical, quase nada dava certo na agricultura, seja pelo clima, pela inadaptação das espécies ou pelas pragas (inevitáveis pela inexistência de invernos com temperaturas abaixo de zero). Mesmo os alemães que foram para o Sul do país não tiveram sucesso. Suas colônias eram muito pobres, não geravam excedentes significativos. Até meio século atrás, não se podia considerá-las como bem-sucedidas.

No início dos anos 1970, um terço dos alimentos consumidos pelos brasileiros era importado. Sendo um dos países com maior extensão territorial, ainda assim, não conseguia alimentar seus habitantes. A Empresa Brasileira de Pesquisa Agropecuária (Embrapa) e mais o conjunto de universidades agrárias transformaram radicalmente esse quadro tão medíocre. Em meio século, o País passou a ser o segundo maior exportador de alimentos em todo o mundo. No caso, estamos falando de um nexo particularmente forte e visível entre pesquisa e desenvolvimento (P&D) e avanço da agricultura. De fato, a produtividade aumentou muito mais do que a área cultivada. Portanto, desse ponto de vista, o Brasil pode ser considerado um grande líder de P&D na agropecuária.

Em que pesem os humores em tais julgamentos, no todo, até que nos saímos bem diante do desafio de fazer avançar um país culturalmente vira-lata. Posso estar enganado, mas não identifico qualquer outro país construído com uma matriz cultural tão distante dos cânones da modernidade e que tenha tido um aumento de desempenho tão abrupto quanto o Brasil. Note-se que os melhores desempenhos do continente – Argentina, Uruguai, Chile e Costa Rica – são de países cuja população é descendente de uma migração europeia tardia. Nem são índios, nem africanos, nem "conquistadores". Para onde foram, esses europeus encontraram populações locais muito esparsas. Portanto, são nações culturalmente mais homogêneas e que já nasceram com outra matriz cultural.

Sendo um país historicamente atrasado, povoado por grupos sociais muito distantes daqueles que caracterizam as sociedades desenvolvidas, parece que o salto do Brasil no século XX tenha sido nada menos que impressionante. Também digna de nota é a criação de uma forte identidade cultural e linguística dentro de um país gigantesco e que tinha tudo para se fragmentar, como aconteceu com a América hispânica. Nas relações entre raças e nacionalidades, damos o exemplo para o mundo. Não somos exemplares, mas tendemos a mostrar um comportamento menos inadequado do que a maioria dos países. Não há brechas sérias, conflitos abertos ou latentes entre grupos de origens e culturas muito diferentes. Há preconceito e alguma discriminação, mas nada que leve a conflitos raciais ou a ódios atávicos.

Considerando a subjetividade e a amplitude de tais comparações, não se trata aqui de demonstrar cientificamente teses desse naipe. Quem preferir, que tome tais interpretações como uma licença poética, uma provocação para melhor entender as lições da história. Ainda assim, o fato concreto é que demos um gigantesco salto em direção à modernidade. O Brasil Velho perdeu espaço. O Brasil Novo ganhou.

/// O milagre capenga: muitos ficaram para trás no século XX

O que aconteceu no século XX foi surpreendente, mas foi apenas a metade de um ciclo. Uma sociedade homogeneamente atrasada (exceto pelas 5 mil famílias do Rio de Janeiro, mencionadas por Needell) virou uma sociedade heterogeneamente avançada. Nasceu e vingou o Brasil Novo. Mas o Brasil Velho ainda é poderoso, aplicando seus freios na sociedade.

O crescimento econômico e as transformações sociais modernizaram um considerável segmento da sociedade. Pusemos um pé na prosperidade, mas o outro permaneceu nas profundezas do Brasil Velho. Para Darcy Ribeiro (1998, p. 319),

> [...] ao longo de cinco séculos surgiu e se multiplicou uma vasta população de gentes destribalizadas, deculturadas e mestiçadas [...] No curso de um processo de transfiguração étnica, eles se converteram em índios genéricos, sem língua e nem cultura própria e sem identidade cultural específica. [...] A eles se juntaram [...] grandes massas de mestiços [...] que também, não sendo índios nem chegando a serem europeus, e falando o Tupi, se dissolveram na condição de caboclos.

O enclave de Belle Époque nascido no Rio cresce e avança em direção ao Brasil profundo. A industrialização de São Paulo cria um polo de modernidade, hoje mais potente do que o da velha capital. Nosso processo de modernização caminha pelo alargamento desses dois círculos mais ou menos concêntricos. Andou bastante, mas está longe de haver chegado ao fim da linha. O problema teimoso é o tamanho do segmento que ficou de fora: ainda é enorme o Brasil Velho. Mesmo uma cidade gigante como São Paulo permanece uma colcha de retalhos, do ponto de vista do alastramento daqueles valores que caracterizam as sociedades capazes de oferecer para todos uma qualidade de vida razoável.

Contudo, se não nos curamos do atraso, em paralelo, houve uma revolução social e geograficamente ampla: a das expectativas. Todos querem consumir muito mais. Que seja, mas para consumir mais é preciso produzir mais, e isso é impossível com os valores e preparos que exibe uma fração muito ampla da sociedade. Ou seja, só poderemos ter esse nível de consumo reivindicado por quase todos quando a maquinaria da economia for muito mais eficiente, o que requer ser manejada por gente mais bem preparada. Isso ainda não aconteceu, e nossa produtividade estancou nas últimas décadas. Do ponto de vista do desafio, é um obstáculo gigantesco, mas da perspectiva dos valores da modernidade, aqui propostos, a afirmativa do parágrafo anterior nos libera de enfrentar controvérsias culturais espinhosas, pois todos querem consumir. Nessa linha, cumpre limpar a área de ruídos e falsas premissas.

Está longe de amainar uma ampla discussão acerca dos conflitos entre os valores da civilização ocidental e os de outras culturas. Com motivações políticas, renasce um islamismo arcaico, fornecendo munição para esse conflito. Ao longo da expansão europeia, nos últimos séculos, houve formidáveis confrontos de valores e comportamentos com as sociedades locais. Afloraram colisões com alguns costumes, profundamente arraigados, como dogmas religiosos, tradições de poligamia, hábito de executar viúvas, tabus alimentares e muitas outras diferenças. Ao vir à tona, resultaram em confrontos mortais. Muitos perguntam qual o direito ou a legitimidade de atropelar crenças e hábitos milenares em prol do desenvolvimento material, e o pluralismo das respostas alimenta os infindáveis desacordos.

Felizmente, no Brasil não temos que responder a essas perguntas. Do ponto de vista dessas colisões tão drásticas de valores, não estamos no mesmo barco, tão pungentemente caracterizado por S. Huntington em sua obra clássica (HUNTINGTON, 2011). Vivemos em uma sociedade há muito tempo na sombra do mundo ocidental. Não vemos grupos defendendo princípios, costumes ou valores que colidem com aqueles que vieram da Europa. Não somos o Japão de meados do século XIX, que desejava manter inviolada a sociedade que tinha, com todos os seus costumes.

No Brasil, não há realmente a nostalgia da sociedade velha ou tribal. Como já se disse, o nosso pobre gosta mesmo é de riqueza. Como discutiremos, nosso atraso está ligado a comportamentos teimosamente estáveis, mas que não são defendidos por interlocutores legítimos. Não vemos pessoas justificando a irresponsabilidade, a falta de profissionalismo, a imprevidência e outros atributos associados ao atraso. Não antecipemos, porém, a discussão desses valores.

Repetindo, do ponto de vista filosófico e econômico, nosso problema é mais simples. Queremos abundante consumo das sociedades afluentes, mas isso é impossível com os valores e as normas culturais da sociedade velha – que impede os aumentos de produtividade. Ao contrário do Japão, ninguém aqui endeusa ícones, como os arcaicos samurais ou os méritos da sua cultura tradicional.

Novamente, uma advertência, para que não percamos o foco do ensaio. Ao lidar com os nossos índios, ainda isolados na vida tribal, persistem desacordos e controvérsias teóricas e práticas. São os "bons selvagens" que estamos destruindo com o rolo compressor da nossa suposta civilização? Ou são crônicos guerreiros exibindo seu primitivismo e seus comportamentos execrados pela nossa moral? E por aí afora. Mas nossa discussão nada tem a ver com essa outra. Estamos falando de populações, há séculos, distanciadas das tabas. Mais ainda, que não mais se identificam com índios e, na maior parte das vezes, nem os respeitam, ainda que exibam seus valores arcaicos.

Segundo Darcy Ribeiro, os obstáculos à modernização

> *não se explicam por qualquer resistência de ordem cultural à mudança, uma vez que um veemente desejo de transformação renovadora constitui, talvez, a caraterística mais remarcável dos povos novos e, entre eles, os brasileiros. [...] A família mais humilde, do interior mais recôndito, vê no primeiro caminhão que chega uma oportunidade de liberação.* (RIBEIRO, 1998, p. 248-249).

A ser correta essa descrição, ao mesmo tempo que legitima esforços deliberados de modernização, mostra que, dadas as condições apropriadas, esta pode acontecer sem maiores resistências.

O cerne do nosso argumento é que alguns dos aspectos da cultura velha travam o avanço em todos os azimutes. Transformar descendentes de índios em operários industriais permanece um desafio. Por exemplo, o nomadismo está à nossa porta, com o frequente abandono do emprego, sem causa convincente – para os nossos olhos. Ainda permanecem vivas nesses grupos as suas dificuldades em lidar com figuras de autoridade e seguir as rotinas de trabalho de um engenho, já percebidas no século XVI, nos primeiros contatos com os índios.

No entanto, as mudanças podem ser rápidas e dramáticas. Em 1956, desci o Rio São Francisco em um vapor apinhado de gente. Entre os passageiros, havia um vigia noturno de uma fábrica da Matarazzo, que voltava para visitar o seu vilarejo de origem. Pelas suas conversas com os outros passageiros, era fácil ver que havia sido convertido de corpo e alma em operário industrial. Tinha engolido por inteiro a Revolução Industrial, com seus valores e suas normas. De barranqueiro pobre do São Francisco, virou cidadão de uma sociedade moderna.

Entre os 200 passageiros do barco, havia pelo menos um que tinha mudado de século. E os outros? Eram uma mistura, pendendo para o Brasil Velho. Em contraste, aquele barranqueiro virou Brasil Novo e digeriu a Revolução Industrial, adquirindo novos valores, novos pensamentos, novas maneiras de ver o mundo. E a mágica foi feita pela fábrica, cuja existência depende de uma força de trabalho predominantemente moderna. Aqui começamos a vislumbrar um círculo vicioso, mas que, no caso do personagem descrito, pode ser virtuoso.

Voltando a um dos temas centrais deste ensaio, é difícil explicar por que avançamos tanto no século XX, mas nem todos os segmentos da sociedade avançaram. Em um país cujo sistema político reflete o que pensa boa parte dos nossos 200 milhões de habitantes, não surpreendem os obstáculos de implementar as reformas. Elas e os custos políticos de pisar em tantos calos não têm ressonância no que se passa na cabeça dessa maioria de brasileiros com carteirinha de Brasil Velho.

/// O que será esse atraso cultural?

A sociedade brasileira é muito diferente da inglesa ou da holandesa, e as diferenças remontam a séculos pretéritos. Para retomar um tema já tratado, nosso Brasil Velho de hoje tem valores mais incompatíveis com o progresso material do que os que predominavam na Inglaterra de séculos atrás. Especulamos que, com o terço de baixo da sociedade brasileira de hoje, a Inglaterra não teria conseguido fazer a Revolução Industrial. Os valores e hábitos seriam incompatíveis.

Nessa linha, faz sentido concluir que alguns desses valores, atitudes e aspirações são lesivos à materialização de nossas ambições. Ao mesmo tempo, há outros que não atrapalham ou atrapalham pouco. E há dimensões em que somos superiores, como tolerância e capacidade de conviver bem em uma sociedade multicultural. Como nos ensina Roberto DaMatta (1997, p. 21), "[...] somos mestres das transições equilibradas e da conciliação". E há também os aspectos simpáticos da nossa cultura, que dão a cor local e o tempero da nossa sociedade. Esses não queremos perder. Teremos que ficar carrancudos como os calvinistas para fazer crescer a renda? Ou frios como os escandinavos? Ou comer mal como os ingleses?

Gosto da síntese do desafio brasileiro, tal como formula DaMatta (1997, p. 132):

> [...] *Fazer com que esse espírito de Vadinho [do romance Dona Flor], malandro, generoso, alegre e criativo (que é do povo, do carnaval, das festas, dos santos e dos orixás) possa ser trazido à luz do dia na construção de um projeto político. Seria possível realizar isso? [...] Essa talvez seja a mensagem de Dona Flor, mulher e povo, que conseguiu finalmente casar-se tão bem com a ordem e o progresso.*

Seja como for, as diferenças culturais têm raízes profundas. "Vão acabar com a Praça Onze?" Com essa frase, Heriveltos Martins registra a decisão de acabar com a famosa Praça Onze, no Rio de Janeiro. Estava no caminho da avenida Presidente Vargas, rasgada em 1945. Beatriz Coelho da Silva publicou o livro *Negros e judeus na Praça Onze* (2015) e conta que naquela região viviam negros e judeus pobres, dividindo ruas, escolas e casas, sem dificuldades ou atritos. Comerciavam, serviam comida e faziam música. De fato, ali nasceu o samba, mas a diferença entre as duas culturas já se manifestava, embora compartilhassem da mesma pobreza. Segundo a autora, "na Praça Onze, havia seis jornais em iídiche e quatro instituições voluntárias judaicas: a Federação Sionista, o Grêmio Juvenil Kadima, a sinagoga Beit Yaakov, a Sociedade Beneficente das Damas Israelitas e o Centro Obreiro Morris Wintschevsky".

Meio século mais tarde, podemos presumir que os dois grupos sociais tenham tomado rumos muito diferentes, não pela cor da pele ou por alguma elusiva diferença de cromossomos, mas pelos valores e distintos graus de modernidade que já exibiam quando ambos eram pobres. Nos imigrantes judeus da

Praça Onze, vemos a força do capital social, a valorização da educação e cultura e a tendência à participação política – também mencionada pela autora. Tão eloquente é a força desses valores que, recentemente, causou um pequeno escândalo na comunidade judaica o aparecimento de um mendigo dessa origem.

Portanto, para entender os obstáculos ao progresso, é imprescindível passar em revista e identificar os valores que parecem intrinsecamente associados a ele, sendo mais fortes justamente naquelas sociedades que mais avançaram. Naturalmente, a tarefa não é sem riscos, pois, como nos adverte Gerschenkron (1962, p. 33, tradução nossa), "[...] a linha que separa o que é precondição e o que é resultado de um desenvolvimento industrial parece ser bastante flexível". A própria semântica das palavras aqui usadas (modernidade, atraso, valores e outras) se presta a interpretações variadas e contraditórias. As dicotomias entre velho e novo, entre século XIX e XXI podem esconder mais do que revelam.

Não são ociosas as discussões sobre o exato significado dessas palavras. Contudo, mergulhar nelas nos levaria a infindáveis controvérsias, banhadas em ideologias e visões de mundo conflitantes. Ainda assim, para não perdermos o fio da meada, vale a pena esclarecer melhor como empregamos as duas expressões, mesmo que possa haver um risco de simplismo.

Merecem cuidado os termos "velho" e "novo", aqui usados como taquigrafia sociológica. Repetindo, a cultura (no sentido antropológico) da sociedade brasileira era profundamente distante daquela compartilhada, já em séculos pretéritos, pelos povos mais avançados, como ingleses, holandeses, suíços e alemães. Para ilustrar, quando se diz que a Suíça era um país muito pobre no século XIX, isso precisa ser interpretado com cautela.

De fato, a pobreza do país obrigou milhares de suíços a emigrar, inclusive para o Brasil. Sua renda *per capita* era baixa, e a fome grassava, mas já era uma sociedade sofisticada no seu sistema político. O povo tinha arraigado espírito de cidadania, uma dedicação febril ao trabalho e era capaz de malabarismos mecânicos surpreendentes. Isso sem falar nos avanços do ensino. Não nos esqueçamos de que a Suíça produziu grandes pensadores e cientistas, pois lá estavam Calvino, Rousseau e Voltaire semeando ideias que até hoje andam por aí. Tampouco faltavam cientistas ilustres. Nada disso tinha semelhança com o Brasil de então. Ou seja, considerar a renda *per capita* em um determinado momento não captura os fatores que levam ao progresso. Que tanto significava a renda *per capita* da Alemanha no primeiro ano de pós Segunda Guerra Mundial?

Com mil cuidados, podemos tentar reunir as características culturais associadas ao progresso das nações que mais avançaram. O esforço se justifica, pois tudo indica que tais traços tiveram consequências na sua capacidade de produzir o conforto material e a qualidade de vida hoje universalmente valorizados. Pode parecer que estou glorificando o progresso material de uma sociedade às expensas de tudo mais, como cultura, artes, sistema de governo, felicidade ou uma enormidade de outras dimensões, sem dúvida, importantes. Na verdade, o que tento fazer é evitar comprar mais brigas do que consigo enfrentar. Entre outras, não quero entrar nas teorias da história e de suas controvérsias (por exemplo, as divergências entre Marx, Spengler, Toynbee, Carr e outros).

Como já anunciado, parto de uma hipótese simples e minimamente realista: houve uma revolução nas expectativas de consumo, todos querem ter uma multidão de produtos e serviços. Diante disso, cabe perguntar acerca dos fatores e das circunstâncias que conduzem aos níveis de produção que atenderiam a esses sonhos e a essas reivindicações. Obviamente, não estamos pregando um consumismo desvairado.

Sobre o assunto dos valores, há uma ampla literatura e longe de mim tentar inovar. Talvez a obra mais representativa seja a de Alex Inkeles e David Smith, *Becoming modern*. Os autores não apenas descrevem as características da modernidade, mas usam pesquisas empíricas para medi-las e correlacionar seus resultados com riqueza em casos reais. Esse era um tema de muita visibilidade na década de 1970. Por razões que desconheço, essa teoria perdeu bastante da sua visibilidade nos dias que correm. Seja como for, acredito que, da perspectiva dos temas aqui discutidos, está na pista certa. Será que saiu de moda porque é politicamente incorreta? Não duvido. Mas que princípio científico garante que teorias politicamente incorretas estão equivocadas?

Vale a pena recordar, escrevendo nos anos 1970, Inkeles e Smith mencionam a grande expectativa de desenvolvimento econômico das ex-colônias africanas, recém tornadas independentes. Diante dos desafios, os avanços foram menos do que espetaculares. Segundo eles,

> *[...] a construção de nações e instituições não passa de exercícios vazios, a não ser que as atitudes e capacidades do povo caminhem passo a passo com as outras dimensões do desenvolvimento [...] É impossível para um Estado entrar no século XX se o seu povo continua a viver em épocas pretéritas.* (INKELES; SMITH, 1974, p. 3, tradução nossa).

Tal avanço é lento e penoso, embora alguns grupos dentro da sociedade estejam mais abertos para as mudanças. Em seguida, Inkeles e Smith passam a descrever alguns traços salientes dessa transformação. Menciona que "uma nação moderna necessita cidadãos que tenham uma participação ativa nos assuntos públicos" (INKELES; SMITH, 1974, p. 4). Aqui já estamos nos aproximando de um tema central deste livro: a inexistência no Brasil de uma demanda política por educação de qualidade.

Quando lançamos um olhar histórico, podemos identificar algumas sociedades que oferecem a qualidade de vida hoje considerada desejável por quase todos os brasileiros. De outro modo, podemos arrolar aquelas incapazes de oferecer tais padrões para a grande maioria de seus próprios cidadãos. Portanto, queremos saber que dimensões e valores se associam ao progresso ou o condicionam. Ou seja, quais desses atributos são endêmicos nas sociedades bem-sucedidas materialmente e quais prevalecem nas estancadas ou presas a níveis inaceitáveis de pobreza.

Para Inkeles e Smith (1974, p. 3, tradução nossa), nas sociedades avançadas, estão

> [...] pessoas capazes de observar horários, cumprir regras abstratas, julgar em base de evidência objetiva e obedecer a autoridades legitimadas, não pela tradição ou religião, mas pela sua competência técnica. [...] Os trabalhadores precisam aceitar uma divisão de trabalho elaborada e a necessidade de coordenar suas atividades com muitos outros. [...] As recompensas são baseadas em critérios estritos de desempenho.

A esse respeito, vale mencionar algumas comparações surpreendentes, feitas por Alexander Gerschenkron (1962, tradução nossa), respeitado historiador e professor de Harvard:

> A mão de obra industrial, concebida como um grupo confiável e disciplinado e que cortou seu cordão umbilical com a terra e tornou-se capaz de ser utilizada nas fábricas, não é abundante. Pelo contrário, é particularmente escassa nos países atrasados. A criação de uma força de trabalho industrial que realmente merece este nome é um processo difícil e demorado.

Essa afirmativa não chamaria atenção, não fora o fato de se referir à Revolução Industrial da Alemanha, nas últimas décadas do século XIX. Nesse contexto, ele cita o escritor alemão Schultze-Gaevernitz, que sonhava com os operários ingleses na sua terra: "o operário industrial inglês é o homem do futuro, [...] nascido e educado para a máquina e que não podemos encontrar igual no passado" (GERSCHENKRON, 1962, p. 9). Essas citações mostram que o desafio não é transformar nossos caboclos em operários industriais, mas transformar qualquer sociedade agrária – como era também a Alemanha – em industrial.

Voltemos, por um instante, ao tema de um suposto "imperialismo cultural", impondo valores, como os mencionados anteriormente e que agrediriam nossas tradições culturais. Essa preocupação parece pouco fundada, pois não há hoje atores com o mínimo de legitimidade atacando os valores e comportamentos descritos por Inkeles e Smith. Quando passamos em revista a literatura sobre modernidade e modernização – e também aquela sobre o pós-modernismo – é preciso entender claramente o foco deste ensaio. Como sociedade dual, fracionada, a cada Brasil corresponde uma realidade e uma agenda de modernização. Nossa discussão está totalmente centrada no Brasil Velho. Para deixar muito claro, o desiderato é trazer para esse Brasil a modernidade da Revolução Industrial. O País já estaria bem se incorporasse os valores e hábitos da força de trabalho que eram funcionais na Inglaterra oitocentista e que continuam funcionais hoje em uma fábrica moderna do Brasil.

Na medida em que passamos a tratar de sociedades que avançam na industrialização, é preciso falar de outros traços, como aceitar a mobilidade pessoal e estar disposto a se adaptar a novas circunstâncias. Nelas, há pouca tolerância para passividade ou fatalismo – mas não é esse o nosso tema, ou seja, não tratamos aqui das mudanças esperadas dentro do Brasil Novo. Tratamos de agendas diferentes daquelas que envolvem as elites e a burguesia brasileira, bastante modernas, *vis a vis* o terço de baixo da sociedade, mas não tão modernas assim. E quando se fala da pós-modernidade, fica claro que se discute uma segunda transição, que, de resto, está a anos-luz dos grupos sociais da nossa análise.

Nas comparações que iluminam alguma coisa, deixemos de lado a China e sua órbita, para não complicar o assunto. Falemos daquelas nações que são claramente herdeiras da civilização ocidental, com suas origens greco-romanas. De quem falamos? Claramente, da Europa Ocidental, sobretudo, dos países mais ao norte. E falamos também daqueles que, culturalmente, não passam de uma transmigração das populações oriundas das mesmas nações mais avançadas da Europa. No caso, Estados Unidos, Canadá, Austrália e

Nova Zelândia. Não custa insistir, apesar da lonjura, todos têm o DNA cultural da Inglaterra e da Alemanha.

O sucesso dessas nações está associado a certos valores, crenças e atitudes razoavelmente bem caracterizados. Não há como evitar menção ao grande arauto dessa conexão: Max Weber (2013), no clássico *A ética protestante e o espírito do capitalismo*. Não se trata aqui de endossar acriticamente as ideias de um livro escrito há mais de um século. De resto, ele já foi objeto de infindáveis comentários e achegas. O que quer que se diga sobre suas ideias não está longe dos fatores que explicam o progresso. Na verdade, há que reconhecer terem muito a ver com o que estamos falando. Portanto, é inevitável certa proximidade.

Listo a seguir o que poderia ser visto como uma pauta de modernidade. No fundo, não é uma versão *ipsis litteris* da combinação de Max Weber com Inkeles e Smith, mas não reivindico para ela uma verdade definitiva e nem uma lógica à prova de bala. É apenas uma apresentação das mesmas ideias, filtradas pelas minhas percepções e ilustradas com situações familiares. E como voltaremos a insistir, na agenda da modernidade está a valorização do espírito de inovação e sua materialização em atos concretos.

/// Da ética do cotidiano ao capital social

A Reforma Protestante institui uma ética rigorosa e exigente, impondo ao cotidiano padrões de honestidade muito estritos. Condiciona a salvação da alma a um comportamento dentro de normas morais rígidas e bem definidas. De fato, nas sociedades em que o protestantismo luterano e calvinista ganhou muito espaço, os padrões de moralidade individual avançaram muito.

É interessante registrar que, recentemente, foram elaborados indicadores de moralidade pública comparando países. Os números demonstram duas proposições. A primeira é que os campeões de moralidade são os países protestantes – estão entre os dez primeiros. A segunda é que todos eles são países ricos. É inevitável a pergunta: os países são ricos porque são honestos ou vice-versa? Como, historicamente, o protestantismo veio antes da riqueza, parece que a primeira proposição está mais próxima da verdade.

Em paralelo ao fundamentalismo calvinista, o imperativo categórico de Kant traz uma regra muito simples para pautar o comportamento individual. Se meu ato pode ser universalizado, estou no bom caminho. Ou seja, se todos podem agir como eu, sem que a sociedade como um todo saia perdendo, então, minha ação é moralmente aceitável.

Mostra a história que, em sociedades onde esses padrões morais vicejam, o sistema capitalista prospera mais. Por conseguinte, essas sociedades desfrutam de mais riquezas. Não obstante, embora a natureza da justificativa moral possa variar, os resultados podem ser equivalentes. De uma perspectiva estritamente pragmática, seja qual for a razão, a prática de um comportamento ético promove o progresso material, levando as pessoas a agir corretamente, a cumprir a palavra e a respeitar os direitos e as propriedades alheios.

Tese equivalente é defendida por Alain de Botton. Para ele, mesmo os ateus devem aceitar a contribuição das religiões para promover a ética e o bem-estar da sociedade. "As religiões são, muitas vezes, por demais úteis, eficazes e inteligentes para que sejam abandonadas apenas aos crentes" (BOTTON, 2012, p. 315, tradução nossa). Mais pragmático do que isso não pode ser.

J. Stuart Mill (1900, tradução nossa) já tinha esse ponto claríssimo no seu manual de economia política: "As vantagens das pessoas poderem confiar umas nas outras permeia todo e qualquer cantinho da vida humana. O lado econômico é talvez a menor parte. Mas mesmo aí, os ganhos são incalculáveis". Para ele, um maior grau de confiança reduz os custos de advogados, do Judiciário e do sistema penal (MILL, 1900). Um corolário dessa moralidade coletiva é que, em uma sociedade em que tal comportamento é predominante, podemos confiar nos outros.

Para Jane Jacobs (1992, p. 25, tradução nossa), "[...] a cooperação é provavelmente o mais importante dos universais. Somos animais sociais e tudo que somos depende de cooperação". Ela também enfatiza que "[...] a confiança só é possível onde prevalecem hábitos de honestidade" (p. 35).

Nesse assunto, não parece que nossa sociedade tenha um desempenho ilibado. Vejamos o que diz Roberto DaMatta sobre o nosso comportamento "na rua":

> *Nosso comportamento na rua (e nas coisas públicas que ela necessariamente encerra) é igualmente negativo. Jogamos lixo para fora da nossa calçada, portas e janelas; não obedecemos às regras de trânsito, somos até mesmo capazes de depredar a coisa comum, utilizando aquele célebre e não analisado argumento, segundo o qual, tudo que fica fora de nossa casa é "um problema do governo". Na rua, a vergonha da desordem não é mais nossa, mas do Estado. Limpamos ritualmente a casa e sujamos a rua sem cerimônia ou pejo.* (DAMATTA, 1997, p. 20).

Não obstante, se houvesse confiança e civismo, a sociedade seria muito mais eficaz, pois um não teria que vigiar o outro ou gastar tempo e dinheiro precavendo-se de um eventual comportamento predatório. Como o Brasil não é um país homogêneo, podemos ver a clara correlação entre bons hábitos de cidadania e prosperidade material. Confiar significa acreditar que a outra pessoa, se lhe for oferecida a oportunidade, não se comportará de maneira a romper os combinados e nos prejudicar.

Confiamos em alguém quando nutrimos uma expectativa de seu comportamento ético. Em oposição, desconfiamos quando tememos ser surpreendidos por um comportamento inadequado. Ou seja, se todos agirem como esperado ou combinado, a sociedade será muito melhor, mas no extremo oposto, sem um mínimo de confiança, não pode haver trocas e não haverá cooperação entre quaisquer agentes, ou mesmo empresas.

Para ilustrar o extremo da ausência de confiança, podemos citar a degradação radical da confiança observada entre alguns ajuntamentos de mendigos. Não é possível oferecer alguma prenda ou dinheiro para que dividam entre eles. Os próprios indicam não confiar naquele a quem for entregue a doação.

O Estado pode impor leis sobre o que quiser, mas não há legislação que, de maneira eficaz, obrigue as pessoas a confiar umas nas outras. A importância da expectativa de que os outros vão cumprir o esperado ou prometido foi percebida por Kenneth Arrow, ganhador do prêmio Nobel de Economia de 1972: "Pode-se argumentar de maneira plausível que grande parte do atraso econômico no mundo pode ser explicado pela falta de confiança mútua" (ARROW, 1975, tradução nossa).

Cada vez mais, as formas de organização da economia que se mostraram mais produtivas requerem um grau relativamente elevado de confiança. No extremo, empresas de informática são supremamente vulneráveis a funcionários que quiserem prejudicá-las. A sabotagem é espantosamente fácil. Portanto, a confiança é uma das mais fundamentais diferenças entre as sociedades modernas e bem-sucedidas e as atrasadas e pobres.

Resumindo, são óbvias as vantagens de uma sociedade em que um pode confiar no outro e que as pessoas estão dispostas a colaborar, na crença de que os outros não irão desapontá-las. É o pressuposto da reciprocidade. Essa dupla ideia de confiar e colaborar é a essência do conceito de capital social. Estudo após estudo mostra as vantagens que uma sociedade deriva ao exibir um grau elevado de capital social. Baseando-se no *Gallup World Poll*, que incluiu 160 países, Marcelo Neri conclui que "[...] os brasileiros têm um forte otimismo com relação ao seu próprio futuro". Contudo, têm "uma baixa expectativa quanto à felicidade geral do país". Há uma "relutância em pensar em termos coletivos...". "Cada um espera muito para si e não enxerga o outro" (NERI, 2008, p. 5).

/// A busca racional do bem-estar material e do ganho

As sociedades economicamente bem-sucedidas são aquelas em que há uma grande legitimidade para a busca dos ganhos materiais. É preciso trabalhar com afinco, dedicar-se a fundo e usar a inteligência para ser bem-sucedido. E o objetivo é desfrutar os resultados desse esforço. Na contramão de Santo Tomás de Aquino, o lucro não é visto como pecaminoso. Ou seja, em tais sociedades o lucro é visto como resultado legítimo e merecido. Outro aspecto relevante é ser o ganho econômico a marca do sucesso. Nosso "capitalismo envergonhado" não é uma boa receita para a prosperidade. E, ouvindo as conversas do cotidiano, ainda falta avançar muito nessa direção.

Ser bem-sucedido não é passar a perna nos outros, mas, sim, fazer melhor, produzir mais. Faz parte dos valores da modernidade acreditar que não é preciso que os outros percam para que nós ganhemos. No bom sistema capitalista, o lucro é o prêmio legítimo para o esforço e a iniciativa.

Segundo Marx, os preceitos que mandam ser industrioso, econômico e investir produtivamente compõem um trio que ele chama de exploração dos trabalhadores. No entanto, são esses mesmos princípios que Max Weber chama de ética protestante do trabalho, responsáveis pela prosperidade dos países em que mais se difundiu (JACOBS, 1992). Ainda na mesma linha, um pastor de nome Baxter exortava seus fiéis a "ter o tempo em alta estima e ser cada dia tão cuidadosos em não perder o seu tempo quanto o são para não perder seu ouro e prata" (JACOBS, 1992, p. 48, tradução nossa). No léxico atual, tempo é dinheiro.

Por tudo que sabemos, os grandes avanços no bem-estar material dos trabalhadores se deram onde se praticaram assiduamente tais preceitos. Portanto, do ponto de vista da prosperidade material de um país, faz todo sentido defender essas virtudes protestantes – mesmo sendo ateu, católico ou umbandista.

/// Presente *versus* futuro

Quanto mais atrasado ou desorganizado o grupo social, maior a relutância em abrir mão da comodidade ou do consumo presente em prol de benefícios futuros. Grupos sociais atrasados preferem vantagens no presente, desvalorizando os ganhos futuros, resultantes do uso judicioso da poupança. Os economistas chamam de preferência pelo tempo essa relação de troca entre presente e futuro. Essa disjunção é ilustrada pela fábula em que a cigarra é despreocupada com o futuro e a formiga poupa, preparando-se para dias piores.

Visitando seringais na região amazônica, chamam atenção as casas dos que lá moram. Fica clara a opção implícita de não gastar tempo para melhorar o seu conforto ou sua conveniência, apesar de nela costumarem viver por muitos anos. Praticamente, não há onde sentar-se, o que passa por mesa é excessivamente tosco e inconveniente e o acesso à água é precário. Quase não há os objetos que nos trazem facilidades e confortos. Tampouco plantam o que quer que seja, ervas medicinais ou mandioca. Pode haver razões recônditas ou atávicas explicando por que é assim, mas choca a ausência do que poderia ser construído com os recursos naturais existentes.

O crescimento requer abrir mão do consumo presente, ou seja, poupar para auferir um consumo mais abundante no futuro. Isso inclui o indivíduo que poupa para comprar uma geladeira e o empresário que compra máquinas para a sua fábrica às expensas de uma retirada menor no presente. Igualmente, o marceneiro que compra uma ferramenta mais cara, abrindo mão de construir uma churrasqueira, na esperança de que se torne mais produtivo com o novo instrumento.

Se esperamos pouca turbulência entre presente e futuro, temos mais propensão a poupar e investir. Esse argumento aponta para a importância de instituições sérias, incluindo boas leis e um sistema legal confiável. Com efeito, se há mais risco de acidentes de percurso, os ganhos são mais incertos. Por exemplo, se alguém pode roubar minhas ferramentas, optarei por tê-las de pior qualidade ou improvisar sem elas. Se é difícil fazer valer os meus direitos, terei mais relutância em abrir uma empresa ou tomar uma iniciativa mais arrojada. Ou seja, tudo que aumenta o risco de não conseguir transformar a poupança em investimento com resultados reduz o incentivo para deixar de consumir no presente. É isso que nos repetem os manuais de economia.

É interessante fazer a conexão dessa ideia centenária com um experimento recente e bem conhecido, o do *marshmallow*. Crianças pré-escolares são deixadas pelo pesquisador em uma sala em que há um *marshmallow*, com a advertência de que, se se abstiverem de devorá-lo, ganharão dois, mais adiante. Muitos anos depois, verifica-se um desempenho superior no mundo do trabalho por parte daqueles que controlaram os seus instintos e optaram pelos dois *marshmallows* no futuro (MISCHEL; SHODA; RODRIGUEZ, 1989).

Recentemente, aparecem dois estudos interessantes e que iluminam a nossa tendência de não prover para o futuro. Foi perguntado a pessoas de diferentes países quanto precisariam receber dentro de um ano para abrir mão hoje de uma quantia de 100 unidades monetárias. A mesma pergunta foi repetida para uma espera de dez anos. Entre dezenas de países incluídos na pesquisa, próximo da Rússia, o Brasil tem o maior índice de imediatismo. Países anglo-saxões, China e Japão estão no outro extremo. Não abrimos mão dos benefícios presentes, mesmo quando os futuros são mais generosos. Em linha com o que se sabe acerca do impacto da educação na mudança de nossas preferências, o estudo também registrou que os que têm maior nível de instrução são os que poupam mais.

/// Fatalismo *versus* protagonismo

De que depende o nosso futuro? Para os fatalistas, *lo que será, será*, estava escrito, o futuro a Deus pertence. Para outros (chamados ativistas), o futuro será influenciado pelo seu esforço, pela sua iniciativa. Nada está escrito. Nas sociedades bem-sucedidas, os cidadãos comuns percebem o controle do destino como estando em suas próprias mãos. Acreditam que quem mais se esforça mais longe vai. Nas fatalistas, acomodam-se as pessoas ao que a vida lhes oferece. A implicação disso para a produtividade é óbvia: alguns se contentam com o jeito aprendido de fazer as coisas, outros acham que deve haver formas melhores ou mais eficientes. São os mais dedicados ao trabalho e os inovadores. E quanto mais inovadores tiver uma sociedade, mais eficiente vai se tornando o processo produtivo.

Atualmente, muitos inquietos graduados de instituições, como o Instituto Tecnológico da Aeronáutica (ITA), querem inventar tudo, modificar o que os outros fizeram. São membros de carteirinha do melhor que oferece o Brasil Novo. Em regiões atrasadas, espera-se passivamente que alguma coisa aconteça ou mendiga-se um dinheiro ao Estado. De Portugal herdamos o sebastianismo, a espera de um salvador encantado – Dom Sebastião – que virá em algum momento. O "Estado babá" é a resposta dos políticos para o Brasil Velho.

/// O trabalho enobrece ou é odioso?

Na velha tradição da Idade Média, o trabalho era para o povo, não para a nobreza. Naqueles dias, um homem não podia ser um cavaleiro (*knight*) se algum parente seu fosse ou tivesse sido comerciante ou artesão. A lista de parentes incluía pai, avô, bisavô e tetravô. No início do século XIX, um aristocrata polonês que ousasse entrar no comércio perderia a sua posição nobiliárquica, suas terras e os privilégios correspondentes (JACOBS, 1992). Porém, a Revolução Industrial, que varreu o mundo, começando na Inglaterra, virou tudo de cabeça para baixo. Muitos artesãos talentosos inventaram alguma coisa e a patentearam. Ou criaram fábricas para produzi-las. Tornaram-se os grandes titãs da indústria. Seu avanço vertiginoso na pirâmide econômica tornou tais preconceitos mais um cacoete das velhas aristocracias do que normas vigentes.

Hoje, nas sociedades modernas, o trabalho é valorizado. Nas mais atrasadas continua sendo considerado algo para os serviçais ou escravos. Essa é uma cruz que carregamos, como sociedade por muito tempo escravocrata. É uma herança maldita essa visão negativa do trabalho como algo a ser evitado, e o sucesso nesse mister razão para jactar-se.

De fato, nas sociedades de origem ibérica, o trabalho era para os escravos e os pobres. Era alguma coisa a ser evitada, sempre que possível. Nas sociedades industriais, o trabalho é visto de forma positiva. É uma obrigação moral, mas também uma fonte de realização pessoal. Há um valor intrínseco em trabalhar. E, como dito, os resultados materiais do trabalho devem ser vistos como mais do que legítimos. Essa é a cartilha do protestantismo, sem tirar nem pôr. Naturalmente, sociedades não protestantes cultivam valores equivalentes. Se o trabalho é valorizado em si, mais ainda será o trabalho bem-feito. Aí está a raiz do profissionalismo, característica marcante de sociedades bem resolvidas. Faço bem-feito porque aprendi assim e não sei fazer de outro jeito. E, de resto, faço com muito orgulho.

Já a marca das sociedades atrasadas é fazer o mínimo, só fazer quando vigiado e esperar recompensas adicionais para fazer melhor. Ina von Binzer, observando a vida em grandes fazendas brasileiras, toca nesse ponto nevrálgico da nossa herança: "Toda a riqueza é adquirida por mãos negras, porque o brasileiro não trabalha, e quando é pobre, prefere viver como parasita em casa dos parentes e de amigos ricos, em vez de procurar uma ocupação honesta" (BINZER, 2004, p. 40). Arremata com comentários acerca da dedicação do povo ao trabalho bem-feito.

> *O brasileiro, com toda a sua predileção pelo show, não acha prazer em se esforçar por realizar uma obra mais bem--acabada, como se contrariasse as suas inclinações. No en-*

tanto, em geral, não é preciso um trabalho excessivo para conseguir um serviço mais perfeito. (BINZER, 2004, p. 53).

A ferramenta é parte indissolúvel do processo de trabalho. É curioso verificar, naquelas sociedades e naqueles grupos em que se observa mais apreço ao trabalho, que essa veneração migra para as ferramentas. O profissionalismo valoriza o trabalho e idolatra as suas ferramentas. O estado de conservação da ferramenta, o fio impecável dos formões e o esforço de comprar a melhor qualidade oferecida no mercado são corolários do profissionalismo. Nos trabalhos de madeira, a caixa de ferramenta impecável é o cartão de visita do profissional e lhe traz grande orgulho.

/// O gosto pela tecnologia e pela complexidade

Algumas sociedades se contentam com fórmulas simples para tratar dos problemas do cotidiano. Outras gastam enorme tempo desenvolvendo soluções complexas para os mesmos problemas, acertando e errando ao longo do caminho. As primeiras são inevitavelmente pobres, pois essas soluções simples tendem a ser pouco eficientes. As segundas vão ficando ricas, pois as soluções que dão certo podem levar a produtividade a níveis espantosos.

Andar a pé é uma solução simples – a tecnologia é dominada aos dois anos de idade. Domesticar o cavalo foi bem mais complicado, provavelmente levando séculos, até que um bicho bravo virasse uma montaria confiável. Porém, diante do automóvel, como é simples o cavalo!

A propensão, o gosto e a competência para desbravar a complexidade são exigências pétreas para o avanço tecnológico. E, como dito, tal inclinação traz a reboque uma qualidade de vida mais elevada. O *Homo sapiens* adquire suas características próprias quando começa a usar ferramentas de forma um pouco mais refinada que os macacos. Quanto mais avança na sua evolução, mais complexas são suas ferramentas, e com elas passa a obter um nível cada vez mais elevado de bem-estar material, pois produz mais de tudo.

Faz certo sentido extrapolar para a história recente esse princípio de que ferramentas mais complexas e especializadas caracterizam melhor o avanço das sociedades do que medidas, como nível de renda. No século XIX, suíços, alemães e austríacos largaram seus países, pois lá passavam fome, mas, naquela época, seu domínio das ciências e tecnologias nada deixava a desejar. A pobreza resultava do fato de que havia gente demais para a terra cultivável.

Em contraste, nossas sociedades ibéricas eram tecnologicamente mais atrasadas do que as anglo-germânicas do passado, embora nadassem em ouro e prata. Nosso atraso, entre outras causas, está bastante associado à pouca afinidade das nossas gentes às soluções mais complexas, tais como captadas pela variedade menor de ferramentas.

Para ilustrar, façamos uma comparação singela entre Brasil e Estados Unidos. Os portugueses trouxeram para cá um só tipo de machado, usado até hoje, sem mudanças e sem avanços no seu desenho. Em contraste, historiadores da Nova Inglaterra mostram que os colonos ingleses usavam várias dúzias de modelos diferentes, com desenhos apropriados para cada função: um para derrubar a árvore, um segundo para desgalhar, dois para lavrar o tronco (um para o lado esquerdo e outro para o direito) e por aí afora. Ainda hoje, apesar da abundância de instrumentos modernos, no catálogo da tradicional loja de ferramentas Garret Wade de 2012, entre machados e machadinhas, há nove modelos diferentes. É inevitável que qualquer tarefa seja realizada com mais perfeição e velocidade se o machado utilizado foi desenvolvido para um uso específico.

Indo ao outro lado do mundo, nos damos conta de que os carpinteiros japoneses, ao longo de mais de mil anos, serviram-se de, pelo menos, 400 formas de juntas ou encaixes de madeira na construção de suas casas e templos. Os nossos usam pouquíssimas variedades. Juntando carpintaria com marcenaria, dentre nós, dez parece um limite superior.

O interesse dessas comparações é chamar atenção para diferenças entre os países desde muitos séculos atrás. Ou seja, Estados Unidos e Japão eram pobres, mas as sementes do salto tecnológico já estavam plantadas. A propensão para comprar ou desenvolver instrumentos complexos e especializados vem de longa data na sociedade norte-americana, herdeira direta das tradições inglesas, ainda mais antigas são as tradições japonesas. Esse gosto pela ferramenta especializada é ubíquo naqueles países e parece inexistir no Brasil.

O bombeiro-encanador que vai cuidar dos encanamentos de uma casa nos Estados Unidos chega em um furgão abarrotado de ferramentas, as melhores possíveis e aptas para cuidar de qualquer que seja o problema. Já o nosso chega com uma caixinha acanhada e com ferramentas precárias e malconservadas. Isso se não as traz embrulhadas em jornal.

O resultado é que nas nossas obras faltam as ferramentas apropriadas, e, ao longo do dia, alguém precisa constantemente sair para comprar alguma coisa que faltou. Durante a construção de minha casa, registrei que os únicos operários bem equipados haviam trabalhado na Europa ou nos Estados Unidos. Ou seja, adotaram os hábitos que aprenderam lá fora, pois concluíram que são eficazes. Mas quem está mostrando o certo para os que não arredaram pé do nosso território?

Por que é assim? Só porque um é rico e outro é pobre? Quem sabe é o inverso, o de lá é rico porque é mais produtivo? Nos países avançados, é visível o gosto pela variedade e especialização das ferramentas. Quantos tipos de alicate? Quantos tamanhos de chaves de fenda? Quantos tipos de serrotes? É mais do que óbvio: usando a ferramenta certa, o serviço sai melhor e mais rápido. No entanto, os nossos operários, ainda distantes dos padrões da modernidade, não sentem a necessidade de ter ferramentas mais especializadas ou melhores. Contentam-se com pouco ou quase nada.

As finanças não permitem? Difícil acreditar, pois muitos chegam às obras nos próprios automóveis, mas, quando abrem a caixa de ferramenta, se é que a têm, o que vemos é uma ruína.

Citamos ferramentas, pela força visual do exemplo, mas isso é verdade para muitas outras dimensões materiais da sociedade. Um testemunho curioso do contraste são os catálogos de venda pelo correio da Sears. Vários deles, do início do século XX, estão disponíveis em fac-símile. O de 1910 tem quase mil páginas. É estonteante a variedade de ferramentas anunciadas.

Se para cumprir as tarefas tradicionais já falta fôlego tecnológico ao Brasil Velho, não podemos esperar que venha a inovar ou propor novas maneiras de se fazer as coisas. Para a avassaladora maioria das sociedades atrasadas, achar soluções novas está muito distante de seu ideário. Inventar, explorar novas fórmulas, modificar as velhas, errar muito, nada disso encontra terreno fértil na cabeça daqueles que permanecem distanciados dos cânones das sociedades modernas.

/// O que aprendemos revisando essa pauta da modernidade?

Foi com o conjunto de valores, crenças e propensões identificados com a modernidade que se deu a Revolução Industrial, com todas as suas sucessivas ondas. Com as variações esperadas, os países que têm hoje os índices de desenvolvimento humano (IDHs) mais altos compartilharam essas visões de mundo. Por elas pautam o seu cotidiano, seja no comportamento, seja na legitimidade conferida a ele.

Nas oficinas da Revolução Industrial, uma força de trabalho disciplinada atingia níveis de produtividade cada vez mais elevados – a despeito da brutalidade do sistema fabril de então. E isso acontecia por causa de milhares de mecânicos irrequietos, criativos, arrojados e dispostos a arriscar tudo para tirar do papel e pôr em prática suas invenções. Como os judeus e negros da Praça Onze, começaram na mesma pobreza, mas avançaram em direções divergentes.

Porém, é necessário entender que nem todas as diferenças têm a ver com o progresso econômico. As citadas por Inkeles e Smith (1974) e Weber (2013) são críticas para o progresso material. Por outro lado, como já sugerido, ser inglês é exibir uma grande variedade de traços, hábitos, tradições e propensões, mas muitos deles são idiossincrasias sem consequências. São irrelevantes para garantir uma alta qualidade de vida: comer mal, aparentar frieza, comemorar o aniversário da rainha e tomar cerveja sem gelá-la. Pelas mesmas razões, não precisamos abrir mão de nossa paixão pelo futebol e carnaval ou de nossas demonstrações de exuberância para andar nas mesmas e boas direções. Fazer samba não é incompatível com o avanço econômico.

Não é automático dizer que se os traços essenciais mencionados trouxeram benefícios para esses países, farão o mesmo para o Brasil – ou qualquer outra nação. Como se adverte *ad nauseam*, correlação não é causação. Não obstante, estamos diante uma hipótese persuasiva – bem explorada por Inkeles. Se Deus põe e dispõe, para que fazer força? O que vai adiantar? Se as cabeças não são sintonizadas para gerar riqueza racionalmente, preferindo apropriar-se da dos outros, o progresso coletivo é lento. Se o trabalho é visto como uma maldição, esvai-se a vida em sacrifícios e o resultado é patético. Quem não confia nos outros e não merece confiança está condenado a abrir mão das vantagens da cooperação e da ação coletiva. Além disso, viverá em uma sociedade em que um gasta energia protegendo-se do outro. Quem não pesquisa deliberadamente novas soluções não as encontrará por acaso.

Por muito simplistas que possam parecer esses raciocínios, não podem deixar de conter um fundo de verdade. Ou seja, nosso grande desafio é reduzir o número daqueles que pensam e agem pelas pautas do atraso cultural e alargar a abrangência dos que se apropriaram desta nova coleção de valores. Em outras palavras, faz sentido ampliar o Brasil Novo e reduzir o Brasil Velho.

Não creio que devamos ser presas do pessimismo. Não conseguimos entender o grande salto do Brasil a partir do fim do século XIX. O País tinha tudo para que isso não acontecesse, mas aconteceu.

Retomando o tema da velocidade com que avançamos, em *Tristes trópicos*, admira-se Levy-Strauss com o que viu nos brasileiros: "[...] vendo-os franquear em poucos anos um atraso intelectual que poderíamos pensar ser de várias décadas" (LEVY-STRAUSS, 1955, p. 96).

/// O desafio de superar o Brasil Velho

É inevitável a constatação de que há um círculo vicioso. Os valores do Brasil Velho bloqueiam não só o nosso avanço econômico, com suas inovações, mas também as reformas necessárias na educação. E, sem mudar a educação, os desafios de mudar os valores se tornam mais árduos. As boas agendas para reformar a educação fazem sentido para os cidadãos do Brasil Novo que compartilham os valores, as expectativas e as atitudes de uma sociedade industrial (para não dizer pós-industrial). No entanto, esse universo cultural abrange apenas um pedaço da sociedade brasileira.

Precisamos de uma educação amplamente melhor. A educação que queremos molda na juventude novos valores e novas atitudes. Em outras palavras, o bom ensino é um canal privilegiado de transmissão desses valores. Não obstante, para se materializar, essa educação precisa ser legitimada também por um Brasil Velho que nasceu e viveu com valores até contraditórios aos que se pressupõem serem transmitidos pela boa educação. Ou seja, necessitamos do apoio do Brasil Velho para o desenvolvimento de valores que não são compartilhados pela maioria que precisa apoiar politicamente a sua propagação.

Pessimismo? Nem tanto, pois, como já afirmado, foi maior o desafio dos grandes passos que nos levaram a um século XX totalmente diferente dos quatro precedentes. Ou seja, o que falta – e que não é pouco – não parece impossível. Temos ambições, queremos um Brasil melhor, mais rico, mais capaz de oferecer uma qualidade de vida satisfatória para todos. Por tudo que sabemos, melhorar a educação é uma das precondições para isso, já que suas deficiências são sérias.

Há uma pauta clara para resolver muitas das falhas da nossa educação – apresentada no Capítulo 3. Não são soluções irreais ou fruto da nossa imaginação criativa. Pelo contrário, são medidas já testadas e compartilhadas por muitos dos que pesquisaram o assunto por um bom tempo e que têm a disciplina e o preparo para formar bons julgamentos. Ainda melhor, não são soluções dispendiosas, se é que têm custos. Não obstante, essas propostas morrem na praia, por faltar a elas o apoio por parte da grande massa de cidadãos que ainda pertencem ao Brasil Velho. Como já demos um grande salto, não há por que sermos pessimistas diante do desafio.

Por onde começar? A primeira mensagem é que precisamos entrar em rota de colisão com a cultura do atraso. A segunda é que é preciso abrir várias frentes, simultaneamente. Devemos pensar explicitamente no que fazer para maximizar essa mudança de valores. Sabemos que a própria educação traz embutida uma dinâmica de mudanças de atitudes e percepções, mas isso não basta, não é tão automático assim. Precisamos ser mais explícitos na forma de oferecer uma educação mais eficaz nessa dimensão de mudar valores.

Aliás, vale a pena mencionar uma linha de estudos, conhecidos pelas pesquisas de James Heckman, mostrando que, estatisticamente, os traços hoje chamados de socioemocionais explicam mais o sucesso na vida profissional subsequente do que os puramente cognitivos. Ou seja, valores certos promovem o crescimento individual (HECKMAN, 2012).

Há muitos exemplos interessantes de escolas que introduziram práticas que aumentam o amadurecimento dos alunos nas dimensões não cognitivas que favorecem o progresso. Por tudo que sabemos de muitos estudos, prédicas e sermões não mudam nada. Os valores chegam mais eficazmente pelos exemplos, pela modelagem de comportamentos congruentes com os valores colimados. A escola ensina modernidade quando funciona segundo as pautas da modernidade.

Aprende-se ética frequentando uma escola que a pratica no seu cotidiano. Aprende-se disciplina de trabalho se esta é praticada na escola. Aprendemos a confiar e a colaborar se a rotina da escola habitua os alunos a ajudarem uns aos outros e a empreender projetos cooperativos. Se a escola convive pacificamente com a cola e a indisciplina, se os professores se atrasam, estão sendo consolidados comportamentos incompatíveis com a ética. Aprendemos também que contar histórias com um substrato moral ensina mais do que pregar a moral. É o poder das narrativas.

Há um outro aspecto no qual devemos prestar mais atenção. As boas empresas têm uma enorme capacidade de ensinar valores corretos para o progresso e o avanço socioeconômico. O barranqueiro do São Francisco que virou vigia da fábrica Matarazzo é exemplo vivo de uma transformação impressionante. Esse exemplo nada mais faz do que ilustrar as conclusões de Inkeles sobre o impacto das empresas sobre a modernidade dos seus funcionários. De fato, embora a educação seja o fator mais poderoso na modernização, as empresas mostraram também um significativo poder de transformação.

Uma instituição com características híbridas é o Sistema S, formando gente para os postos de trabalho e operando suas escolas com um tempero de empresa. De fato, no caso do Serviço Nacional de Aprendizagem Industrial

(Senai), não parece haver outra instituição que tenha tido mais sucesso nesse processo de modernização da cabeça e do comportamento de uma força de trabalho de pouca educação e vinda de grotões atrasados.

Receberam ínfima atenção da mídia os resultados do World Skills, o grande concurso mundial das profissões manuais qualificadas, de pedreiro a *designer* gráfico, que correspondem à espinha dorsal do parque produtivo de qualquer país. E não faltou sequer um país de primeiro mundo na competição.

Essa ausência de comoção com tão grande vitória é, em si, uma peça do quebra-cabeças. A derrota para a Alemanha no futebol foi traumática, o primeiro lugar no World Skills não foi decodificado pela sociedade como uma realização mais extraordinária do que se houvéssemos ganho aquele jogo. Jovens de origem muito modesta foram preparados nos cursos do Senai, em um processo deliberado e detalhadamente planejado. As medalhas do Brasil são prova de que qualquer fatalismo nesses assuntos é injustificado. Com inteligência e esforço, foi possível atingir os pináculos do desempenho profissional. As lições desse resultado não podem ser subestimadas.

Também são agências de modernização os clubes de serviço, como Lions e Rotary. A própria maçonaria esteve presente em momentos críticos da nossa modernização. Quanto aos movimentos protestantes no país, haveria muito a se dizer e especular. Metodistas e presbiterianos trouxeram a mensagem clássica do calvinismo, incluindo uma forte preocupação com o ensino,[2] mas e os evangélicos e as suas diferentes seitas? Aqui, temos mais perguntas do que respostas. E, dificilmente, teríamos a mesma resposta, considerando a variedade de igrejas que se fundam a cada dia.

Em suma, nosso desafio é encontrar as maneiras de multiplicar essas experiências modernizantes, seja dentro das escolas, das empresas ou desse associativismo moderno. Finalmente, há que usar as melhores técnicas de "*marketing* social" para mostrar aos pais do Brasil Velho que estão iludidos ao achar boa a educação que seus filhos recebem. De fato, quando as pesquisas mostram que 70% dos pais estão contentes com a educação oferecida nas escolas, estamos cara a cara com o grande inimigo das reformas necessárias.

A guisa de resumo, voltemos ao gigantesco e inesperado avanço do Brasil no século XX. Não obstante, dada a magnitude do atraso prévio, chegamos apenas à metade do caminho. Resta um grande e paquidérmico Brasil Velho, travando os avanços adicionais. Para vencer essa cultura associada às sociedades atrasadas, não há como negar o papel da educação.

Antigos cartógrafos marcavam em trechos dos seus mapas algo como "aqui estão os selvagens" (CARR, 1951, p. 80, tradução nossa). À primeira vista, alguns poderiam ser tentados a desenhar um mapa do Brasil com essas notificações, mas, além de antipático, isso seria incorreto. Nosso Brasil Velho está por todas as partes. E o novo também. De fato, um dos achados relevantes de Inkeles e Smith (1974) é o fato de que, embora a empresa em si se modernize, as cidades não. De fato, mudam pouco as pessoas. Na cidade de São Paulo residem todos os Brasis. Em contraste, há grupos modernos em lugares pequenos e inesperados. Santa Rita do Sapucaí, em Minas Gerais, modorrenta e com gado pelas ruas, tem mais de 160 indústrias de telecomunicações exportando amplamente.

Qualquer que seja a geografia, as reformas na educação colidem com o conformismo do Brasil Velho e de sua insensibilidade para a necessidade de mudá-la. De certa maneira, queremos que esse segmento atrasado da nossa sociedade lute por valores que são contrários aos que professa. Portanto, a equação política não fecha. Porém, como não fechava antes e avançamos assim mesmo, não se justifica qualquer fatalismo. O primeiro passo é sermos realistas e entender o problema em toda a sua extensão. Devemos ser mais explícitos, informados e propositivos quanto ao desenvolvimento de valores dentro das escolas. Não tem sentido deixar essas dimensões avançarem ao sabor da improvisação e do amadorismo. Com o que sabemos das pesquisas e com a experiência de muitos programas, é possível ter mais foco nessa dimensão.

Podemos e devemos explorar mais a ideia de que a boa empresa é uma excelente escola para desenvolver tais valores. É aconselhável avançar ao máximo nessa direção, tornando claro para as empresas o que podem fazer nessa cruzada de modernização dos valores e das atitudes. Afinal, não basta que as empresas modernizem suas máquinas; é preciso que sua força de trabalho adquira uma visão de mundo que favoreça o aumento incessante da produtividade. Mal comparando, as ideias e fórmulas da Qualidade Total andam muito nessa direção.

Finalmente, o próprio Estado precisa apresentar-se corretamente e impulsionar a visão de mundo do Brasil Novo. Com as fortunas que se gasta em publicidade, faz todo sentido recalibrar as mensagens veiculadas e premiar os comportamentos que refletem esse mundo que queremos. Obviamente, sem dar o bom exemplo, é limitado o alcance do que poderá fazer o Estado.

A seguir, resumimos as propostas concretas para a modernização da nossa sociedade:

1. Facilitar e incentivar a contratação de jovens pelas boas empresas, mesmo que seja por período limitado.
2. Expandir e reforçar o papel das escolas como transmissoras dos valores da modernidade.
3. Desenvolver currículos estruturados para a transmissão de valores, enfatizando narrativas, experiências pessoais e outras modalidades que se sabe serem mais eficazes para esses objetivos.
4. Redirecionar os grandes gastos estatais com publicidade, de maneira a reforçar de forma inteligente os valores e as atitudes da modernidade, incluindo o comportamento ético e a busca do interesse coletivo.

REFERÊNCIAS

ARROW, K. Gifts and exchanges. *In*: PHELPS, E. S. (ed.). *Altruism, morality and economic theory*. New York: Russel Sage Foundation, 1975.
BELLOS, A. *Here's looking at Euclid*: a surprising excursion through the astonishing world of math. New York: Free Press, 2011.
BIAL, P. *Roberto Marinho*. Rio de Janeiro: Jorge Zahar, 2004.
BINZER, I. von. *Os meus romanos*: alegrias e tristezas de uma educadora alemã no Brasil. São Paulo: Paz e Terra, 2004.
BOTTON, A. *Petite guide des religions à l'usage de mécréants*. Paris: Flammarion, 2012.
BURTON, R. F. *Viagens aos planaltos do Brasil*. Rio de Janeiro: São Paulo: Companhia editora nacional, 1941.
CALDEIRA, J. *História da riqueza do Brasil*. Rio de Janeiro: Estação Brasil, 2017.
CARR, E. W. *The new society*. Boston: Beacon Hill, 1951.
CASTRO, C. M. "P&D é luxo?". *Revista Veja*, 2000.
CHERRIE, G. K.; ORNIG, J. R. *George K. Cherrie's diary of the Theodore Roosevelt Expedition to explore the River of Doubt in Brazil*, October 1913 to May 1914. New York: American Museum of Natural History, 2013. Disponível em: http://hdl.handle.net/2246/6458. Acesso em: 12 jun. 2019.
DAMATTA, R. *A casa e a rua*: espaço, cidadania, mulher e morte no Brasil. 6. ed. Rio de Janeiro: Rocco, 1997.
DARWIN, C. *The voyage of the Beagle*. London: Penguin, 1989.
DICKENS, C. *The Pickwick papers*. London: Wordsworth, 1993.
DUFFY, J. *Shipwreck and empire*: being an account of portuguese maritime disaster in a century of decline. Cambridge: Harvard University, 1955.
FLEMING, P. *Brazilian adventure*: the classic quest for the lost City of Z. London: TPP, 2011.
FREYRE, G. *Casa grande e senzala*. 48. ed. São Paulo: Global, 2003.

FRIEIRO, E. *Feijão, angu e couve*. Belo Horizonte: Itatiaia, 1982.
GERSCHENKRON, A. *Economic backwardness in historical perspective*. Cambridge: Harvard, 1962.
GOMES, L. *1808*: como uma rainha louca, um príncipe medroso e uma corte corrupta enganaram Napoleão e mudaram a História de Portugal e do Brasil. São Paulo: Planeta, 2007.
GOMES, L. *1822*: como um homem sábio, uma princesa triste e um escocês louco por dinheiro ajudaram dom Pedro a criar o Brasil - um país que tinha tudo para dar errado. Rio de Janeiro: Nova Fronteira, 2010.
GOULART, E. M. A. *Viagens do naturalista Saint-Hilaire por toda a província de Minas Gerais*. Ouro Preto: Legraphar, 2013.
HECKMAN, J. *Noncognitive skills and socioemotional learning*. Washington: Brookings Institute, 2012.
HUNTINGTON, S. P. *The clash of civilizations and the remaking of world order*. New York: Simon & Schuster, 2011.
INKELES, A.; SMITH, D. *Becoming modern*. Cambridge: Harvard University, 1974.
JACOBS, J. *Systems of survival*. New York: Vintage, 1992.
LEVY-STRAUSS, C. *Tristes trópicos*. Lisboa: Edições 100, 1955.
MARCÍLIO, M. L. *História da escola em São Paulo e no Brasil*. São Paulo: Instituto Braudel, 2005.
MILL, J. S. *Principles of economics*. London: Longmans, Green, 1900.
MISCHEL, W.; SHODA, Y.; RODRIGUEZ, M. L. Delay in gratification in children. *Science*, n. 244, p. 933-938, 1989.
NEEDELL, J. D. *Tropical Belle Époque*. Cambridge: Cambridge Latin American Studies, 2010.
NERI, M. Exterminadora do futuro, outra vez. *Folha de São Paulo*, Ilustríssima, 28 maio 2008, p. 5.
NORTH, M. *Lembranças de uma vida feliz*. Belo Horizonte: Fundação João Pinheiro, 2001.
PORTO ALEGRE, M. S. *Os ziguezagues do Dr. Capanema*. Fortaleza: Museu do Ceará, 2006. (Comissão Científica de Exploração, 1).
RIBEIRO, D. *O povo brasileiro*. São Paulo: Companhia das Letras, 1998.
SILVA, B. C. *Negros e judeus na Praça Onze:* a história que não ficou na memória. São Paulo: Bookstart, 2015.
SUZANNET, A. C. *O Brasil em 1845:* semelhanças e diferenças após um século. Rio de Janeiro: Casa do Estudante do Brasil, 1954.
TEMÁTICOS E JOVEM PESQUISADOR RECENTES. *Revista FAPESP*, n. 230, abr. 2015, p. 8. Disponível em: https://revistapesquisa.fapesp.br/2015/04/10/folheie-a-edicao-230.
WEBER, M. *A ética protestante e o espírito do capitalismo*. São Paulo: Martin Claret, 2013.
WILLEMS, E. *A aculturação dos alemães no Brasil:* estudo antropológico dos imigrantes alemães e seus descendentes no Brasil. São Paulo: Brasiliana, 1980.

NOTAS
1. Agradeço os comentários de vários leitores a uma versão anterior. Em particular, destaco Hélio Guedes de Barros, Simon Schwartzman e Marcio Walter Moura Castro.
2. Muito a propósito é o livro de Nascimento (2005) sobre a penetração metodista no Brasil: *Educar, curar, salvar: uma ilha de civilização no Brasil tropical*.

#10
A ciência, as invenções e as inovações

Quando alguém afirma que "a ciência comprova...", pode estar redondamente enganado. Nem a ciência demonstrou e nem ele sabe do que está falando. Contudo, a frase demonstra o prestígio que a ciência adquiriu em tempos modernos. De fato, a partir de meados do século XIX, nosso cotidiano foi radicalmente transformado por consequências de achados científicos, mas nada disso veio de graça: o preço a pagar pela boa ciência não é módico.

Como uma planta exótica, a ciência requer condições muito especiais para vicejar. Só prospera se há massa crítica de cientistas, se os protocolos metodológicos forem respeitados e se houver grande continuidade nos esforços. Se conseguimos pôr a máquina em marcha, podemos esperar um fluxo razoável de resultados sérios e que deciframem cada vez melhor o mundo.

Em contraste, quando se tenta transformar ciência em tecnologia, as dificuldades são de outra ordem de magnitude. Só cachorro grande consegue ser produtor substancial de tecnologia. Países como o Brasil dominam a produção de ciência, mas tropeçam a cada momento na tentativa de produzir tecnologia e inovar. Não estamos piores do que países de nível equivalente de desenvolvimento, mas estamos muito distantes dos mais destacados atores nesses misteres.

A ciência: tão poderosa quanto frágil

Nada tem tanto poder de mudar a nossa vida quanto a ciência, mas é curioso contrastar essa força com a fragilidade da máquina que a produz. São incontáveis as condições para que tudo dê certo e para que as boas pesquisas se materializem. Se quisermos ser sólidos produtores de ciência, temos que seguir regras estritas, mas, acima de tudo, não perder a proximidade com os grandes centros onde os melhores avanços são gerados. Isolamento é fatal.

Como mostra a história, a produção de tecnologias pode pipocar em qualquer lugar. Embora esteja hoje muito concentrada em grandes centros, nada impede uma boa ideia de aparecer e ser posta em prática até onde menos se espera. Por exemplo, no século XIII, os coreanos criaram uma impressora tão sofisticada quanto a de Gutenberg. Durante a Segunda Guerra Mundial, foi desenvolvida pela marinha norte-americana a reidratação oral, a maior invenção médica do século XX. O primeiro transplante de coração foi feito na África do Sul. Os primeiros microcomputadores foram criados por um bando de *hippies* da Califórnia.

Em contraste, a história da ciência mostra que é uma pinguela muito estreita, sem filiais ou surtos independentes. Começa na Grécia clássica, liderada por Aristóteles, e mal chega a Roma. O pouco que sobrou falece na Idade Média. No apogeu de sua civilização, os árabes fazem avançar a medicina, a matemática e a astronomia. De quebra, redescobrem Aristóteles (que hibernava havia mil anos), mas, poucos séculos depois, a ciência árabe perde substância.

No Renascimento, por meio dos mouros da Península Ibérica, Aristóteles chega à Europa. Começa-se a reinventar a ciência. É instrutivo verificar que, a despeito de sua genialidade, Da Vinci não deixou quase nada na ciência, pois nem teve antecessores e nem seguidores. Sem massa crítica, não há progressos. É só bem mais adiante que Newton, Galileu, Leibniz e muitos outros criam uma comunidade científica, iniciando um avanço que não parou mais.

França, Alemanha, Inglaterra e Itália forjaram uma nova maneira de entender o mundo. Outros países europeus também deram a sua contribuição, mas sem atingir o mesmo peso. No século XX, os Estados Unidos transplantam a ciência europeia, tornando-se seus líderes incontestáveis. Rússia, Japão e alguns poucos países criam também núcleos interessantes e produtivos, mas sempre bem menores. Na ciência, todos têm em comum seguir a receita de Francis Bacon: faça a teoria que quiser, mas, depois, ponha-se a trabalhar, para ver se ela descreve o mundo real. Não há ciência séria que não se paute por essa regra.

Vale insistir que a ciência ou emana das redes de pesquisadores atreladas aos grandes centros ou não existe. Não há meia ciência. Ciência mais ou menos não serve para nada. Ou mergulha-se totalmente na sua lógica, disciplina e no seu fermento intelectual ou não se vai a parte alguma.

Até o século XX, a ciência era uma vocação, o fruto de uma curiosidade obsessiva. Desde então, profissionaliza-se e vira a grande alavanca de quase tudo que mudou na vida das pessoas. A ciência ficou poderosa. Embora a Revolução Industrial tenha sido feita por mecânicos criativos, depois disso, nenhuma grande transformação deixou de nascer na ciência. Essa trajetória, de geografia inexorável, tem consequências para o Brasil.

Recebemos naturalistas europeus que deixaram um belo legado e alguns escassos discípulos. Alguma coisinha acontece no Rio de Janeiro, a partir do início do século XX. A Universidade de São Paulo (USP) começa a mudar o cenário, com seu belo time transplantado de cientistas e intelectuais europeus. Ainda assim, na década de 1950, um levantamento não revela um só artigo assinado por brasileiros nos periódicos científicos indexados. O que vira a mesa é o envio de milhares de bolsistas para fazer seus doutorados nas melhores universidades do mundo. Rapidamente, criamos nossa pós-graduação, de resto, transplante desses centros. As pesquisas não param de crescer, hoje somos o 13º país em publicações científicas.

No entanto, a ciência é uma plantinha frágil. Não pega de galho e nem por sementes lançadas a esmo. Requer muito desvelo para prosperar e voltas frequentes às grandes matrizes produtivas, de onde ainda brotam as ideias mais férteis. E bastam alguns acidentes de percurso para o relógio voltar atrás.

A Alemanha ainda não conseguiu dar à sua ciência a preeminência que tinha antes do nazismo. Aliás, a lição alemã não pode ser esquecida. Leva-se muito tempo para criar um bom núcleo de ciência, mas um peteleco pode destruir tudo em um par de anos. Fugiram espavoridos os físicos judeus que tinham os conhecimentos que permitiriam criar lá a primeira bomba atômica.

O preço de entrada no seleto grupo dos cientistas é alto. Ninguém vira cientista lendo livros e revistas, pois o processo é semelhante a uma conversão religiosa. Só se torna cientista quem conviveu proximamente com outros cientistas e aprendeu, na prática, as grandes lições. Eis o catecismo:

1. É preciso ter uma curiosidade invencível e boa dose de imaginação.

2. Sem a intimidade que permite usar com competência o método científico, o resultado não tem credibilidade.

3. A razão tem sempre precedência sobre a emoção, obrigando o pesquisador a aceitar os resultados, confirmem ou não a sua hipótese.

4. No meio da confusão de ideias, é vital escolher bem a pergunta a ser respondida, pois é isso que diferencia os grandes pesquisadores dos demais.

Diante dos imperativos de tal disciplina de trabalho, nossa ciência sofre pela sua reduzida internacionalização. De fato, nos estudos comparando desempenho de universidades, o que puxa para baixo as nossas é o seu isolamento. Ainda somos iniciantes inseguros e sujeitos a tropeços. A produtividade é baixa, e não é tão sólida a conversão aos dogmas da ciência. É preciso sempre voltar às fontes, às grandes matrizes da criação científica. Temos que nos vacinar contra as panelinhas, a mediocridade, a arrogância e o bairrismo. Ainda temos áreas que não descobriram Bacon, ou seja, não acreditam ser necessário verificar empiricamente as teorias.

Grandes inventos sem pequenos inventores?

 *Os países dos grandes inventos são os mesmos países da multidão de pequenos inventos. Isso porque inventar é um estado de espírito, é uma realização fortemente valorizada nessas sociedades. Nelas, o cidadão comum acredita que pode inventar uma solução para algum problema do cotidiano. E não é só isso: os grandes inventos mobilizam a contribuição de centenas de pequenos avanços.*

No nosso imaginário, o inventor é uma figura de avental branco, parafusos de menos e pilotando engenhocas misteriosas. De fato, o desenvolvimento dos computadores exigiu píncaros de abstração, e o transistor foi criado em laboratórios sofisticados, todos de avental branco.

Com ou sem avental, eis duas razões que fazem uma sociedade rica e poderosa:

1. O homem comum acredita que há muita coisa simples para ser inventada.
2. Grandes inventos são o resultado cumulativo de pequenos inventos.

Um só exemplo da segunda razão: a primeira locomotiva realmente funcional, a Rocket, de 1829, foi um avanço revolucionário, mas não teria sido possível sem as mil patentes dos seus componentes, registradas por mecânicos. É de quase 100 anos o intervalo de tempo entre a primeira e a última patente do humilde clipe de papel. Em outras palavras, centenas de curiosos dobraram arames na mesa da cozinha, por longo tempo, buscando uma dobrinha que fizesse o seu clipe mais apto.

A revista *The Lancet* considera a reidratação oral como o maior avanço médico do século XX, mas este não passa de uma mistura de água, sal e açúcar.

Com os caprichos do rio, varia a área dos terrenos à margem do Mississipi. Como o imposto depende da área, antes dos computadores, foi encontrada uma fórmula simples. Tira-se uma fotografia aérea, recorta-se o terreno com uma tesoura e põe-se na balança. A área é proporcional ao peso do papel.

Arar o solo foi uma prática trazida ao Brasil pelos imigrantes da Europa, onde a terra congelada pelo inverno precisava ser revolvida. Recentemente, descobriu-se que, em solos tropicais, esse trabalhão era inútil, caro e prejudicial. Entra em cena o plantio direto.

Ao fim da década de 1970, as asas-deltas tinham o mau hábito de não se recuperarem de um involuntário mergulho vertical. Desciam como uma flecha e cravavam no solo. Após anos de busca, foi encontrada a solução definitiva: entre o mastro e o bordo de fuga, amarra-se um barbante. Em caso de mergulho, o barbante repuxa a vela, criando uma superfície aerodinâmica que recupera a atitude de voo da asa.

Todo carapina sabe que o lugar do lápis é na orelha. Porém, com o passar dos anos, a perna dos óculos ocupa esse lugar. Alguém atrelou o lápis à linha de um desses carretéis usados como chaveiros. Puxa o lápis, risca e solta. É também uma inovação, ainda que bastante simples e pouco prestigiosa.

Na inglória luta contra a burocracia, há alguns achados felizes. No sistema de pagamento PayPal, para saber se o novo membro é o dono da conta bancária que indicou, a empresa deposita nela uma quantia irrisória e pede ao candidato que diga qual o seu valor. Zero burocracia.

A Suíça está no topo das estatísticas de patentes *per capita*. Os Estados Unidos lideram no número absoluto. É porque rico gosta de inventar? Ou é porque o cidadão comum se acha um potencial inventor e está sempre à espreita de oportunidades e, justamente por isso, o país é rico? Ainda há imenso espaço para inventos simples, mas, cada vez mais, a imaginação precisa ser apoiada em uma boa dose de preparo prévio. Na prática, somente a educação permite lidar com a complexidade tecnológica do mundo de hoje.

Inovação: o desafio é vender

Sempre pensamos nos inovadores como pessoas imaginativas, capazes de ter boas ideias e que não param por aí: vão em frente e fazem acontecer. Porém, falta um elemento vital nessa equação: para inovar, é preciso vender. Sem um cliente, não se materializa a inovação. É uma mera invenção.

O Brasil acumulou rapidamente a experiência necessária para se tornar um respeitável produtor de ciência. Em meio século, conseguiu ser o 13º na lista das publicações indexadas. Não é uma proeza menor. No entanto, gerar tecnologia tem uma lógica diferente e muito mais impenetrável. Países de excelente *performance* na ciência tropeçam na geração de tecnologia. A própria Inglaterra é mais forte na ciência do que na tecnologia. Afora a área militar, a Rússia é um fracasso em geração de tecnologia. A lógica é outra. Que fique claro, se ninguém compra, pode ser invenção, mas não é inovação. Portanto, a jornada é longa e árdua, e não apenas para o Brasil.

O epicentro das dificuldades está na venda. O típico pesquisador, para se graduar na universidade, faz pesquisas e tenta publicá-las. Sai dela com a empáfia clássica dos jovens doutores, mas, ao entrar em um instituto de inovação, o desafio é outro: tem que convencer uma empresa a pagar por um produto que não existe e que pode jamais vir a existir, dados os riscos inerentes. Sua arrogância tem que dar lugar à humildade do vendedor que só vê sucesso ao completar a venda.

Assisti a uma conferência de um professor, na qual ele reclamava das dificuldades de diálogo com as empresas. A agenda intelectual dos acadêmicos não batia com a dos engenheiros das companhias. Até a linguagem era diferente. Foram anos até se entenderem e sair alguma coisa. Mas não era um engenheiro tupiniquim tentando falar com os empresários xavantes. Era um professor do Instituto de Tecnologia da Califórnia (Caltech), e a empresa era a Motorola!

Como mostra a experiência, o corpo a corpo pode ser infindável. Em geral, o processo começa com um longo namoro com a empresa – seguido de muita insistência, contatos repetitivos e teimosia –, até assinar-se o contrato. Essas interações próximas e persistentes são competências centrais, e não acessórias, nas equipes de um instituto de pesquisa e desenvolvimento tecnológico. Não podemos imaginar que é possível resolver o problema de uma penada saindo ao mercado para contratar vendedores. Sem capacidade técnica, um vendedor não tem credibilidade e não será levado a sério pelas empresas. Às vezes, nem consegue ser recebido pelas pessoas certas.

A dificuldade é conseguir gente que, ao mesmo tempo, seja tecnicamente madura, empreendedora e saiba vender. No Brasil, há pouca gente com esse perfil. É na venda que aquele engenheiro competente no seu laboratório se defronta com um universo totalmente distinto. Ele acha que sabe fazer o novo produto. Provavelmente, está certo, mas está totalmente despreparado para fazer a empresa assinar um cheque comprando esse produto imaginário. O espírito empreendedor tem que ser parte inerente ao perfil dos engenheiros que se envolvem em projetos de pesquisa e desenvolvimento (P&D). Esse traço é indispensável, pelo menos para aqueles que têm a responsabilidade de tocar os projetos.

Sem a capacidade de iniciar e tocar o projeto, nada feito, mas isso não basta. Um engenheiro que vislumbra manejar um projeto de inovação como desafio de sua vida profissional depara-se com um obstáculo diferente e alheio ao seu mundo: vender. Obviamente, se não aprender a fazer isso, a empreitada não dá certo. Se houver recursos, produzirá a famosa "pesquisa aplicada que ninguém aplica" ou as "tecnologias de prateleira". Se faltam recursos, fica de mãos abanando.

Vender precisa ser ensinado e aprendido, mas, como bem sabemos, não é sentando-se diante de um conferencista com seu PowerPoint que se adquirem essas atitudes e esses comportamentos. Mentorias e tutorias funcionam muito melhor. Ainda mais eficaz é estagiar em empresas bem-sucedidas nesses misteres. Aprende-se fazendo. Como aprenderam as instituições bem-sucedidas na inovação, o novo mantra é "primeiro se vende e depois se constrói". Instituições pouco experientes em produção de tecnologia não têm a mesma clareza e insistência.

Alguns engenheiros brasileiros perceberam que, na Alemanha, é mais fácil vender, pois os compradores estão habituados a comprar. O P&D faz parte da lógica das empresas de lá. No Brasil, mesmo em um parque industrial moderno, o hábito de comprar P&D é muito mais rarefeito. Portanto, o trabalho de venda é muito mais árduo. Por outro lado, essas mesmas pessoas julgaram que há pouca capacidade de improvisação nos centros internacionais. Diante dos menores senões logísticos – o parafuso que falta – trava-se o projeto. Ficam todos à espera da resolução do problema. Já os engenheiros brasileiros estão mais acostumados aos percalços do cotidiano e buscam circundá-los com soluções alternativas, demonstrando mais jogo de cintura.

Uma das lições das instituições bem-sucedidas é que os projetos se transformam à medida que são implementados. Como se observa, 90% deles acabam tendo rumos diferentes dos que estavam estipulados nos contratos iniciais. Isso faz parte da prática da inovação e precisa ser incorporado como uma contingência inevitável. Não há que pedir licença ou desculpar-se por essa evolução natural.

Uma consequência da necessidade de vender é que os laboratórios também precisam ser vitrines de vendas. Têm que estar prontos para demonstrar o que são e o que podem fazer. Têm que ter à mão bons exemplos de suas façanhas passadas. Surpreende ver um cartaz dizendo para que serve esta ou aquela máquina. Certamente, não é uma informação para quem lá trabalha, mas, se o número de visitantes for o que se requer para as vendas, isso é muito útil. Em oposição aos laboratórios de desenvolvimento tecnológico aqui discutidos, um laboratório voltado para a ciência não precisa fazer nada disso.

Em resumo, um instituto de inovação tem a missão inevitável de converter pesquisadores em pesquisadores-vendedores. Pesquisador comunica. Vendedor insiste, liga, liga novamente, visita, visita novamente, não espera pelos resultados da negociação, corre atrás.

O Brasil novo tem o DNA da inovação

 *A inovação é um traço clássico das sociedades modernas. É nelas que se valorizam tais tipos de realizações. Nas tradicionais, inovar anda na contramão. Portanto, se queremos ser uma sociedade pródiga em inovações, precisamos reduzir cada vez mais o Brasil velho, onde inovar não está no radar das pessoas.*

A inovação é um traço imanente à modernidade – como descrita anteriormente. Não faz sentido imaginar uma sociedade moderna onde muitos de seus membros não estão ativamente buscando formas diferentes de agir, de organizar, de produzir e de pensar. De fato, o termo "economia criativa" foi cunhado para denominar os segmentos de uma sociedade envolvidos em atividades não repetitivas e com forte componente de criatividade. E, como sabemos, nas sociedades mais prósperas esse setor é bem maior.

A invenção e a inovação vingam em sociedades que valorizam tais realizações. São atividades que não nascem espontaneamente, embora alguns possam nascer com a veia da invencionice. No entanto, para que aconteçam de forma sistemática e repetitiva, é preciso que a cultura dê respaldo e algum tipo de recompensa aos esforços de cada um. Pode ser dinheiro, glória ou apenas reconhecimento.

É possível encontrar inventores solitários e espíritos inovadores em qualquer parte, mas é um acontecimento esporádico e imprevisível. Mesmo em sociedades modernas, as inovações tendem a convergir para locais em que se concentra gente mais irrequieta e engajada em tais atividades. Daí a espantosa produtividade de lugares como o Vale do Silício ou as redondezas de Boston. É o círculo virtuoso da inovação. Entre nós, cidades como São Carlos, Campinas e São José dos Campos, no Estado de São Paulo, atraem pessoas com essas predisposições e oferecem as ferramentas científicas para melhor fermentar esse caldo de cultura. Não é por acaso que boa parte dos graduados do Instituto Tecnológico da Aeronáutica (ITA) hoje prefere criar as suas *startups* e desdenhar empregos na Embraer, ali pertinho.

A inovação é o resultado de uma cultura que a valoriza. A Itália era um celeiro de cantores de ópera não porque as gargantas lá tivessem morfologias diferentes, mas porque o canto lírico era valorizado. O mesmo se pode dizer do futebol no Brasil. Entendido isso, devemos também nos dar conta de que parte de uma política de aumentar o ritmo de inovações tem a ver com o esforço de domar o Brasil velho. É quase tautológico: se queremos inovação, temos que modernizar a sociedade.

Suíça, Finlândia e Estados Unidos não batem recordes de patentes *per capita* porque seus habitantes nasceram com mais criatividade. Em boa medida, são sociedades que valorizam a inovação e, quase espontaneamente, criam as condições para que ela floresça. Como disse Macaulay, é tudo uma questão de oferta e procura. Se há procura, aparece a oferta.[1] Se a sociedade incensa os criativos, mais deles aparecerão.

Diante disso, uma política de promover a inovação tem duas partes analiticamente distintas, mas que podem ser tratadas simultaneamente. A primeira é a cruzada para transformar mais rapidamente o Brasil velho em Brasil novo. É o que precisa acontecer de forma mais deliberada nas escolas, com uma participação mais vigorosa das empresas e a mobilização dos segmentos mais dinâmicos da sociedade civil. A segunda é o conjunto de políticas que ou apoiam a inovação ou removem barreiras a ela. Por importante e indispensável que seja, este não é o objeto principal deste ensaio, que se concentra predominantemente na modernização da sociedade. Ainda assim, merece aqui algumas poucas palavras.

Há um grande desafio de remover as travas burocráticas à inovação, ao empreendimento e à criatividade. Não está escrito na nossa lei que não se pode criar, mas, na prática, dá na mesma, pois são muitos os entraves e obstáculos à inovação. E não está na alma do Brasil velho achar que tudo pode ser feito de forma mais eficiente, que tudo está para ser inventado e quase qualquer um pode conceber uma ideia que vai abalar o mundo.

Porém, não é o caso de desanimar. De fato, é curioso observar uma evolução nos sonhos profissionais ao longo das décadas. Como até em samba era decantado, ser funcionário público era o sonho da classe média. Em anos mais recentes, trabalhar em uma grande empresa, quem sabe uma estatal, passou a ser a marca do sucesso. De uns anos para cá, nas universidades mais celebradas, criar uma *startup* passou a ser o grande sonho. O problema é o tamanho ainda incipiente desse novo grupo.

Como sugerido, há dois aspectos a serem considerados. Um são os valores da sociedade. Jogar-se no desconhecido, inventar moda? Seguir a carreira do pai ou buscar um empreguinho estável? Onde estão os valores que promovem estes ou aqueles sonhos?

No Brasil velho, se o chefe não reclama, o serviço está bom. Nas sociedades criativas, diante de qualquer tarefa, emerge espontaneamente a pergunta: como posso fazer diferente e melhor?

O outro aspecto é como a sociedade trata seus cidadãos É o Estado babá, proibindo tudo, cuidando de todos e vigiando? É o Estado voltado para si próprio ou para o avanço da sociedade? Um aspecto hoje muito lembrado é como as sociedades lidam com o fracasso. No Vale do Silício, falir é parte do processo de aprendizagem. Em nossas paragens, quem faliu se vê cerceado pelas leis, se tentar de novo, além de diminuído pela sociedade.

Repetindo, este ensaio dá mais atenção aos aspectos culturais do que aos materiais. Não que falte aos segundos importância, mas entendemos que são consequências dos primeiros. Promover a inovação pode requerer legislação específica, financiamentos especiais nos bancos ou a organização de eventos, mas isso tudo é facilitado ou dificultado pela cultura da sociedade.

Qualquer política de incentivo à inovação deve partir das bases culturais da sociedade. Criar e pôr a mão na massa exigem um caldo de cultura muito específico e delicado. E, como dito, o Brasil velho é incompatível com os fermentos que fazem vicejar a inovação.

NOTA
1. Na citação original: *"Genius is subject to the same laws which regulate the production of cotton and molasses".*

#11
Quando uma educação capenga chega ao setor produtivo

Mais cedo ou mais tarde, as pessoas chegam ao mercado de trabalho, com seu perfil próprio e com o que aprenderam na escola. O que acontece? Em alguns casos, foram bem preparadas e vão para empresas produtivas, organizadas e que também funcionam como uma continuação da escola.

Contudo, outras aprenderam pouco ou vão para empregos bem menos estruturados, deparando-se com situações muito mais precárias. Tais condições agravam as falhas da sua educação. Como consequência, a produtividade será baixa ou muito baixa.
Em qualquer país, ambas as situações coexistem. Contudo, no Brasil temos um peso exagerado da segunda situação, gerando uma produtividade total muito baixa.

Neste capítulo, discutimos o que acontece quando as fragilidades do nosso ensino se manifestam no processo de trabalho. Falamos das causas da improdutividade. Mostramos o impacto sobre o desenvolvimento pessoal de cada um ao trabalhar em uma empresa boa ou deficiente.

As profundezas da improdutividade

A baixa produtividade da nossa indústria está bem documentada, mas as explicações tendem a estar centradas em causas macroeconômicas. O presente ensaio explora o chão de fábrica e o canteiro de obras. É no microcosmo da economia que começa e se perpetua o ciclo da improdutividade.

Quando fui trabalhar com políticas de formação profissional na Organização Internacional do Trabalho (OIT), em Genebra, na Suíça, tive que substituir minhas ferramentas de 110v pelas de 220v. Perguntei a vários colegas onde poderia comprar uma furadeira de impacto, reversível e com velocidade variável. Obtive duas classes de respostas. A primeira era do tipo: "O quê? Furadeira?". Outros tinham visto uma Bosch, ótima, em oferta na loja Migros. Os entendidos em furadeiras eram engenheiros. Não por acaso, quem nada sabia eram os economistas.

Ora, os que escrevem sobre produtividade no Brasil tendem a ser os economistas. Portanto, falam de taxas de câmbio, alíquotas, custo da informação e muitos outros de seus inventos (acuso com impunidade, pois sou um deles). Do mundo real, do chão de fábrica, nem um pio (uma *newsletter* recente reproduz 12 artigos sobre produtividade, nenhum deles fala do processo de trabalho). Aliás, suspeito que os autores de peças sobre esse tema jamais tenham visitado uma fábrica.

Não subestimo os argumentos macroeconômicos. De fato, não tenho dúvida de que esses têm muito a ver com o assunto. Contudo, a nossa improdutividade nasce nas oficinas e nos escritórios. Para retomar o gancho anterior, começa pela mão de gente que não sabe usar a furadeira e outros mil artefatos, físicos ou digitais. Ali nasce o trabalho malfeito. Portanto, para entender o nascedouro da improdutividade, é preciso descer ao chão da fábrica. Obviamente, há um fosso gigantesco entre as boas empresas e o varejinho das fabriquetas, lojas e empresas de construção. É espantosa a baixa produtividade de muitas dessas companhias.

Para ilustrar como são toscos os funcionários, vejamos um exemplo. Fui comprar uma barra de ferro laminado em uma loja que só vende esse tipo de produto. Indaguei sobre a bitola de outra parecida e que estava ao lado. Sem pejos, o vendedor disse que não sabia medir. Em outra ocasião, tentando comprar um balcão de granito, a vendedora – que só faz isso em seu trabalho – encalhou ao ler as medidas que estipulei. Simplesmente, não sabia que 70 mm é o mesmo que 7 cm.

Ao construir minha casa de campo, a primeira providência do engenheiro foi levar cinco operários e um caminhão de compensado hidráulico. Trabalhando com afinco, em um só dia construíram o barraco para guardar as ferramentas. Vendo as lides, lembrei-me de haver observado a construção de um barraco do mesmo tamanho, nos Estados Unidos. No total, gastou-se mais ou menos o mesmo tempo, mas duas diferenças chamaram minha atenção. A primeira foi o excelente acabamento e a solidez do barraco americano, nada comparável com o da minha casa. A segunda diferença foi o fato de que cinco homens labutaram na minha casa e na americana havia apenas uma pessoa. Em ambas, as ferramentas usadas eram mais ou menos as mesmas. Nessa aritmética simples, o carpinteiro americano era cinco vezes mais produtivo.

Cada um desses exemplos é uma bicadinha na produtividade. E, de grão em grão, o somatório é catastrófico. Estima-se que 30% dos materiais comprados sejam perdidos. Por metro quadrado, a construção brasileira equivale em custo à americana. E lá o salário médio na construção civil é cinco a dez vezes maior.

Qual a saída? Em primeiro lugar, não há poção mágica única que vá resolver. Trata-se de um conjunto complexo de providências. Simplismo é fatal. Ensinar a fazer é o óbvio. Então, a dinheirama que foi para o Programa Nacional de Acesso ao Ensino Técnico e Emprego (Pronatec) seria a solução? Não, na força bruta não se resolve. O maior desafio da formação é o ato delicado de identificar e preparar para um emprego real cujo candidato potencial existe e quer ser capacitado. O Pronatec ignorou as dificuldades de obter a pontaria desejada e de ajustar os cursos às necessidades da ocupação. Sua agenda latente era mostrar números muito impressionantes de gente capacitada.

Apesar dos tropeços, as soluções não podem deixar de passar por melhorias na nossa educação. Há muito a ser consertado. A escola precisa avançar. E, também, quem já está trabalhando precisa aprender. Em muitas ocupações simples, ensinar o "gesto profissional" pode ser rápido, mas os valores de persistência, responsabilidade, qualidade, pontualidade e produtividade não se aprendem da noite para o dia. E, como mostram as pesquisas, esses traços comportamentais são tão importantes quanto o ato mecânico de fazer alguma coisa.

É árduo montar programas atraentes para uma mão de obra dispersa, nômade e operando sem previsão de continuidade. O Sistema S sabe preparar profissionais competentes, mas, como as empresas do setor informal não contribuem para o seu financiamento, reluta em chafurdar nesse pântano, onde falham as soluções clássicas. O Serviço Nacional de Aprendizagem Industrial (Senai) faz um bom trabalho, mas sobra uma beirada de baixo intocada pelos seus cursos. E as falhas crônicas estão na construção civil.

Uma coisa é certa: já que a escola falhou, pelo menos, é preciso ensinar a usar números, redigir corretamente, ler desenhos técnicos e medir. São as chamadas habilidades básicas, por servirem para quase tudo. Por outro lado, não se pode esperar alto nível de produtividade se os chefes têm a cabeça atrasada. A empresa pequena espelha o dono; se ele não tiver uma visão correta do que é preciso fazer para aumentar a produtividade, nada feito. Antes de tudo, os chefes precisam ser obsessivos quanto à necessidade de conseguir mais com menos recursos. Infelizmente, não é assim.

Que tal um protocolo?

 *Em sociedades pouco produtivas, como a nossa, cada um produz como acha melhor. Improvisa e continua improvisando ao longo do tempo. Como não se pode esperar que cada um desenvolva uma técnica eficaz para produzir, é necessário que as melhores sejam codificadas e ensinadas a quem couber as tarefas. Essas instruções são chamadas de protocolos. Por muitas razões, os protocolos tropeçam no Brasil; ou são desconhecidos, ou não são seguidos.*

Adam Smith foi o primeiro a perguntar, mas não o último: por que uns países são ricos e outros são pobres? Estudos recentes sugerem que as diferenças de produtividade são uma hipótese promissora, como já afirmava o autor da obra *A riqueza das nações*. Se soubermos por que a mão de obra dos Estados Unidos gera cinco vezes mais produto do que a nossa, estaremos no caminho da resposta. Aliás, os brasileiros são mais produtivos lá do que aqui, mesmo quando usam tecnologia igual.

Especulemos. Na boa medicina, há protocolos a serem seguidos. Se o sintoma é este, o remédio é aquele. Uma apendicectomia tem todos os seus procedimentos mapeados pelo protocolo correspondente. Minha hipótese é que há problemas com os nossos protocolos, não na medicina, mas no processo produtivo. Proponho três hipóteses: não há protocolos, o agente desconhece o protocolo ou o protocolo é burro. Essas três fragilidades ajudam a explicar a nossa baixa produtividade:

1. Não há protocolo: a cada ocorrência, a pessoa para, pensa e inventa uma solução. Se é algo novo, paciência, é o que se pode fazer, mas, se é um evento repetitivo, perde-se tempo, e a solução não é a melhor possível. Diante de um pedido,

o funcionário do banco coça a cabeça, olha o computador, pergunta ao colega e telefona. Talvez rabisque alguma coisa em um papelzinho. Se o assunto não é novo, por que não há um protocolo já pronto? Se isso, então aquilo!

2. O agente desconhece o protocolo: esse é um caso recorrente na indústria, pois praticamente tudo em uma fábrica (ou construção) tem protocolo por detrás. Por que são desconhecidos? Por falta de capacitação? Incapacidade de entender instruções? Atitude displicente? Na prática, o funcionário não sabe as respostas. Será que o material resiste à corrosão? Qual a precisão exigida pelo fabricante? Qual a ferramenta mais apropriada? Que folga deve haver nos anéis de segmento? Como ligar o trifásico? E mais os clássicos e recorrentes dramas: como cumprir o horário e o prometido? O operário europeu, muito ocupado, pode marcar o conserto para daqui a 73 dias, mas estará lá como prometido. Os nossos operários prometem para o dia seguinte e não aparecem. Protocolo não cumprido.

3. O protocolo é burro: há de tudo, mas um dos problemas mais comuns nos dias de hoje é informatizar o que já era idiota como procedimento manual. Vejamos apenas exemplos do cotidiano:

// Fiz uma comprinha em uma loja pequena. Quatro pessoas participaram do meu atendimento.

// Para quem chega ao aeroporto com passagem marcada, só falta dizer quantas malas. Por que a enormidade de teclas pressionadas pela atendente?

// Vemos nos bancos e alhures que, além de teclar no computador, há coisas para anotar em um papelzinho. É burrice informática.

// Preenchemos não sei quantas vezes as mesmas informações em formulários diferentes.

// O médico digita e imprime os exames pedidos. No laboratório, a atendente vai transcrever tudo manualmente do papel para o computador.

// As portarias dos edifícios pedem o número da identidade. Como não conferem, vale inventar qualquer número. Aliás, pedir RG faz o edifício mais seguro?

// A fila na recepção do hotel resulta do enorme questionário que impõe a lei. É inútil, pois para que possa ser usada precisaria ser transcrita, uma trabalheira injustificável.

Esses exemplos do cotidiano meramente ilustram os drenos na nossa produtividade. Não passam de um convite para pensar em um dos problemas mais sérios da economia brasileira.

Pedreiros de outrora e de hoje

Quando viajava, o pedreiro medieval era recebido pelos bispos. Tão prestigiosos eram os construtores de catedrais que sua sociedade foi cooptada pelas elites. Tornou-se a maçonaria que conhecemos. Em contraste, o nosso pedreiro vive em um submundo de pobreza e baixa autoestima. A queda não poderia haver sido mais dramática. O resultado é um círculo vicioso de baixa produtividade.

Na Idade Média, em que pese a estagnação sufocante, havia uma área com altas tecnologias e glórias: a construção de catedrais. Por isso, os pedreiros eram uma categoria prestigiada e poderosa, mas seu caminho era árduo. Tomando o exemplo da Inglaterra, entre os 6 e os 10 anos de idade, o jovem estudava inglês e francês. Dos 10 aos 14, latim. Daí, até os 20 e tantos, aprendia uma profissão, incluindo desenho geométrico. Se tudo desse certo, virava mestre, ao ser aprovada a sua "obra-prima", um exemplo de excelência no ofício. E, pela lei, os mestres tinham uma inexpugnável reserva de mercado. Os outros carregavam pedras.

Ao viajar, eram recebidos pelos bispos locais. Tão incensada era a profissão que gente importante começou a entrar para a sua guilda. Entraram tantos que sumiram os pedreiros. E a associação prosperou, tendo como membros os nobres, a realeza, os intelectuais, os grandes políticos e os presidentes. Curiosamente, manteve a denominação original: maçonaria (*maçon* é pedreiro em francês, inglês e português arcaico).

E o que acontece hoje com os pedreiros? E a antiga reserva de mercado? Curiosamente, ainda há uma reserva, mas adquiriu um caráter bizarro, situando-se no extremo oposto do *status* original. Em contraste com o tempo das guildas e das suas reservas de mercado, entre nós o mercado para pedreiros é totalmente aberto, entrando e saindo quem quiser. Virou o primeiro emprego para quem vem da zona rural, sem escolaridade e sem saber nada. Também é a porta de acesso ao mercado para os jovens mais pobres. É o feudo do setor informal. Sempre há um tio, um pai ou um amigo que acolhe um jovem para carregar tijolo ou varrer a obra. A fórmula é clássica: não acertou na escola? Com medo de que vá para a gandaia, o pai manda para a obra.

Como mostram as pesquisas, a profissão e a pobreza se imbricaram de uma forma simbiótica. Pobre é pedreiro, pedreiro é pobre. Não nutre sonhos nem projetos de futuro ou de carreira. Na obra, é trabalho duro, sujo e perigoso. Orgulho da profissão? Não, vergonha dela, reconhecendo a forte discriminação da sociedade, pois é "suja, malcheirosa e desprestigiada". Quem pode, a rejeita com energia.

Há cada vez menos candidatos a pedreiros sendo atraídos pelos cursos do Senai. Por isso, aprende-se o ofício com os mais velhos. Bem sabemos, um bom profissional prepara bons futuros pedreiros, mas a geração anterior também aprendeu com quem pouco tinha para ensinar, portanto, é formada de gente improvisada, que, por sua vez, vai perpetuar o ciclo capenga dos vícios técnicos e da falta de profissionalismo. As poucas exceções são cortejadas e ganham bem.

Mas e a reserva de mercado? A lei protegia o mercado dos *maçons* medievais – quase arquitetos. Paradoxalmente, os de hoje encontram também uma proteção, pois a profissão é tão mal considerada que só os muito pobres e fracassados na escola aceitam trabalhar nela. Há uma abundância de empregos péssimos, e quem deu um passinho à frente evita essa profissão. Assim, vira o valhacouto dos pobres. Como reserva de mercado para eles, não deixa de ter um papel social relevante.

Exceto em algumas empresas mais dedicadas, quem sofre é a produtividade. Estima-se que, em média, um pedreiro americano seja entre cinco e dez vezes mais produtivo do que os nossos (e os salários refletem a diferença). Há um círculo vicioso. Os mais velhos, com liderança sobre os outros, rejeitam a inovação. O que pensa um construtor sobre *light steel frame*, PEX, Tyvek ou modernismos no gênero? Gostaria de usar, mas com que mão de obra? Por isso, segue com as velhas tecnologias de baixa produtividade. Porém, não deveria ser assim. Há esperanças, pois alguns cursos técnicos do Senai estão preparando gente para canteiros de obras. No seu cotidiano, podem disseminar as boas práticas do ramo, mas a escala em que isso acontece é pífia. Como está, não é ainda a semente de uma revolução da produtividade.

No início do século XX, na Alemanha, um jovem começa aos 12 anos, servindo café na obra para o pai que era pedreiro. Vira aprendiz e domina magnificamente a profissão. Com pouco mais de 20, entra em um escritório de arquitetura e arrisca desenhar uns prédios. Consolida sua carreira de arquiteto prático e vai para a Bauhaus. Em artigos e entrevistas, jamais deixa de mencionar, orgulhosamente, os ensinamentos que tirou de sua vida de pedreiro: a disciplina, o rigor, a exatidão, a intimidade com os materiais. É considerado como um dos três maiores arquitetos do seu século. Nome? Mies van der Rohe.

Qual era o *hobby* de Winston Churchill, o homem que salvou a civilização ocidental? Trabalhar como pedreiro. Quando as tormentas da guerra migravam para a sua cabeça, descansava construindo puxadinhos na sua casa de campo, a celebrada Chartwell.

#12
A teoria econômica e a segunda lei da termodinâmica

Tardiamente nos damos conta de que temos maltratado o nosso meio ambiente. As preocupações crescem e as tentativas de mitigar os danos se multiplicam. Este capítulo propõe uma nova maneira de ver a economia, não com a circularidade tradicional das teorias, mas mostrando uma marcha inescapável para a entropia. Em seguida, discute as várias formas de intervenção visando a conter os danos. Para isso, temos diversos instrumentos, mas é preciso saber usá-los na hora certa e na combinação mais apropriada.

Mais tempo na escola, mais cuidado com o meio ambiente?

 *A principal razão para incluir o presente ensaio neste livro é a forte correlação entre nível de escolaridade e preocupação com o meio ambiente. Quanto mais educados formos, mais dispostos estaremos a considerar o futuro. Portanto, mais interessados em zelar pelo nosso planeta.*

Impomos excessivos maus-tratos ao nosso meio ambiente. E, cada vez mais, entendemos os danos que essa conduta leviana poderá causar no futuro. No entanto, para pisarmos em território mais seguro, é preciso acertar nossa compreensão sobre esse assunto. Em particular, como muita gente acaba envolvida nele, cada um com suas teorias, é necessário evitar conflitos conceituais.

Biólogos e ambientalistas operam na hipótese de que os recursos são finitos e que temos que zelar pela sua conservação. Em contraste, tradicionalmente, os economistas definiram o processo econômico como um fluxo circular. Os produtores vendem seus produtos e a receita da venda retorna para remunerar os participantes do processo produtivo, que também são consumidores. Com os recursos recebidos, esses consumidores se dirigem ao mercado para consumir mais, repassando suas rendas aos produtores. E assim segue a economia, em um processo circular. Todos que já passaram por uma disciplina introdutória de economia tiveram aulas sobre essa circularidade. As etapas acabam por se realimentar, perpetuando o círculo virtuoso do processo econômico. Se não for interrompido, o processo regenerativo vai cumprir o seu papel, e a economia permanecerá saudável.

Há, no entanto, uma contradição entre o que observam os ambientalistas e a visão econômica. Por muito tempo, a teoria econômica ignorou o mundo

/// **Ciclo econômico**

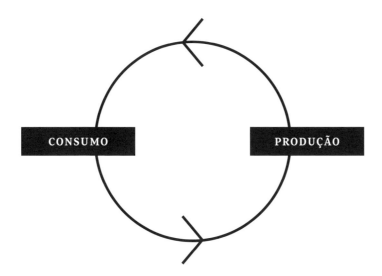

real. Sabemos que o Oriente Próximo era muito mais fértil do que hoje. Muitos desertos resultaram de barbeiragens ambientais. Da nossa Mata Atlântica, sobrou pouco. E não terminam aí os exemplos.

Finalmente, uma voz dissonante surgiu entre os economistas com Nicholas Georgescu-Roegen. Em meados dos anos 1960, ele mostrou que não podíamos nos esquecer da segunda lei da termodinâmica, um princípio da física. Essa lei postula que todos os sistemas passam da ordem para a desordem, da organização para a entropia. Ou seja, os fluxos do mundo real não são circulares: o petróleo vira CO_2, o minério de ferro vira automóvel e depois ferrugem. Georgescu-Roegen concluiu então que, enquanto os fluxos da economia são circulares, os da natureza são unidirecionais – da organização para a entropia ou a desordem. Não há volta.

No entanto, o raciocínio econômico cotidiano não consegue ver além dos fluxos circulares. Os economistas escondem debaixo do tapete analítico a finitude dos recursos naturais. Até certo ponto, os países mais prósperos se deram conta do estrago e tomaram providências. Os rios da Europa hoje são muito mais limpos, e lá as florestas voltaram a cobrir grande parte do território, mas as chuvas ácidas e o aquecimento global persistem, mostrando que os problemas estão longe de ser resolvidos.

O Brasil nasceu sob o paradigma da abundância ilimitada. De fato, os colonizadores eram poucos, e os índios não tinham densidade demográfica suficiente para que sua tosca agricultura de corte/queima (coivara) pudesse comprometer a saúde ambiental do país. No entanto, essa fronteira infinita acabou. Entre a poluição dos rios e sua perda de volume, é difícil avaliar qual o desastre mais grave.

Não faz sentido transformar o meio ambiente em santuário. As pessoas têm que ser alimentadas e urge melhorar a qualidade de vida. Assim, mesmo nos cenários mais otimistas, o sistema vai criar entropia. O desafio é frear ao máximo esse processo. É gerar menos eletricidade, produzi-la da forma mais limpa possível e dar melhor uso à que foi gerada. O mesmo acontece com a água. Em muitos casos, é possível reverter esse processo. Limpar os rios e reflorestar são políticas bem-sucedidas em muitos lugares, mas a segunda lei da termodinâmica não vai andar de marcha à ré! São muitos os desafios.

/// O que sabemos e o que podemos fazer: o papel da ciência e da tecnologia

Sem saber o que está acontecendo, qualquer tentativa de mudar o rumo das coisas é perigosa e leviana. O papel da ciência é nos dizer o que está acontecendo. Mais adiante, a tecnologia pode nos ajudar a consertar o meio ambiente. Todas as tentativas para impedir que se reduza ainda mais a camada de ozônio se baseiam em diagnósticos complexos e em amplo estoque de conhecimentos. Nesse sentido, cuidar bem do meio ambiente requer uma ciência sofisticada, ativa e bem direcionada. Há casos em que a solução não é necessariamente complicada ou cara. Por exemplo, o plantio direto se revelou a técnica que melhor conserva a camada superficial do solo, rica em matéria orgânica. Seu uso, além de mais produtivo, é também mais barato.

/// A economia política do meio ambiente

Diante dos desafios, precisamos de estratégias inteligentes para agir. Temos que entender corretamente o problema e desenhar uma boa combinação de ferramentas para mitigar as adversidades.

/// Quanto custa prevenir e quanto custa consertar?

Há danos que são reparáveis; e outros, irreversíveis. O Pico do Cauê, em Itabira, Minas Gerais, virou ferro, e grande parte desse ferro já virou ferrugem. Não há como ter de volta esse acidente geográfico de tanta beleza. No outro extremo, em Genebra, na Suíça, hoje pode-se beber a água do lago Léman, que já foi poluído. O rio Tâmisa voltou a ser piscoso e quase limpo. O mesmo pode acontecer com o Tietê.

Prevenir tende a ser uma alternativa mais interessante do que estragar e depois consertar. O manejo florestal dos bosques franceses fez com que, em um século, o país produzisse uma grande quantidade de lenha, ao mesmo tempo que suas florestas continuam crescendo.

Um estudo da McKinsey Consulting mostra "custos negativos" para muitas políticas de conservação, pois a receita das intervenções pode superar os custos. Em outras palavras, consertar pode ser fonte de renda, e não de despesas.

Ao longo dos séculos, os entornos dos engenhos de cana do Nordeste se converteram em áreas degradadas, resultado do corte de lenha, necessária para operá-los. Hoje, uma usina moderna, ao queimar o bagaço da cana, pode dispensar totalmente a lenha e ainda gerar um superávit de energia elétrica. Infelizmente, nem tudo é assim. Em inúmeros casos há custos e eles podem ser elevados. Não há respostas *a priori*. É no caso a caso.

/// Quem paga e quem ganha?

Conhecer o custo de prevenir ou remediar danos é apenas o primeiro passo. Para que haja algum avanço, é preciso saber quem ganha e quem perde, quem paga e quem recebe os benefícios sem pagar. Na teoria econômica, entramos no território das economias e deseconomias externas. Se em minha propriedade rural existe um riacho, no qual despejo esgotos *in natura*, e a minha captação de água potável está rio abaixo, estou criando um prejuízo para mim mesmo ao consumir água poluída. Assim, tenho todo o interesse em instalar uma fossa séptica. Não é preciso uma lei. Em jargão econômico, gerei uma "deseconomia" – o esgoto não tratado –, mas sou eu que terei de arcar com os danos. Criei o prejuízo para mim e pago o preço. No entanto, se o esgoto é lançado à jusante da minha captação de água, eu gerei o dano, economizei na fossa e não serei prejudicado. O prejuízo é para os vizinhos, rio abaixo. Gerei uma deseconomia externa. A minha economia gerou um dano para o meu vizinho.

Se minhas abelhas fertilizarem as plantações dos vizinhos, eles serão beneficiados sem pagar nada. O ganho gerado por mim serve para todos, mas só eu pago os custos. Esse é um exemplo clássico de economias externas – o reverso das deseconomias. Essas chamadas "externalidades" complicam terrivelmente os assuntos de meio ambiente, pois tendem a estar por toda parte. Se minhas ações a favor do meio ambiente me trazem lucro ou outros benefícios, os incentivos para investir estão presentes. Se cometo pecados contra o meio ambiente e pago eu mesmo os prejuízos, tenho boas razões para não agir assim. Suponhamos, no entanto, que causo danos ao meio ambiente, mas o prejuízo é do outro. Nesse caso, não tenho incentivos para me desviar dessa conduta.

Externalidades são situações em que estão ausentes os mecanismos para impedir danos com punições correspondentes ou premiar ações bem-vindas para todos. Na raiz da maioria das ações lesivas ao meio ambiente estão as deseconomias externas. Minha vantagem causa perdas para alguém, e eu não pago o preço pelo dano causado.

/// Da arte de lidar com o meio ambiente

Como os prejuízos para o meio ambiente não criam necessariamente desincentivos e penalidades para quem os causa, precisamos de políticas e providências apropriadas, mas o que fazer ainda não é consensual. Há escolas de pensamento divergentes, para não falar de diferenças ideológicas. Mais do que as preferências de cada um, a melhor solução vai depender das circunstâncias. Como tentaremos demonstrar, uma combinação inteligente de ações em vários campos poderá trazer a melhor alternativa. Em seguida, analisaremos as ferramentas disponíveis, com suas vantagens e desvantagens.

/// A força da "mão invisível", criando incentivos e penalidades

Na metáfora de Adam Smith, há uma "mão invisível" fazendo as decisões de cada um, em busca do interesse próprio, resultarem em benefícios para todos. Os custos e lucros provocam uma sucessão de ajustes e reajustes nos comportamentos individuais que são eminentemente benignos. Na prática, para ter o que quero, preciso pagar o preço. E para me desfazer do que tenho, alguém tem que me pagar. Essa é a lógica dos mercados.

Em um mundo ideal, se meu consumo degradasse o meio ambiente, eu pagaria pelo prejuízo criado. Se destruo as matas vicinais da minha propriedade, meu suprimento de água pode ser prejudicado, portanto, tenho interesse em reparar meu erro. Porém, a mão invisível se atrapalha quando os danos e os autores são agentes diferentes. Entram em cena, então, as economias e deseconomias externas, mencionadas no tópico anterior. Daí a necessidade de políticas de intervenção nos mercados.

O espírito dessas soluções é captado pela expressão *polluter pays*. Ou seja, quem polui deve pagar; é preciso criar mecanismos para transferir os custos para o interessado. Essa estratégia consiste em pagar pela quantidade de poluição gerada, isto é, pago pelos efluentes que lanço na natureza. Isso tem duas consequências possíveis: a perspectiva de pagar talvez me leve a não poluir, ou, se prefiro pagar, a receita do pagamento pode ser usada para mitigar os danos ou compensar a sociedade pela perda.

Segundo o princípio *polluter pays*, a conta de luz deveria incluir uma sobretaxa, correspondente ao prejuízo causado por formas poluentes de geração de eletricidade. Seria baixa se fosse hidroelétrica ou fotovoltaica. Usinas térmicas gerariam taxas mais elevadas. O mesmo se pode dizer da gasolina e do gás. Nas soluções por essa via, a lógica do bolso fala mais alto. Operando segundo o automatismo dos mercados, essa ideia simples e poderosa tem sido menos utilizada do que faria sentido. Lembremo-nos: a decisão de poluir reflete no bolso de cada um. Não é necessário persuadir ou fiscalizar, duas ações de difícil implementação.

É instrutivo dar-se conta de que muitos rejeitam as soluções de mercado (*polluter pays*) por razões ideológicas. Se o mercado é culpado de tantos males, não deve ser ele a consertar esses mesmos males.

/// Marco legal:
o que pode e o que não pode perante a lei

Há muitas áreas em que a atuação do Estado se tornou aceita e quase inevitável. Foram criadas leis para temas, como vacinação universal, exigências fitossanitárias em alimentos, cinto de segurança e muitos outros. O mesmo aconteceu com as políticas de saúde e com a educação básica. No meio ambiente, há políticas de zoneamento, proteção de mananciais e florestas, controle de poluição do ar e das águas. Em outras palavras, muito se faz por meio de leis, proibindo ou obrigando.

Diante das alternativas possíveis, o que interessa é o lado pragmático da intervenção. Funciona? Os custos do controle são compatíveis com os benefícios esperados? As dúvidas não são doutrinárias, mas práticas. Naturalmente, há duas perguntas. A primeira é se há clima político para a criação de uma lei. A segunda é se ela cumpriria seu papel.

Sempre devemos perguntar se é fácil, difícil ou impossível mudar ou criar leis. Uma portaria de ministro é uma coisa. Uma lei ordinária é um obstáculo mais árduo. Mudanças na Constituição estão em um patamar superior de dificuldade. Como regra geral, o Estado pode proibir, criando leis para impedir o comportamento indesejado. Com o controle via geoprocessamento, as leis limitando a área que pode ser desmatada se tornaram bastante eficazes. No fundo, a questão é saber se a lei considerada será eficaz para impedir o que precisa ser impedido. É relativamente eficaz a lei que proíbe cortar as árvores das ruas de uma cidade, mas, no limite, veríamos o ridículo de uma lei postulando que é proibido cortar árvores na Amazônia.

Contudo, a legislação tende a ser muito menos eficaz para obrigar a fazer. É mais robusta no "não pode" do que no "faça". E é ainda menos poderosa para obrigar a querer. De fato, não faz as pessoas desejarem fazer alguma coisa se não forem obrigadas. Algumas "não colam". Por exemplo, as placas de trânsito com a palavra "Pare" não são levadas a sério pela própria polícia de trânsito – o que não acontece em outros países. Há leis cujo cumprimento é impossível de fiscalizar. Infelizmente, temos o costume de acreditar ingenuamente no que a legislação vai conseguir fazer.

As perguntas são sempre as mesmas. A lei vai gerar os resultados desejados? Há formas realistas de impor o seu cumprimento? Os custos compensam? As respostas a essas questões não são genéricas, mas específicas, caso a caso, região a região. O caso da mineração é instrutivo. Revela-se muito difícil aprovar uma lei impedindo que se explore uma mina disso ou daquilo quando se trata de investimentos gigantescos e de grandes ganhos econômicos para a sociedade. Os ecologistas militantes perdem tempo e energia nesses patéticos esforços. Contudo, não lutam por uma legislação mais dura e realista para obrigar as mineradoras a reabilitarem corretamente o local, uma vez exaurida a mina. Ao que parece, há inúmeros subterfúgios para escapar desses gastos.

Em resumo, qualquer política realista de proteção ao meio ambiente costuma ter na legislação um dos seus principais esteios. E fique claro que o bom funcionamento do mercado pressupõe a existência de boas leis e regulamentações inteligentes – não de lei contra o mercado, mas de leis dando o pano de fundo para o bom funcionamento do mercado.

/// Valores e atitudes diante do meio ambiente

O comportamento de cada um é pautado por seus valores; cada um tem atitudes, aspirações, sonhos e nutre fantasias. Quando as pessoas se juntam em grupos e sociedades, compartilham essas percepções e crenças. No limite, formulam ideologias, que são maneiras de articular coerentemente os valores e as crenças. Inevitavelmente, o comportamento de pessoas e grupos é influenciado por esse conjunto de dimensões subjetivas e valorativas.

Não podemos pensar em políticas para o meio ambiente sem considerar esse equipamento socioemocional, pois o comportamento humano é pautado por ele. Em função dos seus valores, as pessoas se associam a outras com as mesmas crenças e criam movimentos para impedir ou promover isso ou aquilo. Vamos abraçar uma árvore, limpar a praia ou a beira do rio ou protestar contra a empresa que polui.

Seria uma ilusão ter uma lei obrigando a reciclar o lixo. Na prática, não há como obrigar as famílias a cumpri-la. Se a reciclagem tem funcionado, é porque a população comprou essa ideia. Políticas para fazer pagar quem polui e leis proibindo isso ou aquilo podem ser implementadas da noite para o dia. No entanto, valores e atitudes são governados por forças de ação mais lentas e menos controláveis por quem quer que seja. No geral, a transformação das atitudes é glacial.

O brasileiro comum de hoje veria com grande repulsa a prática de usar dinamite para pescar, como acontecia em pleno século XX, mas levou tempo para se consolidar essa atitude negativa. Já o desmoronamento de uma encosta, carregando casas na sua esteira, pode provocar mudanças mais bruscas e facilitar a aprovação de leis mais estritas de ocupação do solo.

Certa vez, nos Estados Unidos, fui levado a um sítio arqueológico dos índios Anasazi. Havia ali, espalhadas em meio ao cascalho, várias facas de sílex, quebradas ou em processo de fabricação. O guia recomendou que não levássemos nada. E, pelo que pude constatar, nada migrou para os bolsos dos caminhantes, apesar de estarmos a centenas de quilômetros da fiscalização mais próxima. Nós, brasileiros, estamos longe desse nível de comportamento cívico dos turistas de Escalante, em Utah, mas alguma coisa evoluímos em nossos valores e nas preocupações com o meio ambiente.

Por outro lado, quando não poluir pesa no bolso, não podemos esperar demasiado das crenças e dos valores. É sempre boa ideia a conjunção de outros incentivos, para se somar ao que acreditamos, mas valores contam, e não é pouco. De fato, é difícil conseguir mudanças duradouras sem uma transformação nos valores correndo em paralelo. Ilustra as dificuldades o meio século de luta do Instituto do Patrimônio Histórico e Artístico Nacional (Iphan) com a população de Ouro Preto, Minas Gerais. Para muitos de seus habitantes, o barroco brasileiro é um produto da imaginação de forasteiros que querem atrapalhar o progresso da cidade. Segundo os funcionários do instituto, proprietários descaracterizam suas casas, introduzindo elementos estranhos ao estilo da cidade ou destruindo parte delas, quando não há fiscais.

/// Valores não se formam no vácuo social ou por loteria

Em linha com o tema geral deste livro, os valores não brotam ou fenecem de forma aleatória, como se houvesse uma loteria divina, atribuindo crenças e percepções ao acaso. Pelo contrário, tende a haver uma considerável associação entre aquilo em que as pessoas acreditam e o tempo em que passaram na escola. Há depredadores bem-educados, sobretudo quando isso traz um benefício pessoal tangível. E há gente pouco educada militando pelo meio ambiente, mas são exceções.

A norma é um alinhamento claro: quem é mais educado vê mais longe e se preocupa com as agressões ao meio ambiente. É ilustrativo registrar que os movimentos em favor da ecologia frequentemente se originaram em universidades. Como demonstram as pesquisas, quanto mais estudamos, mais valorizamos o futuro, diante das premências do presente. E como as questões de meio ambiente refletem fortemente em uma opção pelo futuro, é mais do que natural que aqueles mais bem-educados estejam do lado dos que querem zelar pelo meio ambiente e, por consequência, pelo futuro.

/// Juntando as peças do quebra-cabeça

Há uma consciência crescente do problema, e avança o nosso conhecimento sobre os possíveis consertos, mas, na nossa cabeça, ainda não substituímos o fluxo circular do texto convencional de introdução à economia por um modelo que incorpore a segunda lei da termodinâmica, postulando que a entropia é inevitável. Apesar disso, sabemos que é possível mitigar os seus efeitos.

Como dito, um dos grandes problemas é que os danos causados não incidem, necessariamente, sobre quem os provocou. É preciso onerar os responsáveis pelas ações lesivas, no estilo *polluter pays*. Tende a ser a solução mais simples e eficaz. Porém, nem sempre isso é possível. Nenhum incentivo econômico vai parar uma serraria clandestina na selva amazônica. Assim, precisamos de leis que proíbam o desmatamento. Contudo, para sobreviver, o morador da região precisa cortar e vender madeira, por isso não adianta apelar para os seus altos sentimentos cívicos. Algumas iniciativas de pagar uma recompensa aos que não desmatam vêm tendo bons resultados. Em vez de impor um custo a quem polui, nesse caso, falamos de oferecer um pagamento a quem não corta árvores ilegalmente.

Boas intenções não bastam. As políticas mais eficazes combinam leis, incentivos de mercado e o engajamento da sociedade. Em geral, medidas isoladas em apenas uma dessas linhas são impotentes. As leis têm claramente o seu papel e, em muitos casos, são insubstituíveis. As prefeituras do interior, por exemplo, têm razões práticas para não tratar os esgotos, pois isso não beneficia os seus eleitores, embora prejudique o município a jusante. Nesses casos, é a lei que pode mudar o quadro.

É bom lembrar que as políticas do *polluter pays* não se criam no automatismo da mão invisível. Uma vez implementadas, cria-se um mecanismo espontâneo de comportamentos menos lesivos, mas, repetindo, quem muda as regras de funcionamento da mão invisível são as leis. No campo legal, precisamos da inteligência do legislador, e não apenas da intenção de consertar.

As melhores políticas resultam da combinação de proibições, incentivos materiais e atitudes da sociedade, todas bem alinhadas. A Noruega, um país de apenas 5 milhões de habitantes, tem a segunda maior frota de carros elétricos Tesla. Por quê? É que os carros elétricos não pagam impostos de importação, podem andar nas faixas de ônibus e têm estacionamento facilitado. Naquele país, as atitudes favorecem a aprovação de legislação criando os incentivos, mas, uma vez criado o marco regulatório, comprar um Tesla não é apenas idealismo, é um bom negócio.

Nos Estados Unidos, há problemas crônicos de emissões de gás carbônico, devido à sua gigantesca frota de automóveis, com motores descomunais. Uma solução infinitamente simples, eficaz e conhecida de todos seria aumentar drasticamente os impostos sobre a gasolina. A mão invisível faria o resto, pois gasolina cara reduz o consumo e o tamanho dos carros. Por que o governo norte-americano não faz isso? Simplesmente porque a sociedade não quer gasolina mais cara. Cobrar mais pelo galão seria politicamente fatal. Como a melhor solução contraria a opinião popular, não será adotada.

Todavia, valores e atitudes mudam. Grande parte dos movimentos e das campanhas visa, justamente, a alterar as percepções da sociedade. Sem isso, não há como implementar programas vigorosos. Nesse assunto de formação de valores, é sempre bom lembrar que a escolaridade é seu maior determinante. Os mais educados estão mais preocupados com o futuro e percebem melhor as ameaças resultantes de um tratamento imediatista da natureza. Portanto, entre as ferramentas mais poderosas, a educação se destaca.

Para concluir, voltemos ao tema central deste capítulo. Há problemas com o meio ambiente e uma consciência crescente de que eles são muito sérios, e, cada vez mais, desenvolvem-se formas melhores de mitigá-los. Temos ótimos instrumentos, seja manipulando os mecanismos de preços, seja usando as armas legais ou contando com as atitudes e os valores da sociedade. Quase sempre, as políticas mais apropriadas requerem a combinação desses três aspectos. A eficácia das políticas de meio ambiente repousa na inteligência e na oportunidade com que se mesclarem essas ferramentas. O ímpeto punitivo, puro e simples, funciona menos do que ações premeditadas, combinadas e de longo prazo.